新約聖書の根本問題

新約聖書の根本問題

——十字架・復活・高挙の神学——

伊吹 雄 著

知泉書館

まえがき

　本書は，伊吹雄先生のこれまでに書かれた新約聖書の論文のなかからご自身で選ばれた七編の論文と伊吹先生のライフワークとも言うべき『ヨハネ福音書注解Ⅰ，Ⅱ，Ⅲ』全三巻（知泉書館，2004年，2007年，2009年）についての「解説」（甲斐博見）二編からなる論文集である。論文集としては『ヨハネ福音書と新約思想』（創文社，1994年）以来の論文集である。ドイツ語で書かれた論文で今回日本語にご自身で訳されて本書の第2章に収録された論文，「派遣された者のドクサ──ヨハネ福音書キリスト論の問題」以外は日本語で書かれた論文である。

　この論文集の特徴は，第一に，新約聖書の根幹をなす「十字架」，「復活」，「高挙」，「ドクサ」（栄光・光栄），そして「愛」と「聖霊」といった神学的概念をテーマとしたこと，そしてそれらの概念の源泉がイエス・キリストの現した神の愛（アガペー）であると捉えたことである。このアガペーについて，伊吹先生は「地上のイエスと復活したイエスのアイデンティティーはイエスの一回的なアガペー以外ではありえない」，そして身体の復活をしたイエスの「手と脇の傷は肉体におけるアガペーのあとなのである」と言われた。ヨハネ福音書では究極的なリアリズムによってそのアイデンティティーがアガペーであることが記されている。十字架で死んだイエスの復活を「わたしは彼の手と脇の傷にわたしの手を入れて確かめなければ，決して信じない」（19,25）とトマスは疑う。そのトマスに「あなたの手を出して，わたしの脇に入れなさい。そして信じない者になるのではなくて，信じる者になりなさい」（19,27）と復活者イエスは言う。トマスはそのイエスのやさしい語りかけに一瞬にしてアガペーを表わすイエスを理解し「わたしの主よ，わたしの神よ」（19,28）と言うのである。「またマグダラのマリアに対するイエスの呼

びかけも愛の呼びかけなのである」。そのイエスの愛の呼びかけゆえに，マグダラのマリアも一瞬にして目の前の人がイエスであることを分かり，その復活したイエスが十字架で死んだイエスであることが分かったのである（本書第一章「イエスの受難と神の救いの意思」，29頁以下参照）。

　第二の特徴は，新約聖書はこのような根本事象をすべて霊によるアナムネーシスによって書いている，という認識が論文の隅々まで貫かれていることである。このゆえに伊吹先生は最近の「歴史的イエスのルネッサンス」とまで言われる「イエスの ipsissima vox（まさに生前のイエス自身の声）や facta の研究」にまったく否定的である（注解Ⅱ,15頁）。新約聖書の言葉は霊の働きを通して現在を生きるわれわれに直に届く言葉によって書かれている。またそのように読めるようになったときはじめて腑に落ちるのである。第三の特徴は，伊吹先生が恩師 H. シュリーアに傾倒し，彼の解釈をこの上なく高く評価し，「聖書を原テキストとするとシュリーアの解釈はもっとも原テキストに密着した厳密なものであり，いつわりがない」と言い，ご自身もそのようにしていることである（第5章「パウロにおける自然の神認識」の「後記」参照）。すくなくとも，わたしはそのように書かれた先生のヨハネ福音書の註解書のおかげでヨハネ福音書を所属していた大学の倫理学演習で9年かけて最後まで読み通すことができたのである。

　本書の七編の論文のなかでヨハネ福音書を主題的に論じた論文は上記の第2章の論文しかない。残りの論文は，共観福音書，パウロの書簡，特定の文書に限定されない新約聖書の言語の問題を扱ったもの，ヘブル書などを考察対象にしている。しかし，何のまとまりもなく別々のテーマが論じられているわけではまったくない。上述したように，十字架，復活，高挙，ドクサ，愛，聖霊といった新約聖書の根本にかかわるお互いに深くつながりあった概念の意味が論じられるのである。

　第1章「イエスの受難と神の救いの意思——終末論的『ねばならない』について」は，復活の出来事を前提にしつつも，イエスの受難と十字架の問題の方が原始教会の人たちにとってばかりでなく，われわれにとっても深刻な大問題であることを論じている。十字架が復活後も過去とならずにスカンダロン（躓かせるもの）として信じる人々にあり続け

るのだとすれば，どのような意味でそれは理解されねばならないのか。しかし，そもそもなぜ神の子であるイエスが十字架の苦難と恥辱と死を受けねばらなかったのか。どの共観福音書にも書かれてある人の子の受難の預言：イエスは「苦しまねばならない，殺され，その後よみがえらねばならない」は神の意思の了解不可能な「ねばならない」の預言として何を表わしているのか。第1章はこのような問いの論究をとおして初期教会の人たちと同じようにイエスの十字架の死と向き合う（第7章のヘブル書の論考も参照）。

　第2章「派遣された者のドクサ――ヨハネ福音書キリスト論の問題」は "Die Doxa des Gesandten――Studie zur johanneischen Christologie", Annual of the Japanese Biblical Institute XIV (ed., M. Sekine & A. Satake) 1988. の日本語訳の論文である。ドイツ語論文は学術論文として書かれ，分量的にも日本語訳の倍以上あり詳しい注も付けられているが，日本語論文はその趣旨に沿って意訳されたものなので，詳しい内容については元のドイツ語論文を参照されたい。この章では共観福音書のドクサ概念が復活以後のイエスの高められた神的存在の仕方を表わすのに対して，ヨハネ福音書のそれは地上のイエスに帰せられることが何を意味するのかが論じられる。このヨハネ福音書に固有なドクサ概念と不可分にそれに特徴的な派遣概念の意味も論じられる。この派遣キリスト論において，イエスの地上のドクサがイエスの己れを無化した命の献身によって，そして十字架上の高挙において実現されることが明らかにされる。この論考がヨハネ福音書注解の堅固な基礎を作り出すことになる。

　第3章「イエスの復活とその顕現についての再考」は新約聖書の，特にパウロのイエスの復活と顕現の叙述の意味を理解するために書かれている。この論文ではイエスの死者からの復活を前言語的な復活体験のように捉え，神秘体験としてブラックボックスにしてしまう理解の仕方が間違いであり，その復活の証言者が一様に「現れた」という同じ言葉を使って言い表していることに着目して，われわれの生を成り立たせている当のものの言語理解のアスペクト変化が起ったのだという理解を示す。第3章はこのことを「現れた」という証言において「古い生に取って代わる新しいアイオーンが生起したのだ」と捉える。真に神の言葉によって生きる生き方，もはや死を見ない神の愛の言葉（受肉したロゴスであ

るイエス）が人の心の奥底を照らす新しい生き方を生みだしたことが明らかにされる。（以上の論考は後にヨハネ福音書の復活顕現の理解の足がかりとされる。註解書Ⅲ，375-389頁参照）。

　第4章「新約聖書の言語」は，神の言葉とは何か，また神の言葉と人間の言葉の関係はいかに理解されるのか，という問題を提起しつつ，旧約聖書の言葉も視野に入れて，新約聖書の言葉の本質を論じる。ヘブル書の1,1の「神は，昔，預言者において先祖に語ったが，日々の終わりにわたしたちに子において語った。」という言葉が注目され，つぎの四点が確認される。1「神が語った」においてその言葉は同時にわざであり，神はこの言葉を語るという仕方で歴史のなかで啓示しわざを行う。この神の語ることは人間への「呼びかけ」として解される。2「神は，預言者において，……子において，語った」。神が誰某において語るとは，神が人間の言葉で語ることである。神は旧約の時代では預言者においていろいろな言葉で語ったが，新約の啓示では子たるイエスの言行において語る。3「日々の終わりに子において語った」。これは神が最終的に子において語ったことを意味し，この終末の出来事によって世の終わりが来る。4「神はわれわれに語った」。神の言葉はわれわれへの呼びかけの言葉であり，子において語るときには，神の言葉は現在を生きるわれわれに届けられる。その言葉がわれわれに受け入れられるとき，われわれの内に留まり，われわれの生をまったく新しく創りかえる。これが霊の出来事である。この章ではこれらの論点が論じられ，特にその後半では3と4が詳しく論じられる。

　第5章「パウロにおける自然の神認識　ロマ書1,20fについて」はこの論文集のなかでは異色に見えるが，きわめて重要なテーマを論じたものである。第一次ヴァチカン公会議はロマ書1,20fで出てくるヌースという言葉を「理性（Intellectus）」と訳したヴルガータ訳をそのまま受け入れ，「自然の理性の光によって神が知られないと言う者は破門である」というドグマを決定した。これに対して，この章ではあらためてテキストに立ち帰ってパウロにおけるヌースの本来の意味を解き明かしていく。ここで重要な認識として示されるのは，人間は自己の被造性を悟ることなしに世界を神の光栄の輝きとして見ることはできないということである。後半では「まさに現成し，生起してある限りでの人間」に目

が向けられる。人間が神を知りつつ，神を神として認めずに，感謝もしない，その結果心の思いが虚無になり，光が消え心が闇となるという事態が論じられる。この論考のなかでそうした「アダム的人間の実態」についてのシュリーアの奥深い認識がそのまま訳され，書き記される (Schlier, Grundzüge einer paulinischen Theologie, Herder 1978, 115-118.)。そして，自然神学（カトリック）か，その否定（プロテスタント）か，という論争よりもパウロのテキストにシュリーアのように真剣に向き合うことが説かれるのである。

　第6章「イエスの処女降誕について」はこの題名どおりの問題が論じられている。この問題を正しく理解することは新約聖書を理解するための一つの大事な試金石になるであろう。イエスの十字架の救いの前提は罪なき者が「罪人のために死んだ」（ロマ5,8）ところにあるが，それに反して「すべての人は罪を犯した」のである（ロマ3,23；5,12）。この章では両者のこの対比的な構図のなかで全人類の原罪の問題が考察され，原罪が罪の力の支配下にあることと捉えられる。その上で罪の力の支配下にあるアダムとそうでない一人の人イエス・キリストが対置され，その上でこのイエスの生成がいかなる意味で理解されるかと問う。イエスは新しい人であるが，この人間の創造は聖霊により起こると考えられる。ここにイエスの処女降誕を理解する鍵があり，イエスの処女降誕において聖霊の働きが決定的であるとされる。これがなければ，イエスが罪を犯さなかったことも考えられなくなり，十字架の救いも成立しなくなると言われる。どの福音書でも使徒行伝でもイエスが出てくるときはかならず聖霊が天から下ってくるが，むしろ聖霊によるイエスの誕生は復活の先取りではないかとも考えられるのである。イエスの物語はかならず聖霊とともに始まり，その話の全体は聖霊に満たされているのである。

　第7章「ヘブル書についての一考察」は著者の最も新しい論文であり，ヘブル書という新約聖書のなかで最も異質で，最も近づきがたいとされる文書と格闘して得られた成果の一部である。ヘブル書のテーマはイエス・キリストの本質を論じる大祭司キリスト論ということになる。イエスが大祭司になるとはどういうことか。それは民の罪を贖い，民を悪魔に隷属している状態から解放するために大祭司となって「悪魔を死によって滅ぼす」ということである。しかしそれは限りなく困難なことであ

る。それはイエスが十字架の死を味わい、その苦しみを耐え通し、その死に至る苦しみから従順を学ぶことによって果たされるのである。なぜそのようなことが果たされえたのか。それは従順なる愛によってである。この愛は死を受苦しても破壊されずに甦り神からの愛の生を輝かせるからである。それではイエスによって流された血の意味は何か。それはまさにこの愛にもとづく神への従順ということである。これによってイエスの血の意味は旧約の供犠の意味とはまったく別のものになり、新約の到来となる。供犠の時代は旧約をもって終わったのである。この点に関して、ヘブル書以後のキリスト教が「供犠的キリスト教」になり、「イエスの受難を贖罪たる供犠とみなしてきた」という見解（大貫隆『図書』（岩波書店）2010年10月号、4頁）は「全く的外れであろう」と言い、キリスト教の本質からの逸脱への危機意識が表明される。

　最後の二つの章は、上述したように、ヨハネ福音書を伊吹先生の註解書の助けを借りて時間をかけて読んできた者によるこの註解書の解説である。最初の一つは文字通りこの註解書の解説である。二番目のものは再度ヨハネ福音書を一から読み直す途上で浮かび上がってきたヨハネのプロローグについての一考察である。伊吹先生からそれらの文章をこのご自身の論文集に掲載するように依頼されたとき、そうすることは先生の論文集の性格を変えることになるのではないかという危惧もあったが、先生の意に適っているならばそうさせてもらった方がいいのかもしれないと思い直し、載せていただくことにした。この「まえがき」も伊吹先生の健康状態が思わしくないという事情があり、やむをえず甲斐が書くことになった。本書を読まれる方々にご了承をお願いしたい。

甲斐博見 記

目　次

まえがき　　　　　　　　　　　　　　　　　　　甲斐　博見　v

第1章　イエスの受難と神の救いの意思
　　　　──終末論的「ねばならない」"δεῖ" について　　　**3**
　Ⅰ　イエスの受難とその躓き　　　　　　　　　　　　　　3
　Ⅱ　終末論的な「ねばならない」　　　　　　　　　　　　8
　Ⅲ　「人の子の受難の預言」(Leidensweissagung)
　　　　──マルコ8,31を中心に　　　　　　　　　　　　12
　Ⅳ　結　論　　　　　　　　　　　　　　　　　　　　　21
　付論Ⅰ　「ねばならない」のうちの神の救いの意思の現れとしての
　　　　　「そして」について　　　　　　　　　　　　　24
　付論Ⅱ　ある場合におけるイエスの「ねばならない」　　30

第2章　派遣された者のドクサ──ヨハネ福音書キリスト論の問題　**33**
　Ⅰ　ドクサ概念より見たヨハネ「キリスト論」の問題　　　33
　Ⅱ　考慮すべき事柄　　　　　　　　　　　　　　　　　35
　Ⅲ　問題提起　　　　　　　　　　　　　　　　　　　　37
　Ⅳ　ドクサの隠された在り方へ向けて展望を開くこと　　40
　Ⅴ　ドクサ概念の射程距離　　　　　　　　　　　　　　48

第3章　イエスの復活とその顕現についての再考　　　　　　　**53**
　付論　復活についての覚え書き　　　　　　　　　　　　72

第4章　新約聖書の言語　　　　　　　　　　　　　　　　　**77**
　序　言　　　　　　　　　　　　　　　　　　　　　　　77

Ⅰ　神の言葉は同時にわざであることについて（「神が語った」）　81
　　Ⅱ　人間の言葉における神の言葉について
　　　　（「神は，…子において，語った」）　84
　　Ⅲ　終末の子における語りについて
　　　　（「神は日々のこの終わりに子において語った」）　94
　　Ⅳ　神がわれわれに語ったということについて
　　　　（「神は子においてわれわれに語った」）　99

第5章　パウロにおける自然の神認識──（ロマ1.20f）について　**115**
　　Ⅰ　問題提起──テキストに密着した厳密な解釈へ向けて　115
　　Ⅱ　パウロにおける自然の神認識の真相　117
　　Ⅲ　万物の被造性と人間の内なる被造性の了解　125
　　Ⅳ　神を知りつつ神を拒む人間　130
　　Ⅴ　承前──シュリーアの洞察　131
　　Ⅵ　おわりに　139

第6章　イエスの処女降誕について　**143**

第7章　ヘブル書についての一考察　**161**

解説Ⅰ　ヨハネ福音書入門
　　　　──伊吹雄著『ヨハネ福音書注解』Ⅰ─Ⅲ（全三巻）について
　　　　　　　　　　　　　　　　　　　　　　甲斐　博見　**179**
　　伊吹雄教授のヨハネ福音書注解の特徴　181
　　Ⅰ　ヨハネ福音書の構成の問題　181
　　Ⅱ　ヨハネ福音書の核心をなすもの，「初めにロゴスがあった」という
　　　　冒頭の一文　184
　　Ⅲ　霊におけるイエスのアナムネーシスとケーリュグマ　186
　　Ⅳ　奇跡について　188
　　Ⅴ　ケーリュグマについて　191
　　Ⅵ　呼びかけとしての言葉と証しとしてのわざについて　193
　　Ⅶ　証しについて　196

Ⅷ 第20章，復活物語における「現われた」と「見た」という
　言葉について　　　　　　　　　　　　　　　　　　198

解説Ⅱ　ヨハネ福音書のプロローグの一考察
　　──伊吹雄著『ヨハネ福音書注解』（全三巻）の根本問題をめぐって
　　　　　　　　　　　　　　　　　　　　甲斐 博見　**207**

　はじめに　　　　　　　　　　　　　　　　　　　　　207
　Ⅰ　伊吹雄の「初めにロゴスがあった」という文の解釈について　211
　Ⅱ　ゲシュタルト的全体の中心軸としての「初めにロゴスがあった」
　　について　　　　　　　　　　　　　　　　　　　215
　Ⅲ　ヨハネの〈創造論的救済論〉：創世記の神の創造を凌駕する
　　救済の出来事　　　　　　　　　　　　　　　　　220

あとがき　　　　　　　　　　　　　　　　　　　　　　**235**

新約聖書の根本問題

――十字架・復活・高挙の神学――

第 1 章

イエスの受難と神の救いの意思
――終末論的「ねばならない」"δεῖ" について――

„» Siehe, gesiegt hat der Löwe aus Judas Stamm, die Wurzel Davids«, sagt einer der Ältesten zu dem Seher, der in Tränen ausbricht, weil dieGeschichte so verschlossen und keinen Sinn und kein Ziel zu enthüllen scheint, Apk 5, 5."[1]

I　イエスの受難とその躓き

　イエスの受難の意味の開示が復活の出来事を前提としていることは常に銘記されねばならない。復活によってこそイエスの受難はその固有の永続する意味を持つにいたる。復活がなければ，イエスの死はわれわれにとってとっくに過ぎ去ったものとなってしまっていたであろう。換言すれば，復活は受難をも過ぎ去らずに止まるものとする。このことによって初めて十字架における救いの出来事は，現在も力を持っており，従って復活の出来事は，十字架の受難を過去のものとして忘却のうちに軽減したり，それを神々しい現実離れしたものとして変容してしまうことはない。イエスの受難と死はわれわれにとって，現在今まさに受難，苦しみと死なのであり，この事実について何も変わるところはないのである。
　例えば多くの解釈者たちは，ヨハネ福音書の受難史は，ヨハネがイエ

---

1) H. Schlier, Über die Auferstehung Jesu Christi, Einsiedeln 1968, 68.

スの神性を強調するあまり、その受難と苦しみの現実性を欠いていると言うのだが、これは見当違いである。それについてはただ次のような反問をしてみればよい。一体共観福音書、特に、暗いと言われるマルコ福音書の受難史のことを考えてみると、一体そこにヨハネ福音書にないような特別な赤裸々な苦しみの叙述があるだろうか。その叙述は、ここでも、まさに即物的で、何等のメンタルな記述もなく、根本的にヨハネと変わるところはないのである。いかにイエスの神の子たる力が強調されていても、それが十字架の苦難をリアルなものでなくしているという主張は単なる読み込みにすぎないであろう。もしそうであったなら、ヨハネ福音書のイエスは、——断っておくと、ここでは共時的テキスト解釈に従って見ているのであるが——われわれの現在の苦難を共にリアルに担っていないことになる。ヨハネ福音書にのみ書かれている「友」ということ (15,13以下)、すなわち「友なるイエス」は成立しないのである。なぜなら友は私のこの苦しみを分け合って、共に担ってくれるはずだからである。相違はむしろヨハネ福音書では十字架に挙げられた復活者が見られていることから来る。いずれにせよ十字架は過去となったのではなく、パウロも言っているように復活の後も信仰なしにはスカンダロンなのである（Ⅰコリ1,23）。スカンダロンとは普通「躓かせるもの」と訳されているし、事実その通りなのであるが、その意味は不快な恥ずべきこと、気持を傷つける嫌なことであり、馬鹿げたことであり、ひどいことであり、それゆえ躓きなのである。そもそも信じ難いと言われるのは、復活であると考えられるが、神の子が十字架にかけられたなどということ、否、十字架が救いだなどということほど馬鹿げたことはないと考えられるのである。信じ難いのは復活より十字架だと言うべきではないのだろうか。実際、受難史は、苦しみ死んでいくイエスに対する軽べつや侮辱や嘲りが、そしてそのイエスの卑しくされた様やその無力が、復活後も過ぎ去ったり、形をなくしたり、その現実性が薄くなったりするものではないことを物語っているのである[2]。われわれは「かれらはイエ

---

2) W. Schrage, Das Verständnis des Todes Jesu Chrisi im Neuen Testament, in: E. Bizer, W. Fürst, J. F. G. Goeters, W. Kreck, W. Schrage, Das Kreuz Jesu Christi als Grund des Heils, Gütersloh 1967 (= Verständnis), 66. なおこの書は邦訳、南吉衛訳『イエスの十字架の意味』新教出版社、1975年、があるが、ここでは原書を引用する。

スを脱がせた（ἐκδύσαντες αὐτόν）」（マタ27,28）というマタイ福音書の受難史の言葉を聞くだけで，イエスの受けた人間の尊厳を踏みにじる行為に慄然とするにちがいない。

そして受難史には，そのイエスの苦難の現実性に対応するものとして，弟子たちの転倒や裏切や逃亡がぎっちりとつまっているのである。これらの危険は十字架の苦難が復活後も止まる限り，われわれの躓きの危険を意味しているのである。それは人間の十字架への自然的な態度と言えよう。ユダの裏切が示すように，熱心な弟子においても，かれらが，この危険から守られていて絶対に安全だというわけではない。イエスの最も親密な弟子の間でもそうだったのである[3]。最後の晩餐の時イエスは，「特にあなたがたに言っておくが，あなたがたの中の一人で，わたしと一緒に食事をしている者がわたしを裏切ろうとしている」と言うと，弟子たちは憂えて，ひとりびとり「まさかわたしではないでしょう」（マコ14,19）と答えるのである。それは，弟子たちですら自分の躓きの可能性を考えているほど十字架に従うことは容易な事ではなかった，ということを表わしている。それほどまでに救いの希望をかけた師イエスの十字架による破滅は考え難いことだったのである。

それだからこそ，復活後に，弟子たちと最初の教会は，イエスの十字架の死と対決しなければならなかった。というのは，苦難を受け，死んでいく救い主メシアなどというものはユダヤ教にとって全く未知の考えられもしなかったことだからである[4]。ユダヤ人にとって「メシアとはたとえそれがどんな者であっても，律法の完全なる遂行がその使命であり，苦難と死をもって多くの人の罪ととがを負い，それを取り去る」などということではない[5]。そしてこの最後に述べられた考えは，かの原始教会にとって比類なき重要性を持った第二イザヤの苦難のしもべの歌（イザヤ52,13-53,12）に述べられている[6]。そこには神のしもべが自分のとがのために苦難を受けるのでなく民のとがを人々に代って負うことが書かれているのである（53,4.5.6.10.11.12）。しかしながらユダヤ教は

---

3) Schrage，前掲書，66注47参照。
4) Schrage，前掲書，57注27参照。
5) E. Lohse（Schrage，前掲書，57注27の引用による）。
6) H. Kesseler, Die theologische Bedeutung des Todes Jesu, Düsseldorf 1970, 256ff 参照。

この歌を決してメシアに関係させて理解しようとはしなかった。そして，このことが後になされた時には，苦難の陳述のところは無視されたという[7]。最初にキリスト教会がこの歌をメシアに当てはめて理解し，そこに述べられた苦難をイエスの死と関係づけたのである。イザヤ53,2-12だけで新約聖書に13回もの引用がある（マタ8,17；ルカ22,37；使8,32.33；ロマ4,25；ヘブ9,28；Ⅰペテ1,18；2,22.25；黙5,6.12；13,8；14,5）。弟子たちはこれをもってこれまでかれらが持っていたメシア像と神の救いのわざについての理解を徹底的に改変し，メシアの苦難についての神の定め――それは後に述べる「ねばならない」（δεῖ）ということなのであるが――と徹底的に格闘せざるを得なかった。かれらはまた苦しみの詩編について考え抜いた。四福音書の受難物語には，詩編22は11回ほども引用されている（詩22,2：マタ27,46＝マコ15,34；詩22,8：マタ27,39＝マコ15,29＝ルカ23,35；詩22,9：マタ27,43；詩22,19：マタ27,35＝マコ15,24＝ルカ23,34＝ヨハ19,24；詩22,16＝ヨハ19,28）。かくして，復活の開示による十字架への反省の実際上の最初の助けは聖書，それは当時は旧約聖書のことであるが，そこから来たのである。

このようにして，R.ブルトマンの言葉を借りれば，イエスの受難は「恐ろしい謎にみちた出来事であり，それはまず差し当たって，その理解が教会にとって問題であるような，了解不可能な神のδεῖに引き戻されなければならなかった[8]。」ここでわれわれが注目すべきは，後にわれわれの中心問題となる，このδεῖ（ねばならない）という語が，そのうちに了解不可能という事態を表わしているということなのである。そして，正にこれに関して，聖書についての反省が行われたのである。W.シュラーゲが注意を喚起しているように，このような問題性の少ない，すなわちスカンダロンということについて問題のない復活の出来事については，まれにしか聖書の引用はなされていないのである[9]。そしてしばしば，受難についての聖書からの引用については多く，初代教会の格闘の跡が見えるのである。このことについて，シュラーゲは，復活した

---

7) Kesseler, 前掲書, 58参照。
8) R. Bultmann, Das Evangelium des Johannes, Göttingen 1959, 489 参照。
9) Schrage, 前掲書, 71注61。ここでは復活に関する箇所としてⅠコリ15,13；マタ12,40；使2,25ff；13,35などが挙げられている。なおヨハ20,9参照。

イエスがエマオへの途上で二人の弟子に現れた時のことに言及している。その時イエスは，「ああ，愚かで心の鈍いため，預言者たちの説いたすべてのことを信じられない者たちよ，キリストはこれらの苦難を受け，そして栄光に入らなければならなかった（ἔδει）のではないか」と言い，「そしてモーゼとすべての預言者たちから始めて，聖書全体にわたり，自分について書かれてあることを解き明かした」（ルカ24,25-28），とあるが，ここでもある困惑が窺えるという。実際ここでは聖書の具体的な引用もなく，苦難については「苦しまねばならなかった」という，「ねばならない」が明瞭に言われているのみなのである。この「苦しまねばならない」ということは，了解不可能な神の意思の必然性を示しているが，それはイエスの苦難に定位されたところで，理解できるように説明されてはいない。「ねばならない」は，何よりも苦難と結び付いて了解不可能な神の意思を強調するものとしてなおも止まっているのである。受難は根本的にはいかなる聖書の解釈によっても了解可能とはならないのである[10]。

このような暗い了解不可能な「起こらねばならない」という神の意思にわれわれは常に投げ帰されるのである。われわれはそれに対して決してなにか出来上がった処方箋や説明を持つことはない。最初に述べたように，この神の意思のイエスについての「ねばならない」を，弟子たちは苦しみにもだえつつ，それが最終的には神の救いの意思であるとして受け取ったのである。さて今日われわれは，いかに真剣に，初代教会の人たちが聖書に向かい，それについて黙想し考えたか，その凄まじい努力をただぼんやりと感ずるだけになってしまった。われわれはこの苦悩にみちたプロセスから免除されているわけではない。驚くべき深い黙想の沈潜をしめす，弟子たちの絶えず聖書に帰り，聖書を手にしてのこの沈思は（使17,11など参照)，われわれにとってもまさに同様に必然的なことなのであるが，それは，たとえそれが聖書の成就として捉えられても，それがわれわれにとって了解可能になったということではない。われわれは全生涯を通じてこのプロセスを身に引き受けていかねばならない。一人一人が己れの苦しみにおいて躓かないために，それを担い耐え

---

10) Schrage，前掲書，注62参照。

通すためにそれをなさなければならない。「最後まで堪え忍ぶ者は救われる」(マルコ13,13)とイエスは教えた。そしてあらゆる苛酷な現実を直視し，信仰を深めるというこのプロセスをわれわれは一度ですませ背後にすることは出来ない。それはわれわれの生の最後の瞬間まで続くのである。それこそがわれわれの生におけるわれわれの信仰の遂行であり，信仰する者の生に他ならない。イエスの十字架上の最後の叫び，「わが神よ，わが神よ，なぜにわれを見捨てたまいし」とは，神が困難に当たって何か突然待ち望む解決をもたらしてくれる Deus ex machina というようなものではないことを示す。われわれが神を引合いに出して，すぐに安易に答を見出せるようなことはない。すなわち苦しみは，なぜそれが今，自分を，別の人でなく，このほかならぬ自分を直撃したのか，理解不可能であり，しばしばまさに人がその意味を見出せず，「なぜ」の答がないことにおいて，その頂点に達するのである。

このことについて，以下イエスの受難と，その了解不可能性を根底に持つ，「ねばならない」という陳述への関わりを，われわれの苦難も含めて観察していきたい。

II　終末論的な「ねばならない」

メシアとしてのイエスの受難についての神の定めは，まず何よりも，すでに述べた「ねばならぬ」ということで表わされていると思われる。

したがって，まずわれわれはここで優先的に，旧約聖書からとられた「ねばならない」($\delta\epsilon\hat{\imath}$)という句について考えてみたい。それは，いかにして，上に述べたようなイエスの十字架をもって代表される，くり返しくり返しわれわれが遭遇する神の意思の了解不可能な，運命的な出来事について，それを解釈していくのか，ということである。そのことの苦闘が，あの新約聖書の「ねばならぬ」($\delta\epsilon\hat{\imath}$, $\delta\epsilon\hat{\imath}\nu$, necesse esse)ということにおいて明瞭に見て取れるのではないだろうか。

そこで，旧約聖書の箇所について考えて見ると，この語は，そもそもギリシャ・ヘレニズム的語用に根ざし[11]，ある種の運命的な出来事という色彩を帯びている[12]がために，それに相応する用法は本来旧約聖書で

は見られないという[13]。もちろんこの動詞自体は何回も用いられているが，旧約聖書で問題となるのは何よりもダニエル2,28.29の「終わりの日々に起こらねばならないこと，ないし，起こるべきこと（$\hat{a}\ \delta\epsilon\hat{i}\ \gamma\epsilon\nu\acute{\epsilon}\sigma\alpha\iota\ \epsilon\pi'\ \acute{\epsilon}\sigma\chi\acute{a}\tau\omega\nu\ \tau\hat{\omega}\nu\ \acute{\eta}\mu\epsilon\rho\hat{\omega}\nu$）であり（これは，2,34以下の，像を砕き，山となる石によって，世の終末を意味すると言われている），このほかにLXXでこの表現は見られない[14]。そしてこれは，ダニエル書というユダヤ黙示文学において，終末の時の神の救いのプランに含まれた必然的に起こらねばならぬ出来事をさすのである。

このダニエル書ではネブカデネザル王に知らされて，ダニエルが解き明かすべき秘密が「終わりの日々に起こるべき（起こらねばならない）こと」と呼ばれている。そこには，「しかし秘密をあらわすひとりの神が天にいる。かれは終わりの日々に起こるべきことを，ネブカデネザル王に知らせた」(2,28)と書かれている。われわれは今ここの箇所に立ち入ることはできないが，この$\delta\epsilon\hat{i}$「ねばならぬ」という語はユダヤ黙示文学に頻出するのではなくて，終末時に神のプランの必然性をさす意味で殆どただ一つの用例であると言われている[15]。したがって，この箇所そのものが新約聖書に取りあげられたということができる。それにより初代教会のこの箇所へのインテンシヴな考察が推察されるのである。このことはヨハネ黙示録に最も明らかに表れ，その始まり「イエス・キリストの黙示。神は僕たちにすぐに起るべき事柄を示すために，それをかれ（＝イエス・キリスト）に与えた」(1,1)と，その終わりに再び「すぐに起こるべき事柄」(22,6)という句が用いられている（4,1も参照）。すなわちこのヨハネ黙示録で明らかにされるのは，時の終わりに起こるべき事柄なのである。

しかしこの語は新約聖書では明らかに，マルコ福音書のイエスの受難

---

11) W. Grundmann, ThWbNT II, 22, 20f 参照。
12) Grundmann, ThWbNT II, 22, 10f 参照。
13) Grundmann, ThWbNT II, 22, 20ff 参照。
14) E. Hatch and H. A. Redpath, A Concordance to The Septuagint and the other Greek Versions of the Old Testament I, Graz 1954, 287；佐竹明『ヨハネの黙示録』上巻，新教出版社，1978年，29頁，注1参照。
15) 佐竹，前掲書，28 注4．H. E. Tödt, Der Menschensohn in der synoptischen Überlieferung, Gütersloh 1959, 174 参照。

の前に，イエスによって語られる黙示文学的な説話と言われる13章に，弟子たちの運命について用いられている（13,7；マタ24, 6；ルカ21,9；マルコ13,10も参照)[16]。すなわち「また戦争と戦争の噂とを聞く時にもあわてるな。それは起こらねばならないが，まだ終わりではない」とある。この「それは起こらねばならない」は，まさにLXXのダニエル2,28fの引用である。δεῖは明らかに神のプランによって起こらねばならないことを示す黙示文学的終末論の語用である[17]。ここでは戦争がδεῖとして表わされているが，それは同時に終わりについての，述べられている終末の苦難に妥当する。ちなみに13,13には，すでに述べたように，「最後まで堪え忍ぶ者は救われる」と書かれてある。すなわち，この箇所を貫通して，終末の患難の「ねばならぬ」が妥当している。そして希望がかかげられているのである。このδεῖは，基本的には，すでに述べたように終末のすべての苦難にあてはまると考えられよう。

しかし，さらに，この黙示文学的な終末の患難の「ねばならぬ」は何よりも，イエスの受難の説明として用いられた「ねばならない」と関係していると考えられる。しかしわれわれにとっては，ここで「ねばならない」という新約聖書に102回使われている語[18]のうちのイエスの受難に関する「ねばならない」という語のうち，それがどこでどれだけ正確にダニエルからの使用法にかなうのかを証明することが困難なのである。たとえば，このδεῖという語はルカによって41回も使用されているが，一般には，それはルカがこの語のヘレニズム的用法と馴染んでいたからと言われる[19]。

このような事情から，イエスの受難と黙示文学の終末論的δεῖとの結び付きは，ここではむしろその語の文脈における使用法の意味の上からの関わりと考えて，分析を行なわざるを得ないと思われる。すなわち，「ねばならない」ということの中心に，神の意思に基づくイエスの受難の了解不可能性が見られ，問題とされているところに，実際上，黙示文

---

16) R. Pesch, Naherwartungen, Düsseldorf 1968, 121 参照。
17) Pesch, 前掲書，121参照。
18) R. Morgenthaler, Statistik des neutestamentlichen Wortschatzes, Zürich 1958, 86 参照。
19) Grundmann, ThWbNT II, 46ff 参照。

学の終末論的な「ねばならない」ということとの意味上の関わりを認めていくことになる。

しかし、そうかと言って、直接的な関連が全く認められないわけではない。一般にあまり注目されていないようだが、ここでは、マタイ26,54を取り上げて見たい。この、われわれにとって重大な句は、マタイ福音書の受難史だけに見られるのであり、イエスに付き従っていた者の一人（ヨハネ18,10だけが、それがシモン・ペテロであると名を挙げている）が、大祭司のしもべの片耳を切り落とした時に言ったイエスの言葉である。「あなたの剣をもとのところに収めよ。剣を取る者はみな剣で滅びる。それともわたしが天の使いたちを12軍団以上も、今、遣わすように父に願うことができないと思うか。それではいかにして、『そのように起こらねばならない（οὕτως δεῖ γενέσθαι）』と書いてある聖書の言葉は成就されようか」。この「起こらねばならない」は明らかにダニエル2,28f (Thdt Dn 2,45) の引用である[20]。ここで注意すべき重要なことが二つある。一つは、ダニエル書の箇所が明らかに聖書の引用として用いられており、イエスの受難はその成就とされていることである。ここでは「ねばならぬ」は聖書の成就一般を意味するのではなく、具体的にそのように書かれてあるダニエル書の箇所を意味している。二つ目は次のことである。このダニエル書の箇所は上述のようにマルコ13,7とそのパラレルの箇所（マタ24,6；ルカ21,9）に現れ、信仰者の終末時の患難を表わしているが、その患難が「ねばならぬ」ということに関して、イエスについて言われ、イエスの受難は、イエスの死と復活において終末が来たという、その終末の患難の集中する時である、という意味が直接に読み取れることになってくる。われわれの終末時の「苦しまねばならぬ」ということは、イエスの「苦しまねばならぬ」ということと直に繋がっているのである。

次に、もう一つこのダニエル書の「起こらねばならない」という箇所に見られる「ねばならない」が、別の観点から見られて、「成就されねばならない」と聖書の成就にかかってくる場所をみる。それはルカ福音書の受難物語の、これも上記のマタイ福音書の例のように、ルカ福音書

---

[20] J. Gnilka, Das Matthäusevangelium II, Freiburg i. Br. 1992, 420 参照。

にのみ見出される言葉であるが，ルカ22,37には次のごとくある。「あなたがたに言うが，『かれは罪人の一人に数えられた』と書かれていることは，わたしの身に成就されなければならない」(イザ53,12参照)。この「ねばならない」はイザヤ53,12の聖書の成就を意味するが，このイザヤ書の句をイエスの受難に当てはめることによって，「ねばならぬ」が，聖書の成就という意味で，了解可能な苦しみとなり，復活を離れて，イエスの死の意味を析出できると考えるのは考え違がいである。ここには「なぜ」の答えはなく，すでに述べた神の意思の了解不可能な面が，他方，明瞭に読み取れるであろう。すなわち聖書の成就という「ねばならない」の根底にも，ダニエル書の「起らねばならない」に似た意味がその根底に横たわっていて，ここにも入り込んでいると考えざるを得ない。このように「ねばならない」という句は，ダニエル書の引用としてだけでなく，一般的に聖書の成就を表わすものとして使用されていることもまた明らかである。だが，上記の箇所はほんの一例にすぎぬが，黙示文学的 δεῖ に見られる了解不可能な患難の意味が，聖書の成就としての「ねばならぬ」の底にあり，このような用例は後に述べるように他にも見出されるのである。

Ⅲ 「人の子の受難の預言」(Leidensweissagung)
──マルコ8,31を中心に──

そこで，われわれの中心的な箇所として，ここでは，人の子の受難の預言と言われるマルコ8,31を取り上げたい。そこには，「ねばならない」という言葉が使われており，「人の子は多くの苦しみを受け，長老，祭司長，律法学者たちに捨てられ，殺され，そして三日の後によみがえらねばならない……」とある。さて，マルコ福音書には人の子の受難の預言といわれるものが周知のごとく，8,31；9,31；10,33f と三回あって，その相互の関係の研究はここでの課題ではないが，先へ進む前に若干の考察がなされねばならないであろう。またこの三回の受難の預言と言われるもののマタイ，ルカ両福音書の平行記事には後に簡単にふれることにしたい。

いま，この三箇所を並べて見てみる。

8,31：「人の子は多くの苦しみを受け，長老，祭司長，律法学者たちによって捨てられ，殺され，そして三日の後によみがえらねばならない」（マタ16,21；ルカ9,22参照）。

9,31：「人の子は人々の手に渡され，彼らは彼を殺すだろう。そして殺されて三日の後によみがえるだろう」（マタ17,22f；ルカ9,44参照）。

10,33f：「人の子は祭司長や律法学者たちに引き渡されるだろう。かれらは死刑を宣告し，異邦人に引き渡すだろう。そしてかれらはかれをあざけり，唾きし，むち打ち，そして殺すであろう。そして三日の後によみがえるであろう」（マタ20,18f；ルカ18,32f参照）。

この三つの箇所を見ると，第一に，われわれの問題とする「ねばならぬ」は，第一の受難の預言にだけ用いられ，この事情はマタイとルカの平行箇所でも変わらず，第二，第三の受難の預言では，すべてではないが，基本的には未来形が使用され，特にマルコ10,32ではこの言葉がイエスの「自分の身に起ころうとすること」（$τὰ\ μέλλοντα$）という近い未来のこととして性格づけられている。すなわち，第二と第三には予言という呼び名が適しし，第一のそれとは性格を異にすると考えられる。E. Fascherは次のごとく言っている。「かくかくのことが起こるであろう，かくかくのことが起こらねばならないではない。わたくしにはこのことのうちに予言と黙示文学との間の本質的な違いがあるように思われる。[21]」

なお共通の語句としては「そして三日目にはよみがえる」がある。また「殺す」という語が共通して用いられているが，8,31のみが「殺され」と受動形であり，第二，第三の預言は，「かれらは殺すであろう」という言い方がなされ，「人の子」以外の主語が入ってきていて叙述がコンパクトでなくなっている。第二の預言では「殺された者として（$ἀποκτανθείς$）三日目によみがえるだろう」という非常に興味深い言い方がされている。

---

21) E. Fascher, Theologische Beobachtungen zu δει, in: Neutestamentliche Studien für Rudolf Bultmann, Berlin 1954, 228 参照。

いまこの第三の受難の預言と言われるものは，受難のプロセスが一々列挙されており，第二の受難の預言（9,31）が，マルコ，あるいはマルコ以前のより古い受難史を要約して改作されて，第二の預言からおそらくマルコによって形成されたように見える[22]。

　したがって，ここでは三つの預言を代表して，残る第二の預言と第一のそれを比較してみよう。人の子についての陳述は「殺される」と復活が共通であるが，第二のそれは「渡される」という受難伝承に基づく陳述を持つ[23]。ここでは，後に言及するマルコ14,21の「人の子は彼について書き記されてあるとおり去って行く。しかし人の子がその者によって渡されるその者はわざわいである」や，マルコ14,41bの「時が来た。見よ，人の子は罪人らの手に渡されるのだ」などの箇所が参考となる。一方，第一のそれは，これとは独立した伝承句であり，前述した$\delta\epsilon\hat{\iota}$に加えて，「多く苦しむ」と「捨てられる」という異なった要素を持つ[24]。したがって，簡単に8,31から9,31が作られたとは言えない[25]。このようにして，差し当たり，8,31だけを検討するより他ない。ここでまず問題となるのは，第一の受難の預言にのみ現れる「ねばならない」（$\delta\epsilon\hat{\iota}$）ということである。

　これについて，E. Lohmeyer は，この「ねばならぬ」はダニエル以来確固たる地位を主張している黙示文学への関連へと導き，そのことは人の子という名称によっても示される，と言っている[26]。また K. H. Schelkle は，マルコ8,31平行；ルカ17,25；22,37；24,7.26f.44f；ヨハネ3,14；12,34；20,9；使1,16；3,21；17,3などを挙げて，これらの「ねばならぬ」はダニエル2,28（LXX）から由来するものであって，神によって定められた終末的必然性を意味すると言っている[27]。

---

　22) F. Hahn, Christologische Hoheitstitel, Göttingen 1964, 47. U. Wilckens, Die Missionsrede der Apostelgeschichte, Neukirchen 1963, 113 はマルコ以前の古い受難史によると言う。
　23) Hahn, 前掲書, 48参照。
　24) Tödt, 前掲書, 142参照。
　25) Hahn, 前掲書, 52参照。
　26) E. Lohmeyer, Das Evangelium des Markus, Göttingen 1967, 165 参照。
　27) K. H. Schelkle, Die Passion Jesu in der Verkündigung des Neuen Testaments, Heidelberg 1949, 109 以下参照。

しかし，シェルクレによってここに挙げられているようなすべての箇所がダニエル2,28に由来することは実際には実証されがたいと思われる。この「ねばならぬ」ということは，多くの箇所を調べて見ると，実際には，聖書の預言の実現の必然性を指していることがはっきりする。上に挙げられた，ルカ23,37；24,26f.44fヨハネ12,34；20,9；使1,16；3,21；17,3などはいずれも聖書の成就と関連して述べられており，またルカ24,7は，「ガリラヤにいた時あなたがたに話したことを思い出せ」(24,6)と言う形で導入された人の子の受難の預言の引用である。なかでも使徒行伝1,16の「聖霊がダビデの口を通して預言した聖書の言葉は，成就しなければならなかった」は，非常に明瞭に聖書の成就と「ねばならない」の関わりを表わしている。事実マルコ8,31についてもそのような可能性が見られる。すなわちファッシャーの言を借りれば，「それらの箇所のうちどれが終末論的であるか，黙示文字的であるかは，その際常に明瞭には解答できないのである[28]。」

まず，マルコ8,31の内容として「多く苦しむ」と「捨てられる」ということから検討を始めると，後者は詩篇118,22の「家造りらの捨てた石は隅の親石となった」へ帰ると伝承され，それは新約聖書に確固たる足場を持った箇所である（マタ21,42；マコ12,10f；ルカ20,17はぶどう園の主人と農夫のたとえであるが，他に使徒行伝4,11；ペテ2,7など参照）。この両者の結合は，下に示すように，ルカ17,25とマルコ9,12に見出される。ただし，後者については「ねばならぬ」という語は使われていない。

  ルカ17,25：「しかし彼（＝人の子）はまず第一に多く苦しみ，この時代の人々から捨てられねばならない。」

  マルコ9,12：「人の子について『かれが多く苦しみ，辱められる』と聖書に書かれてあるのは何故か。」

ルカ17,25については，それがマルコ8,31の原型となった古い伝承だと主張されたこともあったが[29]，この句はその前後の文脈がQ資料から取られていて，それを中断していることなどからルカにより作られた書入れであると考えられる。そうだとすると，ルカがマルコ8,31をもと

---

28) Fascher, 前掲論文, 251参照。また, Hahn, 前掲書, 50注4も参照。
29) W. G. Kümmel, Verheißung und Erfüllung, Basel 1945, 40 (2. Aufl. 1953, 64); Pesch, Kom 53, 注26；Fascher, 前掲論文, 252参照。

にして、その復活句を消し、これを短縮して作った可能性も考えられる[30]。

残るマルコ9,12とマルコ8,31の関係を見ると、この両者で「捨てられる」（$\dot{\alpha}\pi o\delta o\kappa\iota\mu\alpha\sigma\theta\hat{\eta}\nu\alpha\iota$）と「辱められる」（$\dot{\epsilon}\xi o\upsilon\delta\epsilon\nu\eta\theta\hat{\eta}\nu\alpha\iota$）は等価である。使徒行伝4,11の詩篇118,22の引用では「辱められる」に当たる語が使われている[31]。（この「辱められる；捨てられる」に関してはイザヤ53,3も参照。ただしここでイザヤ53,3との関係は語句上考えにくい[32]。）したがって上記の二箇所ともマルコ8,31と等価的な語句が使われている。細かいことには最早立ち入れないが、結論としては、この語の違いからして、マルコ8,31が9,12から作られたと考えることは無理であろう[33]。双方とも独立してあったマルコ以前のものに帰る可能性がある。

そこで、肝心の「ねばならぬ」$\delta\epsilon\hat{\iota}$に移ると、マルコ8,31はルカ17,25からは独立して見られるべきである。その際、マルコ9,12は「聖書に書かれてあるのはなぜか」とあり、それ故そこでは「ねばならぬ」が聖書の成就と見られているということから出発して、$\delta\epsilon\hat{\iota}$一般を一義的に聖書の成就の意味として、そこから黙示文学的な意味を締め出すことは[34]、一方的な判断と考えられるのである。さらに、マルコ8,31にある「捨てられる」という句が詩篇118,22の引用であることからだけでは、この$\delta\epsilon\hat{\iota}$が聖書の成就だけを意味することを充分基礎づけることはできない。（また、すでに述べたマルコ14,21の人の子句には、「書き記されているとおり」という言葉があるが、ここには$\delta\epsilon\hat{\iota}$も「捨てられる」という語も使われていない。）以上のことを、字義の上から言うと、聖書の成就の「ねばならない」ということも、決して、そのことが$\delta\epsilon\hat{\iota}$を了解可能なことにしてしまわないということである。それは神の意思に基づいて起るあく

---

30) この際ルカは9,44で第二の受難の預言を短くし、復活を削っていることも考慮するべきである。Tödt, 前掲書152；100；151参照。Zmiewski, Die Eschatologie des Lukas-evangeliums, Bonn 1972, 418, は、この箇所がマコ9,12に帰る可能性も考慮に入れているが、さらにマコ8,31；ルカ24,26などの混成（Kontamination）ではないか、と言う。

31) Hahn, 前掲書、52；W. Michaelis, ThWbNT V, 913 注79；Tödt, 前掲書、152以下参照。

32) Tödt, 前掲書、156はマコ9,12のイザヤ53への関わりを否定する。

33) Tödt, 前掲書、156以下参照。

34) Tödt, 前掲書、174以下；150以下参照。

まで了解不可能な終末の出来事なのである[35]。それ故このような δεῖ に全面的にダニエル書の意味を締め出すことはできないと思われる[36]。繰り返すが、イエスの受難に復活から離れて、その意味が見出され、それが了解可能となるなら、最早ここでは復活について語り、またそれを前提する必要はなくなる。このような思考法によれば、この受難の意味づけから「復活」という出来事が導出されるまでは後一歩なのである。

またさらに次のことを付け加えたい。このことは特定の語句とは直接関係がないが、いたって重要であると考えられる。まず、もしここから δεῖ の黙示論的意味を締め出すとするならば、この語句は δεῖ が黙示論的意味で使われているマルコ13,7をはじめとする箇所との関連は消失せざるを得ない。(もちろんこの箇所も聖書の成就と呼ばれれば別であるが。)そしてこれらの箇所は終末時の患難を意味しているのであるから、その「多く苦しむ」という表現による人の子であるイエスの受難が、イエスの死と復活において終末が来たという、その終末の患難の集中であるという意味が直接に読み取れなくなり、キリスト論による終末の見方が、聖書の成就という面だけになり、薄められてしまうのである。すなわちキリスト論と終末論の関係が救いに関して制約されたものとなる。そこでは、われわれの終末の苦しま「ねばならぬ」ということが、キリストの「多く苦しまねばならぬ」ということと直に繋がっていかなくなるのではないか。その繋がりとはパウロの言葉を借りれば、「苦しみの交わり（コイノーニア）」（ピリ3,10）という、キリストの苦しみにあずかっているということなのである。そして、それは逆に、キリストがその「多く苦しむ」ということにおいて、われわれそれぞれの「この苦しみ」と言えるような具体的な個々の苦難そのものをすべて担い、それを熟知しているということなのである。

次にマルコ8,31の、「多く苦しむ」という語句を見てみる。これは、

---

35) このような意味で、筆者は Schrage（前掲論文68注59）と共に、Tödt, 前掲書177 に反対する。

36) ここでは、例えばマルコ受難史の黙示文学的な思想（15,33）をも考慮すべきではないか。Schrage, 前掲論文, 70注58；J. Schreiber, Theologie des Vertrauens, Hamburg 1967, 33 以下参照。シュライバーは、黙示文学的な伝承として、マコ15, 25.26.29a/32c/33.34a.37.38を挙げている。また A. Strobel, Kerygma und Apokalyptik, Göttingen 1967, 138 以下（= Der apokalyptische Sinn des Kreuzes）参照。

新約聖書で人の子の句だけに見られ，それはマルコ8,31とその平行記事，すなわちマタイ16,21；ルカ9,22と，さらにマルコ9,12とルカ17,25だけであり，後者の二箇所の相互間の関連も考えられるのである[37]。ちなみに，単に「苦しむ」ということは，他にもキリストに関して見出される[38]。

これらすべてを概観した上で，マルコ8,31の人の子句を見ると「多く苦しむ」ということに受難がすべて吸収されて，「捨てられる」ということが，この「多く苦しむ」という受難の中核的な性格づけとなっているのである。

このようにして，「人の子は多く苦しまねばならない」ということには，受難が了解不可能な運命として現れる神の意思による必然性がみられ[39]，この「ねばならない」という語の苦難との結合は原初的なものであると考えられる。それらの結合している箇所を改めていくつか見てみよう。

　　まずマルコ8,31の平行箇所がある。
　　マルコ8,31：「人の子は多くの苦しみを受け，長老，祭司長，律法学者たちによって捨てられ，殺され，そして三日の後によみがえらねばならない。」
　　マタイ16,21：「かれはエルサレムへ行き，長老，祭司長，律法学者たちから多くの苦しみを受け，殺され，そして三日目によみがえらされねばならない。」
　　ルカ9,22：「人の子は多くの苦しみを受け，長老，祭司長，律法学者たちによって捨てられ，殺され，そして三日目によみがえら

---

37) Hahn, 51および注2参照。
38) この「多く苦しむ」の旧約への関係については，Pesch, Kom 49以下参照（特に詩34,20）。なおHahn, 前掲書, 51は, Michaelis, ThWbNT V, 906fに従って，これはギリシャ的な用法であり，セム語的なそれではないと言う。しかしイザヤ53,4.11など参照（Michaelis, 914f）。ちなみにキリストの「苦しむ」ということは，Hahn, 前掲書, 51注5によれば，ルカの作成になるものとヘブ2,18；5,8；9,26；13,26が，またⅠペテ2,21.23；3,18を除けば，ルカ24,26.46；使3,18；17,3などが挙げられている。またLohmeyer, Kom 164注3も参照。
39) 先に引用したR. Bultmann, Kom 489.（本章注7参照）。

第1章　イエスの受難と神の救いの意思　　　　　　　　　　19

されねばならない。」

　マタイ16,21とルカ9,22では，マタイは「捨てられる」を消し，「長老，祭司長，律法学者たちから多くの苦しみを受け」として「捨てられる」を「多く苦しむ」に吸収させてしまっている。なお双方とも「三日の後に」を「三日目に」，「よみがえる」を「よみがえらされる」に代えているなど，他にも相違があるが，共通なことは，「ねばならぬ」の他に「多く苦しむ」「殺される」「よみがえる（よみがえらされる）」ということである。

　さらにδεῖを軸にして人の子の「多く苦しむ」，またキリストの「苦しむ」との結合をみてみよう。

　　マルコ9,12：「人の子について『かれが多く苦しみ，辱められる』と聖書に書かれてあるのは何故か」（聖書の成就となっているがδεῖは用いられていない）。

　　ルカ17,25：「しかしかれ（＝人の子）はまず第一に多く苦しみ，この時代の人々から捨てられねばならない。」

　　ルカ24,7：「人の子は罪人らの手に渡され，十字架につけられ，そして三日目によみがえらなければならない」（6節も参照）。

　　ルカ24,26：「キリストはこれらのことを苦しみ，そしてかれの栄光に入らねばならなかったのではないか。」

　　ルカ24,46：「こう記してある。キリストは苦しみを受けて三日目に死者のうちからよみがえる」（44節で聖書の成就となっているが，若干の写本を除いてはδεῖは用いられていない）。

　　使17,3：「キリストは苦しみ，そして死者のうちからよみがえらねばならなかった」（2節参照。聖書の成就：「聖書からかれらと論じ」）。

　それ以外で共通なこと，すなわち基本的なことは「人の子は多く苦しまねばならない（ないし，キリストは苦しまねばならない）（ならなかった）と，ルカ17,25を唯一の例外とする復活への言及である。ルカ17,25については，すでにマルコ8,31への依存の可能性が考えられた。またここで注意すべきことは，「人の子」――「多く苦しむ」と「キリスト」――「苦しむ」という伝承の結びつきである。

最後にマルコの三つの人の子の受難の預言をも合せ見ると，すでにふれたが，復活についての陳述が「三日の後によみがえる」という共通の語句で表わされている。これだけは，三つの「人の子」句に共通の表現である。8,31だけが「三日の後によみがえらねばならない」であり，残る二つ，すなわち，9,31と10,33fは，「三日の後によみがえるであろう」という未来形で書かれている。それで，おそらくこの復活についての語句が後から定式的な述べ方にしたがって付け加えられたでのではないかという推測が成立する。F. Hahn は H. E. Tödt に反対して，人の子の苦難について「渡される」ことのみを語っている復活への言及のない短い形が，初めのものではなかったかと言っている。すなわち，それらは，受難史に組み込まれている「人の子」句であり，すでに挙げた，最後の晩餐の時の

> マルコ14,21：「たしかに人の子は，かれについて書かれたとおり，去って行く。だがその者によって人の子が渡されるその者はわざわいだ」という言葉や，ゲッセマネでの，マルコ14,41b：「時が来た。見よ，人の子は罪人らの手に渡されるのだ。」

というような「渡される」という受難のターミノロジーが用いられている言葉である[40]。なおさらにこの「渡される」という表現を持つマルコ9,31が8,31から独立したものであるとするなら，この9,31でも短い句が古い形であったとみなす可能性も出てくるであろう。しかし，くり返しになるが，問題は，ここでは「ねばならぬ」という語が一切使われていないことである。従って，これはマルコ8,31とは別の流れに属するものとして考える必要があろう。

---

[40] Hahn, 前掲書46以下，同注1.2；48参照。また E. Schweizer, Der Menschensohn, in: Neotestamentica, Zürich / Stuttgart 1963, 69 ではマコ14,21；41の双方をイエスの真正な言葉と考えている。Hahn は上記の箇所で，Tödt, 前掲書152：「短い細かい規定のない形は……詳しい句に対し後のものである」という意見に反対している。なお，「引き渡す」($\pi\alpha\rho\alpha\delta\iota\delta\acute{o}\nu\alpha\iota$) については，荒井献『使徒行伝』上巻，新教出版社，1977年，221頁，その他参照。

Ⅳ 結　論

　このことにおいては，われわれは，やっと結論への門口に達したのである。だが論議を進める前に，これまで見て来たことをまとめて，考えてみたい。人の子の受難の預言「人の子は多くの苦しみを受け，長老，祭司長，律法学者たちに捨てられ，また殺され，そして三日の後によみがえらねばならない」（マコ8,31）と「また戦争の噂を聞く時もあわてるな。それらは起らねばならない」（マコ13,7）で表わされるわれわれの苦難の「ねばならない」，これらはすでに述べたように，お互いに連係している。すなわち，われわれの上に終末に起ってくる患難，それはイエスの上に集中して起こったのである。このようにして，本来「ねばならぬ」は終末の患難と結び付いていると考えられる。
　しかし，マルコ8,31の人の子の受難の預言――ここでも一般に受難の預言（Leidensweissagung）という呼び名がとられており，受難と復活の預言と呼ばれてはいないのであるが――「人の子は……殺され，そして三日の後によみがえらなければならない」は見てみれば分かるように，それには，「そして……」という復活句の付加がなされている。前に，これはおそらく後になって付け加えられた句ではないかという推測にふれた。すると，恐らく，マルコ9,31の原型と考えられ，すでに述べた14,21.41にうかがえるような「人の子は渡される」というような短い句とパラレルの，マルコ9,12「（人の子は）多く苦しみ，辱められる」とか，マルコ8,31の短い形である「人の子は多く苦しみ，捨てられる」というような句があったのではないか。
　しかしこのような受難の「人の子」句に，はじめから「殺される」という句がついていたということは疑問に思える。後述する使徒行伝に見られるコントラスト図式と呼ばれるもの（付論Ⅰ参照）によっても分かるように，「殺す」という話は簡要な（prägnant）形式というより，むしろ語りとしての宣教に属している語ではなかろうか。ここで伝承の歴史により深く立ち入ることはできないが，上記のコントラスト図式に見られるように「殺す」（ルカは使3,15にだけ $ἀποκτείνειν$ を用い，使2,23：

10,39；13,28にはルカ的色彩の強い ἀναιρεῖν を用いているが）には常に復活が結び付いており，短い「人の子」句の受難に「殺す」が付いた時，同時にこれと固く結び付いている復活句が付いたのではないか。ただし，使徒行伝の説教では，復活は神の行為となっており，イエスを主語とする「よみがえる」ではない。これはむしろ，復活の信仰定式に見られる。すなわち「殺される」というイエスの死がいわば誘い水となって，他方にこれも確固として存在していた，受難と復活が「そして」という形で結び付いている信仰定式——それは受難と復活がそれぞれ独立して述べられる単独形式に対して両者の複合形式と言われているものであるが，——その複合定式に基づいて，受難と結び付いた復活句という形で，復活がここへ取り込まれたのではないか。もちろんすでに述べたように，複合定式では「イエスは……死んだ」という形で，「殺された」という形は見られない。後に取り扱う（付論Ⅰ参照），「イエスが死に，そしてよみがえった」（Ⅰテサ4,14）という句を参考にしてみればよい。前に述べたように，ここでは「殺される」が誘い水になって「そしてよみがえった」と結び付いたのではないか。そのようにして，いわば「ねばならぬ」＋広義の複合定式というような人の子の受難の預言といわれているものが誕生した可能性が考えられるのである。

さてマルコ9,31では，「殺す」が8,31のように受動形でなく，「かれらが殺す」という受難の語りの形で書かれていることから，かえって9,31のほうが8,31より古いのかも知れない。もしそう考えれば，9,31の ἀποκτανθεὶς ἀναστήσει（殺されて……よみがえる）というくり返しの受動分詞は「殺される」ということに復活を関連づけ結び付けており[41]，かえってこれが8,31の定式化の原動力になったのかもしれない。すなわち，8,31の「ねばならぬ」は，「殺されて……よみがえる」というふうに「人の子」句が拡大される次元で，付けられたと考えられる余地がある。ただしこれらのことは推測の域を出ない。

さて，他の，人の子の受難の句をひとまずおいて，このマルコ8,31に関してだけに限って考えて見ると，この8,31に関して，復活句の，人の子の受難の「ねばならぬ」からの相対的独立性が見られると言ってもよ

---

41) Hahn, 前掲書, 48参照。

いであろう。すなわち「ねばならぬ」と原初的に結び付くのは，受難と復活が一緒に述べられていても，差し当たってまず了解不可能な受難なのであり，ことに「殺される」ということでそれは頂点に達している。このことは，8,31のコンテキストを見れば，はっきりする。そこでの弟子たちの無理解は，イエスの受難や「殺される」ということに集中している。このことに関してペテロはイエスから「サタン」と呼ばれている(8,33)。なおそれに続くイエスの「己れの十字架を負ってわたしに従え」(8,34) という言葉も受難にのみ関わっている。すなわち，8,31の「人の子」句の意味の構造としては下図で示されるように，「ねばならない」は実質的に受難に関わっており，いわば受難を媒介として復活に関わると言えよう。

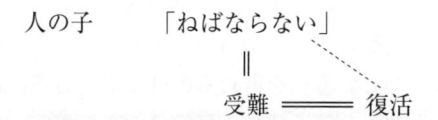

$$\begin{array}{c} \text{人の子} \quad \text{「ねばならない」} \\ \| \\ \text{受難} = \!\!= \text{復活} \end{array}$$

　結果としては，ここに見られる「そして」ということによって，いまや復活は受難と別れ難く結合され，同時に復活がこの δεῖ のうちに包含されたということである。(すでに見たルカ24,26も参照)

　このことは一体何を意味するのか。苦難に，了解不可能な「ねばならぬ」が表明された，そのところで，全く同時に，そこに復活が取り込まれたのである。復活，すなわち救いの必然性と密着した形以外では，了解不可能な苦難の「ねばならぬ」という必然性については語られないということである。それはキリスト教信仰の真髄に関わることが確固たる形で表明されたということである。つまり，それによって了解不可能な患難の「ねばならぬ」に救いが直結されて，神の意思による患難に必然性として救いが表明されたのである。了解不可能な「ねばならぬ」は，いまや救いの必然性の「ねばならぬ」となったのである[42]。苦しみに了解不可能な必然性が見られたら，それは救いの必然性なのである。あらゆる苦難と患難に，必然的に，救いが絶対的な仕方で密着したのである。

---

42) なお救いと「ねばならぬ」は直結して，神の救いの意思がいわばストレートに出ている場合がある。たとえばヨハ20,9：ルカ19,6など参照。

苦難の了解不可能な暗さと無意味さのうちに，やはり了解不可能な「復活」という救いの必然性が入ってきたのである。この救いは現実のものであるが，パウロが「見える希望は希望でない」（ロマ8,24）と言うように，いまだ見えぬこととして，了解不可能な苦しみのうちにある。

　このようにして，ここで信仰とは，患難においてこそ，受難と復活を絶対的に結びつける神の「そして」を信ずる信仰にほかならないということである。人の子はよみがえらなければならないのである。神の了解不可能な暗い「ねばならない」は，復活をその内に包含し，最終的には神の救いの意思の「ねばならない」なのである。救いの意思以外に神の意思はないのである。この希望が最終的に信仰者を不信仰者から刀の刃のように峻別する。もしこのことがなければ，キリスト教はその証の力を全面的に喪失する。したがって，絶望の内にも信仰は勝ち抜いていくのであり，すでに現在の苦しみにおいて復活の力と喜びが希望において現れるのである。ここで勝利を占めるのは希望である。絶望の内に神の腕に身を投げる信仰こそ，希望する信仰に他ならない。それこそが真の信仰なのである。すなわち，なぜ自分にこの苦しみが来るのかという理由も分からず，どうして神はそれを許すのかも分からない。しかしこの，答を与えられない神の沈黙は，この「そして」ということで実際には破られているのである。繰り返しになるが，この苦難の「ねばならない」は，救いの「ねばならない」そのものなのであって，救いと絶対的に結び付き，それへの道程なのである。

付論I　「ねばならない」のうちの神の救いの意思の現れとしての「そして」について

　われわれは結論に達したのだが，マルコ8,31の人の子の受難の預言に見られる，イエスの受難の死とその復活という出来事の「ねばならない」という必然性における「そして」による結び付きについてさらに考えてみたい。

　これには，ルカによって使徒行伝などにも見られる，いわゆるコントラスト図式と呼ばれるものが対応すると考えられるが，たとえ使徒行伝のうちの説教の部分はルカの筆になると言われている。とはいえ，ここ

の「そして」に代るイエスの死と復活の対置ないし並列は,まさに,「イエスの死の解釈の最も古い発端[43]」であると言ってよいと思われる。使徒行伝からの例を挙げてみよう。

聖霊降臨のあとのペトロの説教は次のごとくである。「神の定めた計画と予知とによって渡されたこの方を,あなたがたはかれを不法の人々の手で釘付けにして殺した。かれを神は,死の苦しみから解き放って,よみがえらせたのである」(2,23-24)。
それに続くソロモンの廊でのペトロの説教も同じ骨格によっている。「ところがあなたがたはかれを引き渡し……あの聖なる方,正しい方を拒んで……命の君を殺してしまった。神はこの方を死人のなかからよみがえらせた。」(3,13-15)

また次のペトロの宣教には以下のごとくある。「あなたがたが十字架につけ,神が死人たちのうちからよみがえらせたナザレ人イエス・キリストの名によって……」(4,10)。

さらにペトロと使徒たちの言葉として,次のように書かれている。「わたしたちの先祖たちの神は,あなたがたが木に架けて殺したイエスをよみがえらせた」(5,30)。

またペトロのカイザリアのコルネリオのところでの説教には次のようにある。「人々はこの人を木に架けて殺した。この人を神は三日目によみがえらせた」(10,39以下)(なお13,27-30;26,23など,また2,32.36;17,3.31なども参照)。

ここで「殺される」イエスと復活は多くの場合,関係代名詞でつながれている (13,3などを除く)。復活に関する部分はルカ以前の伝承句であろう[44]。ここにおいても宣教される十字架は常に復活と離れ難く結びついている。宣教はそれゆえ常に十字架と復活に関わるのである。前の項目では「そして」によって,復活が受難の $\delta\epsilon\hat{\iota}$ に組み込まれることを見た。苦しみの「ねばならない」は,この「そして」によって復活の「ねばならない」として開示され,それによって支えられていることになる。それ自体意味の見出せない苦難が復活によって意味づけされるのである。

---

43) Pesch, Kom 53 参照。なお,詳しくは U. Wilckens, 前掲書参照。
44) Wilckens, 前掲書, 138 参照。

この構造をマルコ8,31の受難の預言のように受難の死と復活が並列されている信仰告白形式をとって明らかにしたい。

　周知のように，新約聖書の最も古い書は使徒パウロのテサロニケ人への第一の手紙であるが，そこから一つの手がかりを摑みとりたいと思う。この手紙の内にはすでに使徒によって受け入れられたより古い信仰告白定式が見出される。それゆえ，それはわれわれの知っている最も古い，最も単純な信仰告白定式の一つだと言ってよいであろう[45]。
　そしてそのうちには次のようなものがある。
　「われわれは『イエスが死に，そしてよみがえった』と信ずる」(4,14)。この信仰告白形式は，われわれがこれまで取り扱ってきた，マルコ8,31の人の子の受難の預言にも近いところがある。それは「殺される」ではないが「死んだ」が単純に「よみがえる」に，「そして」ということで結び付けられているからである。しかし，多分われわれはこの定式のうちに一つの理念型を見ようとすれば，もっと古い形へと還元できるであろう。このテキストでは，イエスはよみがえった，とある。それに対していわゆる復活定式は，「イエスはよみがえらされた」であり，こちらの方に原初性が帰せられねばならないであろう。というのは，これは神の行為を強調しており，いわゆる「イエスはよみがえった」は，復活の力をイエス自身に帰しているとも考えられるからである。それゆえわれわれは多分最も古い定式の，いうなれば理念型とでも呼べるものを次のように構成することができるであろう。「イエスは死に，そしてよみがえらされた」，と。
　しかし，ここでわれわれはもう少し遡って考えてみねばならない。ここでは死の定式と復活の定式は「そして」ということで互いに結びつけられている。しかしこの二つは常に結びつけられて存在していたのだろうか。どうもそうは思われないのである。そうするとこの二つの定式のうちのどちらに原初性が帰せられるべきか。初めに作られたのは復活の定式であっただろうと思われる[46]。というのは，初めに告白されたのは

---

45) 松永晋一『テサロニケ人への手紙』日本基督教団出版局，1995年，30頁参照。T. ホルツ『テサロニケ人への第一の手紙』大友陽子訳，教文館，202頁以下は，パウロに伝承された形式であるかどうかは，確実には言えないとしている。

復活の出来事であろう。イエスを主語とすると,「イエスはよみがえらされた」というのが復活の後に作られた最初の定式であったと思われる。これが, ここでは「イエスは死んだ」という言葉と結びつけられたと考えられる。それはしかし出来事の順序を時間的に述べるためではない。「イエスは死んだ」ということは, どのみち復活の前提である。そして「イエスは死んだ」ということに対して人は信仰を告白する必要は全然ないのである。というのはイエスが死んだという過去の事実は疑われたことも論争の的になったこともない。すべての人, もちろん信仰のない人もこのことを難なく受け入れるであろう。(もちろん「イエスは死ななければならなかった」となれば, その神の「ねばならない」ということによって事態は変わってくるであろうが。) 死と復活を結びつけるこの「そして」ということは, なにかイエスが半死半生で仮死状態で息を吹きかえしたというようなことに対してイエスの死を確認するという護教的な機能を持っているのではない。そのような仮死という仮定は近代の自由啓蒙神学の生産物だからである。

そこでわれわれは問わねばならない。一体, この「そして」とは, 何なのか。それに対する答えは, それはイエスの死を復活から解釈するということである。復活したイエスについて語ることが死んだイエスについて語ることなのである。「イエスは死んだ」という定式は, それ自体すでに述べたように, 信仰の対象ではない。それは単なる事実として直に認められる事柄である。それは復活の定式と結び付き初めて信仰に関し意味を持つに至る。この二つを結ぶ「そして」ということがイエスの死を, 「打ち勝たれる死」として信仰の対象とする。

それではここでわれわれの問いの対象となるのは, 一体死の定式は決して単独では存在しないのかということであろう。その答えをわれわれは直ちに同じテサロニケ書に見出すことができる。その手紙には,

「われわれのために死んだ主イエス・キリストによって」(5,10)
という定式が見出される。それゆえ,「イエスはわれわれのために死んだ」という定式はそれ自身単独で信仰告白定式として存在し得るのである。どこに「イエスは死んだ」と「イエスはわれわれのために死んだ」

---

46) 伊吹雄『ヨハネ福音書と新約思想』創文社, 1994年, 7頁参照。

ということの間の差異が見出されるのか。ここで新しいことは「われわれのために」ということだとは一目瞭然であろう。すなわちこの「われわれのために」ということで，死の定式は独立した信仰告白定式となったのである。「イエスがわれわれのために，すなわちすべての人のために死んだ」ということは，歴史的に確定できることではない。ここにわれわれは最も原初の信仰によるイエスの死の解釈を持っているのである。決定的なことは，復活の定式と死の定式とを結ぶ「そしてよみがえった」ということが，それ自体独立して存在する「われわれのために」という付加を持った死の定式に，事実上は「われわれのために」として取り入れられたということである。「よみがえった」と「われわれのために」はいわば等価なのである。この「そして」によって互いに固く結び付いた十字架と復活であるが，イエスの死が復活によって「われわれのために」という付加を受けた時，それらは互いに離れ得るものとなったのである。そして「われわれのために」という十字架の死の根本的な解釈がここで成立し，「イエスはわれわれのために死んだ」ということが信仰の対象となったのである。

　われわれは以上の観察から次のことを言うことができよう。イエスの死は，その復活によって初めて信仰の対象，すなわち宣教の対象に成り得たということである。それは十字架の死の意味が復活によって初めて拓かれたということである。またイエスの死は復活によって初めて救いの出来事として把握し得るものとなったのである。この意味で十字架の言葉を宣教する使徒パウロは，一方ではこう言っている。「キリストが復活しなかったなら，わたしたちの宣教は無駄であるし，あなたがたの信仰も無駄である」（Ｉコリ15,14）。わたしたちの宣教，すなわち十字架の言葉は無駄になるのである。すなわちすでに述べたように，イエスの死ないしその十字架の救いの意味は，復活によってはじめて拓かれ，「イエスはわれわれのために死んだ」として，はじめて単独で宣教と信仰の対象となったということである。このことをもとにして，非常に多くの十字架の死の解釈が成立するに至ったのである。われわれは，それゆえ，本来十字架につけられた者が復活した，というのではなく，逆に，復活した者が十字架につけられた者であると言わなければならない。復

活というそのところで、十字架の救いの意味が現れて来るからである。パウロはピリピ書において、次のように述べる。「すなわちキリストとその復活の力を知り、その苦難にあずかって、その死のさまと等しくなり、なんとかして死人のうちからの復活に達したいのである」(3,10f)。ここでは復活の力を知ることが、その苦難にあずかる前提として述べられている。また、マルコ福音書をみれば、空の墓で天使は婦人たちに告げている。「あなたたちは十字架につけられたナザレのイエスを探しているが、あの方はよみがえらされた、ここにはいない」(16,6)。復活を前提としない限り十字架につけられたイエスはいない、不在なのである。そもそも福音書は十字架につけられた者が復活したと宣教しているのではなく、それらは復活した者を十字架につけられた者として、その十字架への道を描くのである。イースターは十字架をその宣教の中心に据える。そこで十字架はもはや過ぎ去った過去のことではなく、常に現在のこととして止まるものとなったのである。われわれは今や高められたイエスに出会うのであるが、この方はわれわれには根本的に十字架につけられた者としてのみ出会われ得る。

　ヨハネの黙示録には「屠られたとみえる小羊が立っていた」(5,6)と書かれてある。復活者はわれわれの前に常に十字架につけられた者として立っているのである。そのような者としてのみわれわれはキリストに出会うことが出来る。それゆえヨハネ福音書によれば復活したキリストはまず第一に自分のシュティグマタ、すなわち十字架の傷を弟子たちに指し示すのである。もし復活者が、こうして十字架につけられた者の愛に刻まれた面影をもっていなかったならば、われわれはその者がキリストであることを認めることができない。復活者が十字架と関係のない顔をもっていたとしたら、それは奇怪なことであろう。その者をわれわれは全然知らないどころか、それは顔を見知らぬ神的な天上の者にすぎないであろう。復活したイエスと地上のイエスのアイデンティティは十字架である。厳密にいえば、それは十字架で示されたイエスの愛である。復活者があらわにした十字架のイエスの面影とその傷跡、われわれのための愛の献身の現れ、これのみが天上の神の子へのわれわれのただ一つのアクセスなのである。神へのアクセスは、その復活のイエスが十字架で示した愛以外にない。そこにのみ、神の子がわれわれを愛し、われわ

れに身を捧げた者として現れるのである。復活者は現在，われわれを愛し，われわれのために死を厭わない十字架につけられた者の顔とまなざしをもっているのである。このようにして，復活はイエスの死における神の救いの現れであり，神による十字架につけられた者の顕在化であるとも言えよう。

付論Ⅱ　ある場合におけるイエスの「ねばならない」

最後に，「ねばならない」の日常的な使用の形と，その神の意思を表わす形とを取って，その関わりの，ある場合について，ヨハネ福音書の中から考察してみたい。問題になる箇所は，イエスの巡回の道について書かれてある「ねばならない」についての具体的な陳述である。ヨハネ福音書の4,3以下には，イエスは「ユダヤを去り，再びガリラヤへ行った。しかしサマリアを通らねばならなかった。」と書いてある。なぜイエスはサマリアを通らねばならなかったのだろうか。この「ねばならない」とは何か。注釈書を見ると，それはイエスが急いでいたことを示しているのだ，と書かれている。というのは，暑いけれどもヨルダンの谷を通る東側の道があるが，Flavius Josphus によると「急ぐ者はサマリアを横切る道をとる。そうするとエルサレムから三日でガリラヤに着く」という[47]。

われわれの日常で，このような「ねばならない」ということはしばしば起こることであろう。そのような「ねばならない」は，それでは救いとは関係のない中立的なものなのだろうか。そう判断する前にわれわれは，この同じ4章でこの「ねばならない」をさらに調べてみる必要があると思う。その語は同じ4章の20節と24節にあり，それぞれ次のごとく書かれている。そこでサマリアの婦人がイエスに，「わたしどもの祖先はこの山で礼拝しましたが，あなたがたは礼拝せねばならぬ場所はエルサレムにあると言っています」と言うと，イエスは，「しかし，まことの礼拝をする者たちが，霊と真理において父を礼拝する時が来る。今が

---

[47] R. Schnackenburg, Das Johannesevangelium I. Teil, 1981 Freiburg i. Br. 458 参照。

その時である。なぜなら父はこのように礼拝する者を探しているからだ。神は霊である。だから神を礼拝する者は，霊と真理において礼拝せねばならない」と答える。すなわち，まことの礼拝者は霊と真理において神を礼拝せねばならぬのであって，このような礼拝者を父なる神は探しているのである。この「ねばならない」の関連で読む限り，イエスは父から遣わされた者として，このような礼拝者を探すのであって，そのためにイエスが「サマリアを通らなければならなかった」と考えられているのである。つまり，イエスはサマリアの婦人や他の人たちに出会うために，サマリアを通らなければならなかったのである。

　われわれは，イエスが「サマリアを通らねばならなかった」ということについて二つの説明を照らして見たのであるが，この二つは決して互いを締め出すものではないと思う。この二つを共に認めるとすると次のことが言えよう。われわれの日常では卑近な形で避けられ得ない「ねばならない」ということが常に起こるが，このことは全く中性的なものではなく，常に神の救いの「ねばならない」ということをその背後に隠し持っている。それはわれわれの理解を越えた必然性なのであるが，表面的な「ねばならない」の背後には，神の救いの「ねばならい」がいまだその意味が明らかにならないままに横たわっているのである。いきなりパウロを引用することが許されるならば，「神は神を愛する者たち，すなわち計画に従って召された者たちと共に働いて，すべてを善きものとなるようにして下さることを，われわれは知っている」（ロマ8,28）ということに他ならないであろう。ここに言われているこの「すべて」ということは端的にすべてなのである。しかもパウロはこの句の前に，すでに言及した「見える希望は希望でない」（8,24）という言葉を書いている。

　きわめて日常的なことに関して，すべての「ねばならない」は，このようにしてわれわれにとってその救いへの関連が見通せるものではない。しかしそれは，まだその局面では見えないこと，すなわち救いと，神によって堅く結ばれているということなのである。信ずるということの本質はここに言い尽くされているのではないだろうか。

第2章

派遣された者のドクサ
――ヨハネ福音書キリスト論の問題――

　ヨハネ福音書のキーワードであるドクサという「光栄」概念の説明には幾多の困難が含まれており，それらが解決されているとは言い難い。以下の試みはこのドクサ概念の研究によってヨハネ「キリスト論」をよりよく理解しようとするものである。

I　ドクサ概念より見たヨハネ「キリスト論」の問題

　ヨハネ「キリスト論」にとってそのドクサ概念の理解が重要なことは論を俟たない。それは，われわれがパウロや共観福音書などのドクサ概念との関わりを考える時，ますます明らかになる。例えば，マタイやルカはそれぞれ違ったドクサ概念を用いるが（マタイ4,8＝ルカ4,6；マタイ6,29＝ルカ12,27)，しかしマルコの箇所（全部で3回）は他の共観福音書と共通の地盤を持っている。ここではドクサは基本的に世の終わりに来る人の子に帰し返されている（マルコ8,38par；13,26par；vgl.10,37par；19,18；25,31)。ドクサ概念の，ヨハネ福音書と共観福音書の比較は，ヨハネ福音書のそれが，いかに独特のものであるかを知らしめる。ヨハネ福音書ではドクサは，地上のイエスの存在の在り方であり，共観福音書や他の書では基本的に復活後の高められた者の在り方を表す。ここからマルコやルカでは，ドクサが地上のイエスの神的変容の際にのみイエスに帰せられることがよく理解される。

　ヨハネ福音書の，地上のイエスのドクサという固有の在り方の問題は

有名ではあるが，ここにその議論のスケッチを手短かにのべておく。

すでにヨハネ福音書の初め，すなわちプロローグに，地上のイエスのドクサについては，「言葉は肉となり，われわれのもとに住み，そしてわれわれはそのドクサを見た」(1,14)，と明確に述べられている。ここで受肉に続くドクサ観照について，受肉は，ピリピ2,6以下にあるごとく卑下であって，神的ドクサの放棄ではないのか。すなわち先在者のドクサ（17,5.24；ヘブル1,3）はサルクスに対しいかなる関係にあるのか，という問いがただちに浮かぶのである。というのは，サルクスは人間存在だけを意味しているのではなくて，同時に地上につながれ，弱く過ぎ去る存在の在り方を意味しているからである。

第二の，より簡単とは言えない問いは次のようなものである。すなわちどうして卑下の極である十字架が，ヨハネではドクサに挙げられること，高められることと呼ばれているかである。

もっとも簡単な説明は，地上のドクサのあらわれはイエスの奇跡であるとすること（カナの奇跡：2,11；11,4.40参照）であるが，このことからわれわれの問題は説明できない。セーメイア（しるし）とドクサの結合はテキストには見られるが，それはセーメイアを神のドクサのあらわれとしての地上のイエスの奇跡に限ってのことである。したがってこの提案は解決にはならない。1,14の受肉に十字架を込めて読むことは，ドクサを単なる「パラドックス」として理解することなり，真の理解とは言えない。さらにこれらの困難を解決する一つの説明として，十字架はここで霊によって可能とされた復活のドクサからの回顧的な見方であるとする捉え方がある。しかしそれにもかかわらず，歴史的な意味での十字架の死と死者からの復活の出来事の時間的前後関係は厳然としてあり，十字架の時点では通常の理解による本来のドクサは徹底的に隠されていたと言わねばならない。ヨハネ福音書のアナムネーシスは，このような時間的前後関係を消すことはけっしてない。それゆえ復活の光栄（ドクサ）からのみではすべてが解決されたとは言えない。

それゆえヨハネのドクサ理解に関して，後から十字架が復活によって照らされるというのではなく，ただ一つの事柄が一つのドクサの出来事として理解されているというべきではないのか。すなわちこれまで問われなかったこと，十字架を含むヨハネのドクサ理解そのものへの問いが

ここで提出されなければならないのではないか。そうとすればこの問いこそが問題とされるべきなのである。

II 考慮すべき事柄

1 伝統的なドクサ概念の枠

なぜヨハネ福音書におけるドクサが困難に遭遇するかは，この概念のこれまでの伝統的理解の枠があまりに強固であって，新しい理解の問いかけがなされなかったということに関わっているのではないだろうか。そもそもこの概念の理解には旧約聖書のそれが基本となっている。いずれにしてもここでは，ヘブル語の「kabod」という「旧約聖書の神の本質的在り方」についての陳述の理解から出発しなければならない。ここでも神が啓示するその本質の在り方の基本的な理解がたもたれねばならない。もちろんパウロにおいてもドクサは神の本質の啓示の在り方を意味する（IIコリ4,6）。ヨハネ福音書でもこのことは妥当する。それはイエス・キリストにおける神的な在り方の輝きであって，これがベースなのである。それが伝統的なヨハネのドクサ概念でもある。

2 ヨハネ福音書におけるドクサ概念の分裂

さしあたってまず第一に，ヨハネ福音書のドクサという語が，しばしば通俗的概念として出会われるという事実に注意が向けられなければならない。ドクサが伝統的にイエスの神的な在り方の啓示として受けとれるならば，通常の研究では，世間的な用法はさしあたって非固有的な役に立たない使用の仕方として関心の外におかれる。このような箇所として5,41.44；7,18a；8,50.54；9,24；12,43などが挙げられ得る。ここではドクサは「名誉」，ドイツ語ではEhreという意味を持つものとして探究から外される。もちろん旧約聖書でもこれは基礎的な意味に属する。しかしここで述べられたような意味は通常二次的なものとして受けとられる。このような「名誉」という意味は，若干のキリスト論的箇所を除けば，神的啓示としてのドクサの意味には含まれていないと見なさ

れ，ヨハネ福音書のドクサ概念に分裂ともいうべきものを生じさせるのである。たとえばこれまで最も大きな影響のあるブルトマンのヨハネ注解を見ると，ブルトマンはドクサを天的世界の本質と考える。そしてイエスの栄光化は天的世界への帰還と解される。このようにしてブルトマンは栄光と名誉という二つのドクサ概念を初めから厳しく区別するのである。このようにすればヨハネ福音書のドクサ概念は言わば神学的意味と通俗的意味に分解してしまう。名誉という意味には二次的な意味しか与えられなくなってしまう。そしてこのようなドクサの使用は，5,41.44；12,43のほかに7,18；8,50.54などの箇所にみてとられよう。

　上記の例で示されるように，ヨハネ福音書では，一般に言えば，ドクサ概念の分裂という考え方がもっぱらである。しかしこのことが実際にあてはまるかどうかを調べることが焦眉の急を要することになる。

　このためにまず7,18へ目を向けよう。ここでドクサは対立的に二度使われている。「自分から語る者は，自分のドクサを求める。しかし彼を派遣した者のドクサを求める者は真であり，不義は彼にない」。ここ7,18a でのドクサは言わば通俗的意味に解されるが，7,18b でのドクサは示唆的ではあるが，はっきりとイエスに関わっている。7,18はそれゆえ明らかに通俗的使用とキリスト論的使用とが交差し，一つから他への連続的移行があり，分裂はない（同じことが12,43の人間と神のドクサについての対立についても言える。）7,18で２度目のドクサの使用はさらなる類似したキリスト論的使用の箇所に接続する。そこではドクサはしばしば名誉（Ehre）と訳される；8,50「わたしはわたしのドクサを求めない。それを求め裁く方がおられる」。また8,54：「もし私が自分でドクサを与える（doxazein）なら，わたしのドクサは無である。私にドクサを与えるのは（ho doxazōn me）私の父である」。ここでは名誉という意味のドクサが，疑いもなくキリスト論的に使用されている。一言で言えば，通俗的には名誉，キリスト論的には光栄という単純な仕分けは可能ではなく，このことはさらにキリスト論的に使用される tīmān：5,23；8,49 によっても承認される。他方でキリスト論的な意味の動詞 doxazein 8,54は，Ehre と言われるドクサとの関連で「敬う（ehren）」と訳される。ドクサは，それゆえここでは tīmē への親近性を示す。この語（tīmē）はヨハネ福音書では，キリスト論的には出会われない（しかし4,44参照），

だが新約聖書にはdoxaと結びついてしばしばあらわれる（ロマ2,7.10；1；テモテ1,17；ヘブル2,7.9；Ⅰペトロ1,7；Ⅱペトロ1,17；黙4,9.11；5,12.13；7,12；21,26）。

　以上，われわれはヨハネ福音書には二つの異なったドクサ，すなわち光栄（Herrlichkeit）と栄誉（Ehre）が見られることを確認した。しかしイエスの栄誉とは父から彼に与えられた光栄とは異なったものではないのである。

Ⅲ　問題提起

　分裂したドクサ概念は固有の問題提起の優れた出発点となる。以下にこれに加えて動詞 doxazein の解明も共になされるべきであろう。

1　ドクサの世俗的用法

　いまやドクサの二重の意味に直面してそれらを一つの根本的な意味に還元するという困難な課題が示された。見かけではあまり役に立たなそうな世俗的な意味が，ひょっとすると7,18が示すように基本的な意味確定の手引きとなるのではないだろうか。

　この問いに近づくために世俗的な意味のドクサの箇所，5,41.44；12,43を調べてみよう。世俗的な用法がキリスト論的なそれへの手引きとなるのではないかという想定は，これらの箇所にキリストに関するドクサ理解の共通した徴表が見いだされれば肯定されることになる。

　5,41.44では「人間からのドクサ」または「互いからのドクサ」と言われ，それは「唯一の神からのドクサ」の正反対にある。両方のドクサの箇所には前置詞「から」（para）が共通であり，したがってドクサには「……から」という性格が認められる。

　12,43はそれに対してこのparaは出会われない，それでもなお対立的に使われた人間のドクサないし神のドクサが，「から」すなわち gen. auctoris として用いられている。それでこれらの箇所は5,44にうまく接続するのである。すなわち，「というのは彼らは人からのドクサを神か

らのそれより余計に好んだ（12,43）。「どうして互いにドクサを受け取り，唯一の神からのそれを求めないで信じることができるのか」(5,44)とある。これをもって人間からのドクサの享受は自己権力のうちにあり，その喪失こそが神からの愛を受け取る前提であるということが分かる。また5,44によれば，それは信仰の前提であるということも分かる。12,43はイザヤにある引用で述べられた「かたくなさ」の例であり，明らかに神からのドクサ（12,43）と12,41のイエスのドクサのコンテキスト間には関連がある。ここでのコンテキストは，12,41のドクサの神学的意味が12,43の通俗的意味の影響圏内にあるという推測をもたらす。そのようにしてイザヤによって見られたイエスのドクサと同一視される12,41のイエスのドクサは，「……から」得られるところの神から輝き出るイエスのドクサとみなされうる。これをイエスの受肉以前のドクサと考える必要はどこにもない。ドクサはここで世俗的意味での「……から」の性格を得る。この心のかたくなさは人間からのドクサの尊重ということにある。世俗的なドクサは「他の人からのドクサ」である。名誉は人間にただ他の人から与えられるのであり，誰もそれを自分で自分自身に与えることはできない。自己のドクサへの欲求（7,18；8,50.54）はそれが付与されることを欲求することである。この意味でドクサは根本的にはギリシャ的な opinio：意見，他の人の自分自身への賞賛的意見という意味をもつ（12,43）。通常，「栄誉」とされるこのドクサは，ヨハネ福音書でこれだけでは十分な意味を持たない特別な意味を獲得する。人間からか，神からかが問題なのである。人間はドクサから生の意味を獲得する，ドクサ，栄誉はこの意味で輝かしい，人間がそれを求めるようなものとなる。ドクサは生の意味の充実であり，この意味で輝かしいものであり，人が無意識にそれを探すようなものである。それゆえユダヤ人は「永遠の生命」(5,39)，すなわちドクサを探し，その際間違って互いのドクサを受け（5,44），神からくるドクサが見えなくなってしまう。ここではある種の倒錯が起こっている。それゆえ人間は命を探す限りドクサを探すものなのである。人間は神からのドクサを探すか，人からのドクサを探すか二者択一であり，それは間違っていたとしてもその人にとっての命を探し光を探すことである。命は光だからである。しかし自己のドクサを探すことは虚栄であり，無である（8,54）。

このようにヨハネ福音書では世俗的な意味のドクサに深い神学的意味が見いだされるのである。人間からのドクサは自己固有のドクサを意味するがゆえに（7,18；8,50.54）イエスはそれを受けない。それは，イエスが唯一，父から輝くドクサ（7,18）を求めるからである。この父から輝くドクサの反映がまさにイエスのドクサなのである（8,50）。イエスにおいて人は神のドクサに出会う。キリスト論的ドクサの性格はそれゆえまったく「神ないし父から」ということによって規定されている。換言すれば，イエスは人間に本来のドクサを明らかにするために通俗的なドクサの次元で語るのである。

終わりにプロローグ1,14が，以上の意味のもとで新たに問われねばならない。1,14では「父からの御独り子のドクサ」と言われているが，この para「……から」は御独子ではなくドクサにかかる。それは父の愛のまなざしがその上にとどまるということであって，ここではドクサが父の愛の輝きを意味するからである。ドクサはここで「愛の輝き」という基本的な意味を与えられている。ドクサは人間から（5,41）ではなく，「父から，唯一の神から」（5,44）として説明される。ヨハネ福音書のドクサは，父からの愛の輝き，その栄光として理解されることができる。

2　名詞形 doxa と動詞形 doxazein

ドクサの探求には，ヨハネ福音書でしばしばあらわれる動詞形 doxazein へ注意を向けることが欠かせない。このドクサのグループ doxa, doxazein（Rm；1kor, 2kor, Gal；Phil；1Thess；Philm）を比較するなら，以下のようになる。

	ヨハネ福音書	パウロ
Doxa	19	57
Doxazein	22	11

ヨハネ福音書では doxazein は doxa よりしばしばもちいられるのに対し，パウロでは名詞が動詞より5倍も多く現れる。この統計だけでもすでにある重大なことを示している。パウロのドクサの研究に際して，人は名詞形から出発しうるのに対し，ヨハネ福音書に際しては名詞形と同時に動詞形も考慮にいれなくてはならない。しかし一般に動詞は名詞

より出たものとして背景にとどまり，あまり注意をひかない。しかしW. Bauerはこの動詞をヨハネの好む表現として，それによってイエスの全生涯が父による子の栄光化（8,54；11,4；12,16.23.28；13,31.32；16,14；17,1,5），そして同時に子による父の栄光化（13,31f；14,13；15,8；17,1.4.5）として現れるという（Wb, 405）。この指摘は全く正確なものと思われる。この動詞は他動詞として使われ，すなわちそれは対象を持つか，受動態として使われる。ここではいくつかの箇所（8,54,12,2,28；16,14；17,10；21,19）を除いてはキリスト論的使用が見られる。イエスに対して，神ないし父が主語として出る（8,54；13,32；15,18；17,5）。17,4ではイエスが主語で神が目的語である。または受動態では主語はイエス（7,39；11,4；12,16.23；13,31）または神（13,32）である。まれに，直接に父または子の直接の呼びかけのdoxazeinの使用に出会う（14,13；17,1も参照）。この観察も疑いなくdoxazeinという形でのドクサも「……から」という性格をもつということを示している。

それゆえこの「……から」においては，まずドクサの源泉を示すことが重要視されているのである。言い換えればドクサはイエスにおいて輝きだす神のドクサであり，そのうちに彼の由来，イエスと父としての神との関係が明らかになる。唯一この仕方でヨハネ福音書では神のドクサについて語られる。それゆえこの意味で父は——ドクサが啓示の出来事である限り——いわば子からのみ，そのドクサを受け取る。というのは彼は己れをもっぱら子を通して啓示するからである。イエスの啓示から目を離せば，父と子の間のドクサの出来事へのいかなる道もない。それに反して人間は常に人からのドクサを求めている。

Ⅳ　ドクサの隠された在り方へ向けて展望を開くこと

1　子＝キリスト論の枠内での派遣

イエスのドクサはそれゆえ父からのドクサである。もしこれが父と子の関係に基づいて子のドクサと書き換えられるなら，イエスの啓示するドクサは結局，父から輝いてくる子のドクサであり，それは神的本質のドクサ以外の何物でもない。「……から」という関係から，単独では子

第2章 派遣された者のドクサ

のドクサとしては示され得ない。イエスのドクサは単独で直接「子のドクサ」へと帰し返されない。しかし一体，誰としてイエスは彼のドクサを啓示するのか？　換言すればどのような枠内で父のイエスへの関係は啓示されるのか。

　それが派遣であるということは明らかである。派遣が神からのイエスへのドクサを，人間が神からドクサを奪いみずからの所有としその己れのドクサに固執する，その人間の己れからのドクサという倒錯に対する防壁にするのである。人間はみずからをこの己れからのドクサというサルクスの次元に属さしめ，その己れからのドクサを常に自我固有のものと考えて，それを求めてしまうのである。倒錯の世においてそれは感嘆され，うらやましがられるような所有となる（5,43：「私は父の名によって来たが，あなた方は私を受け入れない。もし他のものが自分の名で来れば，そのものをあなたたちは受け入れるであろう」）。イエスは，それゆえまず第一に，己れを父から派遣された者として啓示する。そのうちで初めて彼のドクサはまったく明瞭に誤解されることなく，「父から」のものとして輝くのである。

　よく知られているように福音書では派遣のために apostellein と pempein が用いられる。pempein は直ちに明らかになるように，ほとんどすべてを通じて一定の形式的使用：わたしを遣わした方（ho pempsas me）（4,34；5,24.30；6,38.39；44；7,16.28.33；8,16.18.26.29；9,4；12,44.45.49；13,20；15,21；16,5）あるいは父（ho patēr）がついて用いられる（5,23.37；6,44；8,16.18；12,49；14,24.26）。ho pempsas me という形式は「父」という名を解釈し啓示する。派遣はそれゆえ父と子という関係の決定的な啓示なのである。この事態は apostellein からも同様に実証される。pempein が派遣する者，そしてそれゆえその根源と出発点を表現する一方，apostellein はイエスを端的に派遣される者（hon apesteilen [ho theos] ekeinos: 3,34；5,38；6,29；10,36；17,3参照），または全権の強調を伴う派遣の行為（3,17；6,29.57；7,29；8,42；1,42；17,8.18.21.23.25；20,21）を表現する。さらに，この派遣の用法について認められることは，「父」と「子」が派遣に関して直接に結びついていないことである。それは明らかに父と子の関係が派遣という考えを後退せしめているからである。父が子を派遣するという陳述は第一ヨハネ書

簡で初めて現れる（Ⅰヨハネ4,14）。それに対しヨハネ福音書では「子」と結合してただ ho theos（3,17；3,34参照）が出会われる。その際「子」は「神の子」の意味で理解されうる。派遣の対象としては、もちろん派遣する父に対して地上のイエスが挙げられる。直接に子とは言われないのである。

　このような事実は、ヨハネ福音書で父と子の関係の啓示に派遣ということが決定的な役割を果たしていることを示す。そしてそれはまた、なぜ派遣がヨハネ福音書でそのような重要な位置を占めているのか、そして絶えずそれについて語られるのかを示す。この福音書では派遣が、子＝キリスト論への接近を構成する。「子」という自己名称の啓示はここでは派遣という意思の範囲でなされ、それは父が子の枠内で、すなわちイエスを派遣した者として見なければならないということを意味する。われわれはしたがって、派遣が父に対する子の枠内に属しているのでなく、逆に後者が父からの派遣によって子として啓示され現されると考えなければならない。

　同じことが父についてもまた妥当する。結果として次のことが確定的である。派遣は父と子の関係のうちで浮上するのでなく、逆に前者は子の派遣によって父として啓示され明るみへと歩み出るのである。

　この点に関しわれわれはこのような思想を解きほどく途中において生じている一つの過ちについて問わねばならない。たとえば K. H. Rengstorfs の主張のように、ヨハネの子-キリスト論は「神とイエスの本質的一致を可能な限り強調し」、このことから二つの用語 apostellein と pempein はヨハネ福音書におけるその固有の性格を受け取ったのであって、逆に派遣の考えがヨハネ福音書のキリスト論を共に形作ったのではないという意見である（ThWbNT I, 405, 8ff）。さてもしそうであれば、ここでキリスト論的な意味でのみ妥当し一般的な意味でない特別な派遣概念が想定されなければならないであろう。この結論は、しかしドクサ概念がそうであったように、派遣概念の一般的使用は役にたたないものとしてはじめから排除されてしまうであろう。しかし実際にはその逆ではないのか。すなわち通俗的派遣概念がイエスの派遣概念の出発点ではないのか。そこでわれわれはここで父と子とその啓示を解釈するために通常の派遣概念が流用されているのではないかという問いの前に立

たされることになる。

2 通俗的な使用を考慮した派遣概念の調査

i) 派遣者，被派遣者とその全権

　もちろんここでは完璧な研究をすることはできない。ここではいくつかの箇所を取り上げてわれわれの見方への手がかりと思考の展開を得ることにしたい。

　派遣の一般的概念の出発点を取るなら，しばしば引用されるユダヤのハラカーの法原則，「一人の人間から派遣された者はこの者を派遣した者と同じである」（Billerbeck, I, 590；II, 558；III, 2ff）を考慮する必要がある。この陳述と直接の関係にあるのは例えば13, 20（13, 16）などである。それらはしばしば編集に帰されることがあるが，それはヨハネ福音書の場に通俗的法概念が妥当するという証である。そのようにして，13, 20「わたしを，受ける者は私を派遣したものを受ける」はヨハネ的である。ここで5, 43を考えるべきである。「わたしは私の父の名で来たが，あなたたちは私を受け入れない」。13, 16「アーメン，アーメン私はあなたたちに言う：しもべはその主人より偉大ではない，そして遣わされた者は（apostolos）彼を遣わした者より偉大ではない」は上に言及したユダヤの法の根本命題の反映である。そして送り主の意味を強調する。このことは派遣において起こる全権の委託から容易に把握可能である。13, 16から，例えば論争の的である14, 28「父は私より偉大である」は容易に把握可能である。ここではイエスが父から派遣されたということ以外のことが意味されているのではない。

　ヨハネの陳述から見るとそれがいかに緊密に一般の法的命題と結びついているかがわかる。そのようにして5, 23b「子を敬わないものは彼を派遣した父を敬わない」の意味は明白である。子に父と同じ栄誉を送るべきことが派遣から根拠づけられる。派遣された者は公的な代理者である。同じ考えが15, 23「私を憎む者は私の父をもまた憎む」で述べられている。また12, 44「私を信じる者は私を信じるのでなく，私を派遣した者を信じる，そして私を見る者は，私を派遣した者を見る（これは14, 9「私を見る者は父を見る」，が12, 45から，すなわち派遣の考えから理解され

るべきであるということを示す)。または14,7「あなたたちが私を知ったなら，父をも知るであろう」に「私を派遣した」とつけ加えられることができるであろう。

　一般に派遣の法的な面からいえば，派遣される者は後退し，派遣者に重きが置かれる。これは自明のことであり，派遣者の名が挙げられる。1,19「彼のもとへユダヤ人がエルサレムの司祭とレヴィ人を送ったとき」；5,33「あなたがたはヨハネへ派遣した」；7,32「そこで大祭司とパリサイ人たちは役人たちを彼を捕らえるために遣わした」；11,3「そこで姉妹たちは彼のもとに遣わして言った」。他の場合には，記述は受動形で「よって」と表現されるか，一般に派遣された者の由来として，そのどこからが表明される：1,6洗礼者ヨハネについて「神から送られた」；1,19「エルサレムから」；1,24「ファリサイ人から」。これらをすべてここで挙げることはほとんど不可能である。十分に知られていることは「どこから」ということとその啓示が，ヨハネのキリスト論で非常な重要性を有することである (7,27.28；8,14；9,29.30；19,9)。一般的な使用がキリスト論において適用されていることを検証することは目的にかなう。しかしこの「どこから」に，ヨハネ「キリスト論」では「どこへ」が相応する (7,35；8,14；13,36；14,5；16,5また8,19)。すなわち派遣にさいして派遣された者が派遣する者に帰ることが前提されている；また1,22「われわれがわれわれを派遣した者に答えるために」。7,32の会堂の使用人の派遣には7,45の彼らの帰還が相応する。同様にイエスにおいても派遣と関連してその帰還が述べられる；7,33「それからわたしはわたしを送った者のもとへ帰る」；16,5「しかしわたしはわたしを送った者のもとへ帰る，そしてあなた方のだれも『あなたはどこへ行くのか』とたずねない」。この問いはここでは14,5.8の誤解と同じことが示されている。それゆえ謎の言葉 (7,33f；8,14.21ff；13,33；16,17) と「どこから」と「どこへ」の問いでは，イエスを派遣した父が問題なのであって，それは派遣が父を開示するから派遣の意味を理解せしめたいということなのである。それで派遣する者について，その本質を言うために彼を名づけることが必須である。「私を派遣した者」は固有の名ではない。その固有の名は派遣定式に付け加えられた「父」である。5,43では「父という名において」が「固有の名において」に相応している。

第2章　派遣された者のドクサ　　　　　　　　　　　　　　45

この事実だけで「私を派遣した者」は「父」という名の啓示へと向かっている。

そのようにして派遣される者は必ずしも言及される必要がない：5,33「あなたたちはヨハネに派遣した」；11,3「姉妹は彼のもとに遣わした」；「神から派遣されて一人の人間が現れた，ヨハネという名であった」参照。この最後の例から明らかなように派遣された者の名は派遣された者である限り重要なのである。それは誰から派遣されたかが重要である限り重要である。それゆえイエスの固有の人格は，彼を父が派遣したからこそ重要なのである：「永遠の命とは唯一の真の神であるあなたを知り，またあなたがお遣わしになったイエス・キリストを知ることです」(17,3)。

派遣そのものにより詳しく立ち入る前に，派遣された者の全権と委託についてごく短く立ち入る必要があろう。派遣という概念が「何のために」という委託を含んでいることは明らかである。これは一般に「ために：hina」文で表現される：1,6f.19；7,32。あるいは「そして：kai」がつく：1,25。10,18ではキリスト論的な意味で「全権」(exousia) と結びついた掟 (entolē) が見いだされる。それによればイエスは彼に与えられた全権を行使する掟を受けたのである。全権とは，派遣する者に属する権力の，派遣される者への委譲である。全権はキリスト論的な意味で，神の本来的な権力の行使の力である。法的な文「この者自身のごとく」はここでは人格でなく法的な事柄に関与すると理解されるべきである。そのようにしてイエスは「命」について (5,21.26；10,17f；17,2) 裁きについての全権 (5,22.27)，名について，人間について，彼の者たちについての全権 (17,6.26)，ドクサについて (17,22)，言葉について (17,8.14)，すべてについて (3,35；13,3；16,15；17,10参照) 全権を持つ。「大祭司の祈り」においては，派遣に基づいて (17,3.18.21.23.25) 全権の考えが派遣者の名と並んで (17,5.6) 横糸のようにすべてを貫き，そして委任を果たすことについて述べられる (17,4.6.8.12.14.22)。まさに17章は，帰還する派遣された者の委託の実行についての祈りである (17,4.6.8.12.14.22)。というのは，派遣された者が帰還して委託の実行と結果について報告をすることは，派遣の本質に属している (1,22；7,46；ルカ10,17その他)。最後に13,33を見れば，そこには派遣キリスト論

を明らかにする次のような言述が見いだされる:「イエスは彼に父がすべてをその手に与え,彼が神から出て神へ帰ることを知っていた」。

ii) 派遣された者の本質——「己れからでなく」という形式

ヨハネ福音書でわれわれはくりかえしイエスが派遣者である父の言葉を話し,その業とその意思をわれわれに実行することを求めているという陳述に出会う。このような行動は一般に派遣された者から期待されるので,このような陳述がイエスの派遣と結びついて見いだされるかを調べる必要がある。実際にこのことはイエスにあてはまる。派遣は言葉との結びつきのなかで語られる (3,34;5,24;7,16;8,26f;12,49;14,24;17,8 (5,38;8,26参照));またわざとの結びつきのなかでなされる (4,34;5,36;8,29;9,4;10,36f);また意思との結びつきで (4,34;5,30,6,38f;vgl.8,29);ドクサとの結びつきで (7,18);証言と関連して5,37に見られる。何故イエスがこのように行動するかはそれゆえ,まず第一に,子であるからと答えるべきでなく,父が彼を派遣し,イエスが何よりも派遣された者として行動しているからと言うべきである。第二に「父」ということからイエスが「子」であることがわかる。

　この行為の仕方が,「自分からでない」と言う形式が出会われるところである。これは行為に関して5,19.30;15,4:「自分からなすことができない」,また語りに関して7,16f;12,49;14,10;17,18参照。意思に関してはそれは見られないが,それはすでに行為の原因として語られているからである。このような箇所ではこの形式はイエスの派遣と結びついている。ここでは神にのみ保持される権利の行使であり,普通の意味の派遣ではない。これが究極的なイエスが子であることの啓示の場所である。派遣されてあるということは,最後には個々の委託の実行のみではなく,イエスの人格の啓示である。そのようにして派遣に際しての「己れからでない」は,それゆえ単なる行為の仕方,すなわち委託の実行に制限されずに本質的にイエスの人格の陳述なのである。それゆえ「己れからでない」という形式は彼の「来た存在」の規定であり派遣の本質を言い表すのである。これに関する箇所は7,28fに見いだされる:「そして実際私は自分から来たのでなく,わたしを遣わした方は真実である。……私は彼を知っている,なぜなら私は彼から来たからであり,

そして彼が私を遣わしたからである」。または8,42「自分からでなく私は来た。そうではなくかの方が私を遣わしたのである。」すなわち「自分からでなく」というのは，イエスの存在と本質を包含的な意味でしるしており，それゆえ主のすべての行為と語りに「自分からでない」ということの刻印を与える。しかるにこのようなことは，イエスが自分からなすことは（10,18）自分からなすのではないということである。「自分から」というイエスの固有の存在は「自分からでない」の『ない』によって規定されている。自己権力に根差している固有のドクサの反対の意味においてである。

　それでこれまでの考察から，父と子の関係が派遣に構成的であるのではなく反対に，派遣がその関係を啓示し開くのである。派遣概念は，その際以下のようにそのキリスト論的な中心となる。派遣された者の自己権力のなさは，ここで，彼自身が派遣者の純粋な啓示としてあり，派遣の目的は最後にはまったく子の出来事のうちに見られるのである。派遣された者が己れから何もできないことがここで徹底的に啓示されるということのうちに神からすべてを受ける者，すなわち子として，そしてすべてを贈る父が啓示される（3,35；13,3）。

3　派遣とドクサ

　この派遣とドクサの関係はテキストではただ7,18にのみ見いだされる：「己れから語る者は彼の固有のドクサを求める。しかし彼を派遣した者のドクサを求める者，その者は真実であり不義は彼のうちにない」。この文は一般的で言わば世俗的な形で話されてはいるが，同時にキリスト論的な意味の真髄を明らかに示している。そして，このことがいかにドクサ概念のうちに起こっているかを明らかにする。これは世俗的かつキリスト論的な概念構成の間の結び目である。それゆえこの箇所はわれわれの考究の中心的な位置を占める。この節のキリスト論的意味は次のごとくである。すなわちイエスは己れから語らず，その存在は被派遣存在の自我の無のうちに示され，彼自身のドクサを求めず，彼を派遣した方のドクサのみを求める。このような陳述は8,50に示されている：「わたしはわたしのドクサを求めない。それを求めてくださる方がある

……」。それゆえ彼が自己のドクサを示さないで父のドクサを啓示することのうちにまさに派遣された者としての彼のドクサが輝くのである。もちろんそれは彼固有のドクサではない。この自己のドクサの徹底的な無はすでに挙げた8,54に doxazein と言う動詞で明らかに表われる：「もし私が私を光栄にあげるなら，わたしのドクサは無である。私を光栄化するのは私の父である」。すなわちイエスのドクサは父の光栄化なしにはその存在が無である。その存在が「己れからではない」という無なる者として，すなわち派遣された者の光栄としてはじめてイエスはドクサに包まれる。この「己れからではない」は，それゆえイエスのドクサの本質的な規定として，イエスのドクサ概念の本質なのである。

V　ドクサ概念の射程距離

1　光栄化されることとしての死と復活

これまでの考究の結果は己れ自身から由来するイエスのドクサは無であり，父のドクサがイエスの己れの無のところで輝きだし，イエスのドクサとなるということである。イエスの光栄化でもって考えられていることはこの出来事ではないか，すなわちイエスのドクサが死と復活のドクサとして，二つの出来事として分節されて輝きだすところではないか，という問いが生じるのである。死に関してはヨハネ福音書は受動形「光栄に挙げられる」と述べる。すなわち父がイエスにドクサを与えることである。この出来事はイエスの固有のドクサの無が最も純粋に現れるところである。死とは自己のドクサの全く消え去るところである。それでもって死は，神のドクサが最も純粋な現れるところなのである。もし自己の無としての死がこのような仕方でドクサの「ブレークスルー」の場所であるならば，それがまた見える形で輝き出ることもまた確かなのである。ドクサという出来事の根本構造である，光栄に挙げられることはそれゆえ，時間的前後関係にある二つの出来事ではなくて，ドクサという一つの出来事のうちに分節化されて，すなわち死という自己の無化とそのうちに自己の無力から輝きだす，よみがえらされることにおいて現れる。これが神のドクサの啓示の最後のあらわれと言われうる。それゆ

え復活は Auferweckung という本来受動形の出来事なのである。これが神ドクサの最後の終末的な形なのである。

この出来事は10,17fに，感銘を与える形で述べられている。さて死はそれゆえ一般に「己れからでない」の『ない』として啓示される。そのことを10,18もまた一回的に，イエスが「己れから」ということを使用して示している。「己れからでない」ことの否定，すなわち「己れから」における「己れの無」が彼の自己献身であり，ここで命はすなわちドクサの初めと位置づけられる。生命の献身は，命を再び取ることに，すなわち命を「己れの無さ」における十字架の死において受けることに成立する。この自己の「無性」において父の愛がイエスにおいて現実として示され輝く。これこそが光栄にあげられることであり，この事態は，無から創造し無なる者にすべてを与える創造主の愛から理解される。イエスの委託は，この真理自体を啓示することにある。彼の委託は，無なる存在に基づいて命を受けとることである：「私が命を再び取るために命を捨てるが故に父は私を愛する。誰も私からそれを取らない。わたしはそれを捧げそれを再び取る全権を有する。」(10,17)。そのようにして復活において父から与えられたドクサが，自分の，そして本来的なイエスのドクサとして輝きだすのである。

それゆえ光栄化の出来事から，死と復活は決して分離されて見られることはできない。なぜなら死と復活は，ドクサという一つの出来事の分節化として見えるものとなるからである。

それゆえ派遣キリスト論に関して，死と復活におけるイエスの光栄化は，派遣された者のドクサが最も純粋な形で輝きだすことである。死と復活において，イエスの委託は完全に果たされたのである。「なしおわれり」(19,30) は，この意味で理解されなければならない。この言葉は，復活が先取りされて言われたのではなく，死に必然的に愛の完成とドクサの到来，すなわちドクサが見えるものとなることが属していることをいうのである (10,17)。死と復活はここで，否定されざる仕方で栄光化が一つの出来事であることを示す。この意味からもイエスの死は単に「先在の栄光」への帰還ととられることはできない。十字架の死は既成のドクサ概念から理解されることはできない。むしろそれはドクサ概念の究極の啓示だからである。派遣者の委託の完成こそがドクサの完全な

啓示である。

2 地上のイエスのドクサ

ヨハネ福音書で地上のイエスに帰せられるドクサは，この概念が正しく理解される限りヨハネ神学の中心点，神のドクサの発出として理解されることができる。くりかえすが，派遣キリスト論は，イエスの示す地上のドクサは，命の献身という意味での委託の遂行を意味し，これが死と復活において目的へ達したのである。このドクサの出来事全体が，天上のドクサの啓示なのである（17,5.24参照）。このようにして十字架と復活はドクサの啓示の全体としての端的な頂点なのである。それゆえ死は決して受肉の下に位置づけられてはならない。ということは，派遣はただ世に来ることだけでなく，派遣全体の遂行なのである。復活させられることも，派遣の遂行なのであり，受肉はこれを除いて，決してヨハネ神学の中心点とはなりえない。死はドクサのパラドックスとして見られることもできない。また卑下のドクサの放棄も，ヨハネ神学にふさわしくない。なぜならこれは神的ドクサの概念からストレートに由来するからである。

3 ヨハネキリスト論の救済的アスペクト

ヨハネのキリスト論は，イエスの死と復活が栄光化としてのドクサの救いの啓示である限り救済論とオーヴァーラップしている。十字架と死の個々の解釈はヨハネ福音書では第二次的なものである。救いはこのドクサ構造のうちに基礎づけられる。固有のドクサの欠如，死の際のドクサの喪失こそが，完全なまた十全なドクサを受けること自身であり，死はドクサの出来事なのである。固有のドクサはすでに見たようにそう思い込んだ所有に過ぎず，実際にはドクサを自分のもとに固持しようとする試みに過ぎない。実際には神から受け取られたドクサのみが真なるものなのである。ここでは孤立化した閉鎖性の代わりに，与えられることがあるのみである。このドクサの構造は信仰の遂行のうちに反映する。というのは救済論的に見て，信仰は，自我の無として創造主のドクサが

輝く場所なのである。この終末的な出来事のうちに神は己れを創造主として啓示する。こうして人間の病も死も復活へ向かい神のドクサの輝く場となるのである。病もドクサの輝きをはじめる場所なのである。人が不治の病で床につけばすでにその人の栄光化が始まったのである。それ故ドクサはすべて posthum（死後）であり，生前のそれは腐って Verwesen（腐敗）の Macht（力）となる。棺のふたを閉じたらドクサについて語ってもよいのである。

第3章
イエスの復活とその顕現についての再考

　新約聖書，特にパウロについて，イエスの復活と顕現の理解について若干の考察をしてみたい。

　もしイエスの復活ということを，黙示文学的終末論の視野から捉えるとすると，それは世の終末の出来事がイエスについて起こったことであり，世の終末が世の内に見られることはないのであるから，そこから当然，復活は世界内的に捉えられることは不可能である，という結論に導かれる。実際，新約聖書全体にわたって，この復活のプロセス自体について何の叙述もない。それは人間がその過程を表象することの拒否である。復活ということは，福音書においては，すべての福音書の復活物語がそれで始まる空の墓の物語とイエスの顕現との結びつきにおいて，顕現する復活者の身体性とイエスのそれの同一性が明示され，また初めて語り得るものとなるのである。顕現を直接描いていないマルコ福音書においても，「彼はあなたたちより先にガリラヤへ行く。そこであなたたちは彼に出会うだろう」(16,7)，とうい天使の予告が空の墓でなされ，空の墓は顕現と結びついているのである。このようにして，復活の出来事を表現することは不可能なのである。

　ここでは，福音書から目を転じて，パウロの手紙を見てみることにしよう。なぜなら新約聖書の文章の著者の中で，復活の直接の証人，すなわちイエスの顕現に出会った者はパウロだけと考えられるからである。すなわち，残りの文書はすべてイエスの直接の証人によるものではないということを近代の批判的研究が明らかにしている。

　しかしながら，そのパウロは彼のすべての手紙の中で，厳密に言うと

明確には三箇所しかそのこと，すなわちイエスの自分への顕現について言及していないのである。すなわち，Ⅰコリント9,1と，同15,8，およびガラテア1,12 (16) である。これにⅡコリント4,6を付け加えることができるであろう[1]。ただし，この箇所は，顕現の出来事への暗示に止まり，かつまたここでは顕現と使徒とのケーリュグマの関係が主題であり，またこの箇所がそれが洗礼に関わるという意見もあり[2]，今ここでは，一応，対象を前記の三箇所にしぼって考察してみたい。なおまたエペソ3,3.5も対象になるかも知れないが，そこには顕現ということではなく，啓示（$\dot{\alpha}\pi o\kappa\dot{\alpha}\lambda v\psi\iota s$）の対象は「奥義」であり，またエペソ書は第二次パウロ書簡に属するということもあって，ここでは特に取り上げないことにする。

そこで以上述べた三箇所を見ると，それらはきわめて簡潔な形で述べられている[3]。

そこで第一に出てくる疑問は次のようなものである。顕現とは一体どのように起こったのか，それが例えば直接の証人であるパウロによって，なぜわれわれの関心を満足させると言ってもよいような体験談というような語りで述べられていないのか，ということであろう。そのようなことはわれわれの好奇心の問題で信仰ということには一切寄与しないということなのだろうか。しかし，パウロは，彼の敵対者に強いられたとはいえ，イエスの顕現と関係のない，彼が第三天にまで挙げられた私的な経験についてむしろ詳しく語っているではないか（Ⅱコリント12,1-4）[4]。そこで結局は次のように言うしかないのである。「顕現がいつどこでどのような仕方で起こったかを再構成することは，われわれに残されている資料がほとんどその点について沈黙しているために不可能である」，と[5]。

---

1) Ⅱコリント4,6については，H. Windisch, Der zweite Korintherbrief, Göttingen 1970, 140; とくに, R. Bultmann, Der zweite Brief an die Korinther, Göttingen 1987, 111 参照。

2) J. Jervell, Imago Dei, Göttingen 1960, 196 参照。

3) H. Grass, Ostergeschehen und Ostergeschichte, Göttingen 1964, 223 以下参照。また B. Rigaux, Paulus und seine Briefe, München, 1964, 64 以下参照。

4) この背景については，D. Georgi, Die Gegner des Paulus im 2. Korintherbrief, Neukirchen 1964, 296 以下参照。また, W. Schmitthals, Gnosis in Korinth, Göttingen 1965, 197 以下も参照。

第3章　イエスの復活とその顕現についての再考　　　　　55

　第二の問いは，なぜパウロは彼の回心と使徒職の起点であることの出来事についてもっとしばしば言及しなかったのかということである。それは，まるで他の主題の中の文脈で触れられるというような形でしか言及されていないのではないか。

　まず第一の点から始めると，このような疑問に対し人は言うかもしれない。すなわちわれわれに残されているのはパウロの手紙であって，パウロは彼の信徒との交わりにおいて，直接に顕現について自分が何を経験したかを詳しく物語っていたに違いない，と。しかしそれに対してこう反論できる。もしそのようないわゆる体験談が，パウロの使徒職と復活信仰にとって本質的なものであれば，手紙というものは彼が個人的に接触する人々よりもっと多くの人々に読まれるか，聞かれるかするのであって，信仰にとって本質的なことはまた手紙に書かれてしかるべきであろう，と。このようなことから次のような結論が先取りされよう。すなわちこのような事実は，パウロの顕現への言及は，たとえそれが短く，また生き生きとした体験の表出というような要素を含まなくても，それ自体でまさに本質的陳述であって，その陳述はその証人たる使徒の証言であり，それゆえそのように証言された顕現とそれにより明らかにされる復活の出来事は，体験談というような形で十全に述べられ得ないのではないか，ということである。

　次に第二の問いについて考えてみよう。パウロはその手紙に，「もしキリストがよみがえらなかったならば，わたしたちの宣教は空しく，あなたがたの信仰も空しい」（Ⅰコリント15,14）,と書いているが，キリストの復活はその顕現によって信じられるのであり，従って顕現の真実の証言をパウロはいたるところでなすべきではなかったのか。それなのに，なぜパウロのこのことについての言及は，いわばかくも乏しきものであるのか。この問いに対しては以下のように答えられるかもしれない。パウロはその手紙でしばしばその使徒職について述べ，また顕現についての三回の言及のうち二回はその使徒職に関してなのであるが（Ⅰコリント9,1；ガラテア1,12[16]），使徒という概念については，それは，「次いでヤコブに現れ，そののちすべての使徒たちに現れ……」（Ⅰコリント

────────
5）佐竹明『新約聖書の諸問題』新教出版社，1977年，61頁。

15,7)，とあるように，それは，キリストの顕現に出会った人であるということが一般に知られており[6]，そのことを前提として，彼は自分の使徒としての宣教を擁護せざるを得ない場合にのみ，これについて語ったのである，と。しかしこのことを踏まえても，やはりパウロの顕現についての証言は異常に乏しいとしか言えないのではないか。この事実に直面して，パウロの実際の使徒職の擁護について考えて見ると，パウロは，おそらくこの顕現の出来事により，いわば形式的にその使徒職とその権限を擁護し強調するより，——今さし当たって限られた範囲で言うと——むしろその十字架の神学の上に立って，自分の使徒職の擁護を，自己の使徒としての苦難，すなわち十字架の苦難とのコイノーニア（ピリピ3,10）と，常にイエスの死を身に負うていること（Ⅱコリント4,10）などによって，証示しようとしていると考えられるのではないか[7]。今のところ，このような事態が上の問いへの答えとして考えられよう。これらのことを考慮に入れた上で，パウロがイエスの顕現について言及した三つの箇所について考究したい。初めに三つの箇所を挙げる。

　Ⅰコリント15,1-8「兄弟たちよ，わたしがあなたたちに宣べ伝え，あなたたちも受け，それに立っていて，それによってあなたたちが救われる福音をあなたたちに知らせる。……というのは，わたしはあなたたちに最も重要なこととして，わたしも受けたことを伝えた。すなわちキリストが聖書に従って，わたしたちの罪（複数）のために死んだこと，そして葬られたこと，また聖書に従って三日目によみがえらされたこと，そしてケパに現れ，そののち十二人に現れたこと。……次いで彼はヤコブに現れ，そののちすべての使徒たちに現れた。そして最後に……わたしにも現れた。」

　Ⅰコリント9,1「……わたしは使徒ではないか。わたしたちの主イエスを見たではないか。」

　ガラテア1,12「というのは，わたしはそれ（＝わたしによって宣べ伝えられた福音）を人から受けたのでもなく，また教えられたの

---

6) W. Schmitthals, Das kirchliche Apostelamt, Göttingen 1961, 16; J. Roloff, Apostolat-Verkündigung-Kirche, Gütersloh 1965, 41 以下参照。

7) E. Güttgemanns, Der leidende Apostel und sein Herr, Göttingen 1966, 107; 195 以下参照。

でもなく，イエス・キリストの啓示（ἀποκάλυψις）によって受けたのである。」

ガラテア1,16「……神がその御子を，異邦人の間に宣べ伝えるために，わたしのうちに啓示すること（ἀποκαλύψαι）をよしとした時に……。」

以上，この三箇所は顕現ということを同じ語句で表わしているのではない。そこでまず考えるべきことは，どの箇所が最も基本的であるかということである。それを問うために必要なこととして，ここでは，ものが「見える」ということと，それについて「考え，解釈する」ということとの区別を導入したいと思う。なぜなら，ものが「見える」から，「見る」ことも，それについて「考え，解釈する」ことも可能なのであって，その逆ではない。すなわちここではまずもって，思考や解釈ではなく，ものが「見える」ということが基本的なことであろう。ちなみにここでは「考える」ということは，主として人間の行為と思われるが，「解釈する（説明する）こと」（ἐξηγεῖσθαι：ルカ24,35；ヨハネ1,18；使徒行伝10,8；15,12.14；21,19；διερμηνεύειν：ルカ24,27 [διερμήνευσεν]；Ｉコリント12,30；14,5.13.27）には霊のインスピレーションが含まれると考えられる。

このことに関して，両者の区別をより分かりやすくするために，顕現の事態から一度離れて，黒田亘氏の挙げる実例を，他によい例が浮かばないので，それが組み込まれているコンテキストから分離して借用したいと思う[8]。例えばヒマラヤの山中の雪の上に点々と続く足跡を見て，それを雪男の足跡と思う，または大熊の足跡と考える[9]。これらはわたしの解釈と言えるであろう。しかし，見えているのは雪の凹みであり，それは一定の形を持ち，ある深さを持ち，一定の位置になる。これは解釈抜きのただ「見える」という知覚と言えよう。ただし，われわれの場合付け加えられねばならぬことは，上述したように，この場合の思考・

---

[8] 黒田亘「知覚と動作」，『知識と行為』所収，東京大学出版会，1983年，116頁以下参照。

[9] 見ることと考えることの関連についてのさらに根本的議論については一般にアスペクト論と呼ばれる，L. Wittgenstein, Philosophische Untersuchungen (= PU) II, xi, Basil Blackwell, 3.ed. 1967, 特に 197A-198D; 211 参照。

解釈は恣意的なものでなく，霊においてある基礎的な事態がさらに展開されて示される場合なのである[10]。

この例にならって考えてみると，まずガラテア1,12と1,16では，アポカリュプシスという名詞とその動詞不定形が使われており，これをまとめてアポカリュプシスとして考えると，それはイエスの顕現の解釈であると考えられる。（したがって1,16では「わたしのうちに（ἐν ἐμοί）」と言われている。）これは通常「啓示」と訳されているが，終末論的な用語であり，世の初めから隠されていたものの覆いを取り除く意味での「露呈（Enthüllung）」とでも言うべきか，ここでは終末啓示と訳しておきたいと思う。これは，使徒としての召命（ガラテア1,16参照）を意味すると同時に，「終末論的出来事の先取り」（eine Antizipation des eschatologischen Ereignisses）として理解されるべきものである[11]。なおこのことは，使徒行伝を離れても，ダマスコ途上での回心を指すと考えられるが（ガラテア1,17の πάλιν 参照），それは体験というようなものとしては描かれていない。この箇所につい佐竹明氏の適切なコメントを引用しておく。「しかしダマスコの体験を直接に指す言葉がなに一つ記されていないことからうかがわれるように，パウロはここで『人から受け』たことに代えて，自分の体験を自分の福音の保証として持ち出す，ということはしていない。それを保証するのは，彼にとっては，その意味でも啓示だけであった[12]。」このことは重要なことであり，この啓示は体験として語られていない。もし体験であれば，啓示に代わって，パウロの体験が復活の基礎，また宣教の出発点となってしまう。そうするとそれは心理的なものであるかもしれないのであって，本質的なザッヘ自体とは異なるのである。後に見るようにこの両者は峻別されるべきものと考えられる。

---

10) H. Schlier, Der Heilige Geist als Interpret nach dem Johannesevangelium, in: Der Geist und die Kirche, hrsg. v. V. Kubina u. K. Lehmann, Freiburg i. Br.1980, 165-178 参照。

11) H. Schlier, Der Brief an die Galater, Göttingen 1971, 47; K. Kertelge, Apokalypsis Jesou Christou (Ga.1,12), in: Grundthemen paulinischer Theologie, Freiburg i. Br. 1991, 81-91 参照。

12) 佐竹明『ガラテア人への手紙』新教出版社，1974年，73頁。

次にIコリント9,1の,「わたしは使徒ではないか。わたしたちの主イエスを見たではないか」,ということについて考察してみよう。まずここでは「見えた」でなく,「見た」(ἑόρακα, vidi) と言われており,それは「見えた」を前提としている。見えないものを見ることはできないからである。ここでパウロが見たのは単なるイエスでなく,「わたしたちの主イエス」である。「イエスがわたしたちの主であるということを見た」,と言い換えることもできるであろう。「主イエス」ということは,「イエスは主である」というキリスト論的尊称の acclamatio(呼称の叫び)であり,これは信仰の対象である。そのことは,たとえば次のような箇所を見れば明らかであろう。ロマ書10,9には「なぜならばもしあなたが口でイエスを主と告白し,神が彼を死人のうちからよみがえらせたことを心で信ずるならば,あなたは救われるであろう」,とあり,Iコリント12,3には「誰も聖霊においてでなければ『イエスは主である』と言うことはできない」,とある(IIコリント4,5なども参照)。ここではイエスは「主」として,信仰の対象として聖霊において解釈されて現れているわけで,イエス・キリストの顕現ということを超えていると言えよう。ここでついでに若干,κύριος ということについて述べれば,F. ハーンは,「われわれの主」という言い方は典礼祭儀の使用に由来することへ注意を向け,また「人の子」尊称がヘレニズムの地盤で採用されず,そこでは「主」という尊称が,パウロの場合そうであるように,キリストの再臨の時の呼称として使われているということを述べている[13]。この場合はガラテア1,12で見たように,ここにもまた「終末論的出来事の先取り」ということを読み取ることができるかもしれない。しかし一方のこの尊称は本来,詩篇110,1に根ざす「神の右に座する」(マルコ12,35-37参照)という,いわゆる高挙と結びついており,その意味で,われわれの扱っているパウロの言葉では,イエスは「主」,すなわち高められた者として見られたわけで,それはそもそも復活ということが高挙として理解されている復活の原初の解釈を示すのではないか[14]。もしそうであるなら,ルカによる復活—顕現—高挙(=昇天)という叙述の順

---

13) F. Hahn, Christologische Hoheitstitel, Göttingen 1964, 110.
14) H. Schlier, Über die Auferstehung Jesu Christi, Einsiedeln 1968, 23.

は，本来，復活＝高挙―顕現というふうであるべきであったのではないか。ルカは高挙に昇天ということで啓示の終結という意味合いを与えようとしたのであろうか。(他の考え得る理由については，本章の注51参照)。

最後に，復活のケーリュグマ(宣教)として，その典型とも思われる，第Ⅰコリント書15章1-11を取りあげることにする。ここではまず第一にわれわれが見ることは，ケーリュグマは簡潔な形の定式化(Formulierung)への傾きを有している事である[15]。それゆえ，福音と定型や伝承を峻別し，これは福音でなく，それに先んじて存する宣教であるというような一方的な主張に賛同することは出来ない[16]。パウロは「わたしが以前あなたがたに伝えた福音」(15,1)ということで，明瞭にそれに続く定式を福音と名指している。もし後に述べるように，神の言葉や救いの出来事が人間の言葉に入ったのなら，そしてそれが信仰定式として固定化されているならば，その言葉と福音を分けることは意味がないであろう。

ここでは顕現は，「現れた」という語で言われている。ちなみに通常のコイネーギリシャ語で言われるような ἐφάνη (マルコ16,9)[17]の代わりにセム語的 ὤφθη とある[18]。それはそうとしてこれは前に挙げた雪上の足跡の例で言えば，「見える」ということに相当し，この箇所に対して他の二つ，すなわち，Ⅰコリント9,1；ガラテア1,12[16]は，これの解

---

15) H. Schlier, Kerygma und Sophia, in: Die Zeit der Kirche, Freiburg i. Br. 1955, 215 参照

16) K. Wegenast, Das Verständnis der Tradition bei Paulus und in den Deuteropaulinien, Neukirchen 1962, 43 以下参照。特に44：「福音はそれゆえ，……定型や伝承でなく，イエスにおいて告知された救い，宣教されたキリストである，福音はパウロの考えによれば，それゆえ，あらゆる伝承に先んじて存する」(佐竹明『ガラテア人への手紙』76頁注1からの訳による)。また，Schlier, kerygma und Sophia, 216 参照。

17) W. Kramer, Christos Kyrios Gottessohn, Zürich 1963, 29.

18) この語はすでに旧約聖書で神顕現を表わし，受動のアオリストは自動詞的な意味で取られねばならない(Schlier, Über die Auferstehung Jesu Christi, 31 以下参照)。Passiva mit intransitiver Bedeutung (ὀφθῆναί τινι) については, Blass/Debrunner, Grammatik des neutestamentlichen Griechisch, Göttingen 1961, 197 (§ 313) 参照。その他新約聖書では，この動詞形自体，マルコ9,4；マタイ17,3；ルカ1,11；22,43；24,34；使徒行伝2,3；7,2, 30；13,31；16,9；26,16；テモテ3,16；黙示録11,19；12,3に見られる。紙面の都合でここではLXXおよびマソラには立ち入らない。Delitzsch's Hebrew New Testament によれば נִרְאָה となっている。それゆえ Ni'fal (Perfekt) として reflexiv であり, Er ließ sich sehen が訳として適当であろう。

第3章 イエスの復活とその顕現についての再考　　　　61

釈に相当する。すなわち，この「現れた」ということを顕現の基礎的な陳述とみなしてよいということになる。

　さてここでキリストの死と復活と顕現に関する次の字句を取り出してみる。「キリストが……わたしたちの罪のために死んだこと，そして葬られたこと，そして……よみがえらされたこと，そしてケパに現れ，そののち12人に現れたこと，……次いでヤコブに現れ，そののちすべての使徒に現れ，そして最後に……わたしにも現れた」。この伝承句自体は，パウロもエルサレムないしアンチオキアで受けた古い定形であり[19]，その最後にパウロは自分について，「そして最後に……わたしにも現れた」，という句を付け加えたのである。この「最後に」ということは，それをもって神の啓示が閉じられたことを示す。そして「現れた」という顕現についての伝承句に，自分へのキリストの顕現をくり入れているのである。すなわちここで顕現が起こったすべての人に，「現れた」という均一な言葉が妥当している。さらに注意すべきことは，「それによって救われる福音」の定式においては，「現れた」ということが画一的に採用され，顕現を表わす公式用語となっていることである。ちなみに伝承句に入らないので，上のテキスト訳では省略したが，「500人以上の兄弟たちに同時に現れた……」(15,6) とあるように，この「現れた」はそれほど多くの人に妥当している[20]。そして，この「現れた」ということが，もしも解釈であったならば，それはそれぞれの人によって違って表現されることが可能であったろう。

　ここでつけ加えておくべきは，ルカ福音書の中の古い伝承句，「まことに主はよみがえらされ，シモンに現れた」(24,34) である[21]。この箇所はⅠコリント15,4以下との関係が推定される非常に古い伝承句である。さらに注意すべきは，使徒行伝13,31の，「しかし神は彼を死人の中からよみがえらせた。彼は多くの日々の間ガリラヤからエルサレムに彼と共に上った人たちに現れた。この人々が今，民に対して彼の証人になって

---

　　19) K. Lehmann, Auferweckt am dritten Tag nach der Schrift, Freiburg i. Br.1968, 147 以下参照。また Schlier, Über die Auferstehung Jesu Christi, 7 注1 その他参照。
　　20) H. Conzelmann, Der erste Brief an die Korinther, Göttingen 1969, 304 など参照。
　　21) Schlier, Über die Auferstehung Jesu Christi, 7 参照。

いるのである」，という表現であり，また使徒行伝26,16では，「主イエス」自身がパウロへの顕現について，「わたしが現れたのは……」と，「現れた」という表現を用いている。

ここで動詞だけを取り出してみると，「死んだ」，「葬られた」，「よみがえらされた」，「現れた」という四つが併記されている。すでに述べたように，「よみがえらされた」ということには，ここでは直接のアクセスは不可能であり，それはそれに続く「現れた」という顕現を通してのみ可能である。「葬られた」ということが，「死んだ」ということの明示であるように，「現れた」ということは「よみがえらされた」ということの明示である[22]。この場合，最初の二つ，「死んだ」と「葬られた」を取ってみると，これらは，何か見たことを解釈して語っているのではない。解釈とは「われわれの罪のために死んだ」という場合である。

それで動詞だけを取ると，それは次のような意味合いであろう。たとえば，ここで死と埋葬という何か前言語的な事実ないしはそれの像（Bild）があって，それは言語的には，死と埋葬と名付けられているから，その記号的対応に従って「死んだ」，「葬られた」というふうに言われたのではない。ここでは何かを見て，その心的イメージまたは像をもとに，それに相応する言葉を選び出して表現したのでもなく，何かを見て，しかるのちに，これを死と埋葬として解釈したのでもない。ここには思考や解釈というプロセスは特に加わっているとは考えられないのである[23]。起こったことは死であり，それを見て，死んだ，と言うことは，死ぬという事態と同時に，死という言葉が生起したのと同じであり，死という事実と死という言葉は分けられてはおらず，一つなのである。くり返すようだが，何かを見て，しかるのちにそれに対応する適当な言葉を捜すというプロセスはなされていない。先に述べたように，「わたしたちの罪のために」という語が「死んだ」という言葉に加えられた時，それは初めて解釈されたものとなるのである。「葬られた」という場合

---

[22] J. Blank, Paulus und Jesus, München 1968, 156 参照。「葬られた」については，I. Broer, Die Urgemeinde und das leere Grab Jesu, München 1972, 264 以下参照。

[23] 丹治信春『言語と認識のダイナミズム』勁草書房，1996年，1頁以下参照。Wittgenstein, PU I §329; §335 参照。なお，P. M. S. Hacker, Meaning and Mind III, Padostow 1990, 350 参照。

も，今は普通は「お葬式があった」と言うであろうが，なにか言葉になっていない出来事があり，それに当たる言葉を検索して，それがお葬式と呼ばれているからそう言うのではなく，お葬式という言葉で呼ばれるものがそこで行われているのである。このことを次の二つの動詞についてあてはめて，考えてみる。前述したように，「よみがえらされた」，ということはここでは感覚的所与としては与えられていないので，この言葉は，次に来る「現れた」ということに関して取り扱われなければならない。

ただし「聖書に従って三日目によみがえらされた」ということについては，感覚的所与がなければ一体どうして日付が与えられたのであろうか。「三日目に」という日付は世界内時としての復活への直接のアクセスとなるのではないか。少し横道にそれるようであるが，このことについて若干の注釈が加えられるべきであろう。この日付について多くの学者は，それは婦人たちが空の墓を見いだした日付に由来すると考えている[24]。しかし福音書には「三日目に」という表現はなく，「週の初めの日に」（マルコ16,2.9；マタイ28,1；ルカ24,1；ヨハネ20,1）と書かれている。「聖書に従って」と連結されているこの「三日目に」という日付は，おそらくは，ホセア6,2の「主は二日の後，わたしたちを生かし，三日目にわたしたちを立たせられる」，などの箇所を含めたミドラシュ，「神は義人を三日以上苦境のうちに置かない」，ということから由来する可能性が大であり，そこでは「三日目」は何よりも救いへの転換期と考えられており[25]，それは古いアイオーンから新しいアイオーンへの転換を意味するのであり，クロニカルな日付というより，歴史の流れのうちに時間的に固定されていない象徴的な数を意味するという。従ってここでは復活について時間的なアクセスが与えられているということにはならない，ということであろう[26]。

さてもとへもどって，上述のように，言うなれば，「現れた」ということのうちに「よみがえらされた」ということが現れたのである。ここ

---

24) Lehmann，前掲書，260．
25) Lehmann，前掲書，263以下参照。
26) Lehmann，前掲書，388以下；Grass, Ostergeschehen und Ostergeschichte, 138; Blank，前掲書，153以下参照。

で「現れた」の背後になんらかの形で「よみがえらされた」という出来事を表象することは適当でない。

　さてここで本来言わんとするところは、この「現れた」という言葉についても、われわれは先の「死んだ」と「葬られた」と同じように考えることができるだろうということである。

　ただしその前に、述べておかなくてはならないことがある。「現れた」ということを「死んだ」とか「葬られた」と同様に考え得ると言っても、前者と後二者の間には根本的な相違がある。「死んだ」とか「葬られた」というような言葉は、そもそもその根底にはわれわれの生 (Leben) そのものがあり、この生を成り立たせている当のものが言語として現れているのであるが、「現れた」の場合は、その根本に古い「生」に取って代わる新しいアイオーンの生起があり、この言語空間全体のうちに新しい言語が成立し、この用語はそこに位置づけられ、新しい Leben を成り立たしめている当のものが言語として現れて来たのだ、という事態である。「葬られた」と「よみがえらされた」との間にこのようなアイオーンの Wende (転換・転回) があるということがこの言語の根本を成しているということである。

　そこで先へ進むと、くり返しになるが、「現れた」ということは、ここでもまた、なにか得体の知れない奇怪なことが起こり、それに「現れる」という語を結びつけて、あるいは充当して、そのように言ったのではなく、「現れた」ということが起こったのである。換言すれば、何か言葉にならない出来事が起こり、それを後から「現れた」と表現したのではない。言葉にならない感覚的所与をそう呼んだのでなく、その出来事が「現れた」ということであったのである。すなわち「死んだ」、「葬られた」と同じ言語的な事態が新しい「生」のうちで起こったと言えよう。

　ここで反対論が出るかもしれない。すなわち、この「現れた」ということは、「死んだ」とか「葬られた」と違って、誰にでも見えることではないではないか。それは所詮主観的なことなのである、と。もちろんこの「現れた」という動詞には必ず「だれだれに」という与格がついて、一般的に誰にでも見えることとしては書かれていない。しかし、「現れた」ということは復活の証人に起こったのであるが、そのすべての人に

「現れた」という動詞が妥当している。それがすべての人でなく、一部の証人に起こったからと言って、「現れた」ということ自体の問題性が生ずるわけではない。このような問題は、「……に現れた」というこの「だれだれに」を「現れた」ということに対して優位づけ、この一々の個人から「現れた」ということを想定しようとする時起こるのではないか。すなわちその時は「現れた」は、各個人のいわばわけのわからない視覚的体験ということになってしまう。その時それぞれの出来事の同一性の基準はどこにも求められないであろう[27]。だが実際はそうではなくて、このことの同一性の基準は「現れた」という言葉として捉らえられるべきであろう。

しかしここのところで、すべては共同体験（共同ヴィジョン）であったのだ、という主張についてはどう答えるべきであろうか。この主張は顕現が一緒に、そして同時に体験されるということを前提としている。しかしここには「ケパに」そして「12人に」、「ヤコブに」そして「すべての使徒に」とあり、それらは各人、またはグループの教会における位置づけないし ordo を表わしているだけではなく、各個に別に「現れた」と考えられているのである。だがここでまださほどに判然としていないことがパウロに至って全く判然とする。パウロはここで全体から仕切る形で「最後に……わたしにも現れた」と言っており、それはガラテア書1,7以下によって、パウロに他から全く隔絶して起こったものとされているからである。共同体験と言いたいなら、それはむしろ、「その後500人以上の兄弟たちに同時に現れた」（15,6）ということから出発しようとすることではないか。しかし15,6でὅτι（hoti）引用は終わっており、したがってこの箇所はパウロが補ったものと考えられるが[28]、いずれにせよエルサレムかガリラヤかいずれかの一つの場所で起こったこのことが[29]、すべての「現れた」を共同体験することにはならない。さらに500人に一時に起こっても、体験というならそれは一人一人がそれ

---

27) このことについては、Wittgenstein, PU Ⅰ の私的言語論的箇所、§253-4；§258；§290；§293など参照。

28) Conzelmann, Der erste Brief an die Korinther, 303 参照。

29) J. Weiss, Der erste Korintherbrief, Göttingen 1970, 350; Grass, Ostergeschehen und Ostergeschichte, 123-125 参照。

ぞれ持つものであって，結局はその表出言語はバラバラの言葉として私語的なものとならざるを得ないのではないか。

このようにして実際には，その出来事が一つの言語を共有するという出来事であったという意味で，復活の証人としてのパウロは，「現れた」ということに，「最後に……わたしにも現れた」と自分のことを入れているのである。もしこの「現れた」ということが解釈であったなら，上述のように，それぞれの人によって違って表現されることが可能であったろう。それゆえ，ここには，ガラテア1,12のアポカリュプシスに見られるような黙示論的終末論の色彩は認められない。このイエスの復活のすべての証人に，この同じ「現れた」という言葉が使われているという事実は，「現れた」ことが何かの解釈を示すものではないことを示していて，この「現れた」と「よみがえらされた」との関係も，後者は前者の解釈というより，それらは同時的に露呈されたことである，考えられる。確かに復活には色々な解釈があって，前述した高挙と言われる，父なる神の右へ高められることも，復活の解釈と言い得るであろう。だがしかしここで「よみがえらされた」と「現れた」が併記されていることは，後者が前者と同じことを言っている，または前者を指示するような形で起こったと考える他ないのである。前述したように，人は復活という出来事にはアクセス不可能であり，ここでは，「現れた」ことが実質上復活を意味すると考える以外ないのである。

以上のことからまず第一に次のことが言える。すなわち復活者の顕現のもっとも基礎的な言表は「現れた」ということである。またこのことから復活についての語りも可能になっている。（ちなみに，信仰告白の定形には空の墓は表われない[30]。）したがってこの「現れた」という言葉によってのみ，復活は福音というケーリュグマの中へと生起したのである。これに相応して，復活のもっとも基礎的な言表も「よみがえらされた」ということになると認めてよいのではないか[31]。

以上でIコリント15,3以下の考察を終えるが，最後にこの句を15章全

---

30) Lehmann, 80 以下参照。
31) Grass, Ostergeschehen und Ostergeschichte, 188 に反対する。

第3章　イエスの復活とその顕現についての再考　　　　　　　　67

体の中に位置づけて見ることにより，さらなる洞察が得られるのではないかと思われる。そもそもこの15章は，おそらくグノーシス思想ないしはアレクサンドリア・ユダヤ教的霊的人間論[32]に影響されたコリントの人たちが，「死人の復活はない」と言っている（15,12）ことへの論難であり，それとの対決である。かれらはおそらく復活そのものの否定でなく「死人の復活」を否定し，復活については，それがすでに霊的に起こったものである（Ⅱテモテ2,18参照），と主張していたとも考えられよう[33]。すなわち15章は身体という次元での死者の復活の擁護なのである。しかるに死者の復活は，イエスの復活に基礎づけられる（15,15）。さらにこの復活は，すでに見たように顕現に基礎づけられる。このような場面で，パウロはすでに与えた信仰定式をこの章の初めに置くのであり，それを福音として伝えたではないか，と言うのである。もしも，この「現れた」ということで顕現について言い尽くされていなかったとすれば，目撃者たるパウロは，ここで自らの言葉でさらに顕現について述べ，復活を基礎づけていたであろう。だが，それに反して，パウロが自らを「現れた」という定式のリストに加えたということは，パウロにとって，たとえ自分が目撃者であろうと，顕現にこの「現れた」ということ以外に何物をも付け加える必要を認めないということであり，それが本質的で十全な陳述であるということである。すなわち自分の体験を語るというようなことは，復活信仰の本質に属することではないと考えられていることになる。

　これで冒頭に述べた二つの疑問のうち，第一の答えはほぼ確実なものとなったと考えてよいであろう。だが第二の疑問についても，すなわち，なぜパウロの手紙での顕現についての言及はかくも乏しいのか，という点についてもある推測を立てることができよう。その答えは，この顕現については，パウロ以前から十全な形での信仰告白定式が成立しており，パウロもそれを受けたのであり（Ⅰコリント15,3），それをコリントの教会にすでに伝えてあったのであり（15,1），このことから，パウロは，

---

32) G. Sellin, Der Streit um die Auferstehung der Toten, Göttingen 1986, 188; 290 参照。
33) J. Gnilka, Jesus Christus nach frühen Zeugnissen des Glaubens, München 1970, 46 以下参照。H. Zimmermann., Jesus Christus Geschichte und Verkündigung, Stuttgart 1973, 184-206 は，さらに多くの仮説に言及している。

自分の基礎づけた他のすべての教会にも、この定式を真っ先に伝え、そして自分の場合もこれに順ずるとしたであろうという推測である。そこには顕現が「現れた」として述べられ、パウロ自身もその証人であり、それ以上顕現という出来事自体について付け足して述べることはなにもないということである。このことはまた「現れた」という顕現についての言葉には本来何も補う必要がなく、それは十全で本質的陳述である、ということである。(もちろん他の関連では、人は冒頭にあげたⅡコリント4,6の「キリストの顔の神の光栄」というようなことをも語り得るであろう。)

だが、このことに対してはやはり次のような反論が加えられるかも知れない。すなわち、この言葉は、死んだ人が現れた、ということで、日常とは全く異質なことを表わしているから、人に、何かわけの分からない表象不能な出来事とか、ヌミノーゼ体験とでも呼べるのかもしれないようなことが起こり、それがここで「現れた」と表現されたというふうに言えるのだ、と。それに対してはすでに述べた答えをくり返すより他ない。すなわち、もし実際そのような事態であれば、どうしてすべての証人について、例外なく「現れた」という堅固な定形が用いられるのであろうか。ここで再び強調されるべきことは、くり返すことになるが、ここではまずなにか前言語的な出来事ないし心的プロセスがあって、それが「現れた」として表現されたのではなく、「現れた」という言葉がそこに出来事となっているということなのである。「現れた」ということは、この「現れた」という言葉から絶縁されて、独立にその背後にある出来事や心的な像ないし状態の描写の試みではない。今ここで人が陥り易い誤りは、「現れた」ということで、その言葉により記述され描写されるなんらかの出来事が問題とされていると思うことである。言葉がないようなその出来事が仮に「E」として表現されなければならないならば、それは private language 以外の何ものでもないであろう。その時、ここでもやはり記述主義的思考が支配しており、この局面で言語がいかに働いているかということに何らの注意も向けられていないということなのではないか[34]。

---

34) G. E. M. アンスコム『インテンション』菅豊彦訳、産業図書、1986年、186頁以下(訳者あとがき)参照。なお菅豊彦『実践的知識の構造』勁草書房、1986年、53、60頁以下参照。

第3章　イエスの復活とその顕現についての再考

またここでわれわれが同時に確認できることは、「現れた」ということが体験として把握される時、その「現れた」という言葉が力を失ってくるということである。「現れた」ということは、基本的に「復活体験」と呼ばれるようなカテゴリーに属することではないと考えられる。従って復活に関して一般に乱発される「復活体験」という言葉ももう一度吟味にかけられるべきであろう[35]。一体、例えば弟子たちの「復活体験」という言葉で何が考えられているのかが判然としない。「現れた」ということは何らかの衝動的体験の発露であるという説明は、何の説明にもならない。くどいようだが、体験ということがこの場合、言葉と切り離されており、前言語的なものとされ、そのわけのわからない何かが「現れた」と表現されたことになる。ということは、「現れた」ということの背後には何か言語で特定できない体験があるということになるが、もし「体験」ということがこのような意味で最後の言葉となってしまうとすれば、結局すべては正確に特定できない心的イメージないしプロセスに帰し返されてしまう。それはまたあるいは、例えばガラテア書にあるように、「もはや生きているのはわたしではない。わたしの中でキリストが生きているのだ」(2,20)、ということを体験や感じとして理解し、そのようなことへ帰し返すのだろうか。この言葉はなにか神秘的体験を言っているのでないことは、どの注釈書を見ても明らかなことであろう。

そこで、ここではもちろんそれぞれのコンテキスト、すなわちある Sprachspiel からこの語を取り出すという無理はあるが、そもそも「体験」という言葉がわれわれの扱っている新約聖書のテキストには、概して適したものではないのではないかという問いが起こる。今、仮に、体

---

35)　筆者は、山岡三治・井上英治編『復活信仰の理解を求めて』サンパウロ、1997年、を読んださいこのような印象を持った。この関連で、Wittgenstein, PU I, §654-655 参照。J. Kremer, Das älteste Zeugnis Christi, Stuttgart 1966, 57 以下は正しく叙述している。それに反して、E. スヒレベーク『イエス』第二巻、宮本久雄・筒井賢次訳、新世社、1994年、152、が回心モデルとして挙げる「……キリストの復活顕現とは、キリスト信徒の『回心ヴィジョン』と呼ばれたことから生じたのではなかろうか」、という意見は的はずれであり、不明確である（前掲書171-2も参照）。事実は逆であり、顕現があって回心が起こったのである。上のような意見は復活や顕現を復活体験や顕現体験という心理的な出来事に還元しようとする理解の仕方ではないのか、という疑問を起こさせる。これについては、Wittgenstein, PU I §327-332、特に §330 参照。

験をドイツ語のErlebnisと解して若干の考察をしてみたい。H.-G.ガダマーによると，ErlebnisはErlebenという動詞とは異なり，19世紀の70年代に用いられだし，18世紀にはまだ知られておらず，シラーもゲーテもこの語を知らないという[36]。周知のように，この言葉はディルタイによって取り上げられ，精神科学の諸認識の所与として，生の関連において[37]，その中心に置かれた[38]。そしてそこで問題となるのは，この体験が表現へともたらされ，それが追体験として了解されるということであろう。ここでは体験と表現と了解の関連が決め手となる[39]。しかしここで注意したいのは，ディルタイによれば，体験は何ものによっても乗り越えられない最後の認識ないし生の所与であって[40]，それが表現または生の表出[41]（Lebensäußerung）にもたらされることによって了解可能になるということなのである。すなわち体験は表現以前，換言すれば言葉以前のことがらであって，ただこの一点によってもケーリュグマは体験と等置され得ないことが明らかである。従ってケーリュグマの説明に，体験という概念を導入するのは賢明とは言えないであろう。

　このことに関連して，序でに「追体験（Nacherleben）」ということについても少しばかり述べてみたい。追体験とは，あくまでも体験という生の表出ということに関連し，これを追体験し，そこで了解が生ずるということである。したがって，もちろん追体験は，他者の体験を前提としていることになる[42]。もし新約聖書のテキストについて，追体験ということを語るなら，テキストが体験の表出であることが前提とされねばならないが，実際は，テキストは読者への現在の直接の語りかけとして，そのような言葉抜きの心的過程とは無縁であって，したがって追体験の前提は，テキストからまず歴史的事実を抽象するなり，あるいはイエスやその弟子たちの実際の体験を推定し，抽出し，構成しなければならない。その上でこの抽出されたものについての追体験ということが言

---

36) H.-G. Gadamer, Wahrheit und Methode, Tübingen 1960, 56.
37) W. Dilthey, Gesammelte Schriften VII, Göttingen 1958, 195.
38) Gadamer, 前掲書, 61；63.
39) Dilthey, Ⅶ, 86；87；214参照。
40) Dilthey, VII, 224; O. F. Bollnow, Dilthey, Stuttgart 1955, 34 参照。
41) Dilthey, Ⅶ, 205以下参照。
42) Dilthey, Ⅶ, 214参照。

第3章　イエスの復活とその顕現についての再考　　　　71

われ得るであろう[43]。しかしなぜテキストがそのために書かれた現在の直接の語りかけを，なぜ推測の上に立って抽象，解体し，そこから過去の体験というようなものを抽出し，これを追体験するという，回り道を行わなければならないのかが説明されねばならない。それは結局，歴史主義や心理主義ないし生の哲学などという制約の下に立つ解釈方法であって，また一種の記述主義をも前提としており，新約聖書のテキストに妥当する言葉による了解の形とは言えないのではないか。したがって，この用語を新約聖書のテキストについて使う場合は，それなりの保留と釈明を必要とするのではないか。まずもって必要なのは，Nacherlebenでなくテキストについての Nachdenken（熟慮）なのである。

　最後に再び福音書にもどって，その復活物語のイエスの顕現の物語について考えてみたい。もっともこのことは，困難な課題であり，この論文のテーマではないがゆえに，ただ問いを立てるということに止まってしまうであろう。いったい，福音書については，そのイエスの顕現の物語は，体験に基づくもの，ないしは伝承のもとである体験談に基づくものとして捉えられるべきなのであろうか。それは，これまで見てきたように，いわば「現れた」ということで言い尽くされているイエスの顕現を体験として語っているのであろうか。しかしながら第一に，体験の表出ということには，その非間接性ということが属しているのである[44]。復活物語はそもそも体験した本人が，それを体験談として物語っていることを書き記したものではない。第二に，もしそうであれば，それは現在の語りかけの言葉ではなく，そこで過去のことがらが追体験において了解されるべき言葉となってしまう。一体われわれが復活物語から過去の事実を推測によって抽象し，それを現在表象してみることによって，その言葉の真実はあらわにされるのだろうか。どう考えてもこの場合の言葉は，体験というような，なんらかの出来事の心的描写ではなく，語りかけとして聞く者，読む者をその出来事へと取り入れていくということなのではないか。むしろ明らかなことは，これらの物語はまさにその

───────────
　43）　Gadamer，前掲書，205以下参照。
　44）　Gadamer，前掲書，57, 63：" Das Erlebnis hat eine betonte Unmittelbarkeit, die sich allem Meinen seiner Bedeutung entzieht."; Bollnow, Dilthey, 102 参照。

名のように「語り[45]」というジャンルに属する語りかけであって，そこではむしろ「物語行為[46]」というようなことが考えられねばならないのではないか。「歴史の終焉と物語の復権[47]」ということについて反省がなされねばならないのではないか。さらに，ここで語りかけてくる者は，絶対的な他者であり[48]，われわれはそれを体験というような形でわれわれの内へ取り込むことはできないであろう[49]。そうではなく，ここで復活者は，「ただ語りを通して現れる[50]」のである。

しかし結局，基本的にはここでも，H. シュリーアの言葉に従って，「イエス・キリストの死者からの復活は，その現れ（顕現）によってケーリュグマの中へと生起したのである[51]」，という言い方が妥当するのではないか。結局ケーリュグマは体験と等置されるべきではないということであろう。

付論　復活についての覚え書き

（伊吹教授からイエスの復活顕現の問題についてご自身が重要と思い，この論文集に書き加えることを望まれた考察が甲斐のところに送られてきた。この考察は第3章の論考や甲斐が解説Ⅰの最後のところで問題にした『ヨハネ

---

45) 坂部恵『かたり』弘文堂，1990年，40頁以下参照。
46) 野家啓一『物語の哲学』岩波書店，1997年，96頁以下参照。
47) 野家啓一，前掲書，1頁以下参照。なおこの文献について，当時，都立大学哲学科博士課程在学中の久保文彦氏より示唆を受けた。また E. Güttgemanns, Offene Fragen zur Formgeschichte des Evangeliums, München 1970, passim.
48) E. レヴィナス『全体性と無限』合田正人訳，国文社，1989年，292頁以下参照。
49) 岩田靖夫『神の痕跡』岩波書店，1990年，112頁以下参照。
50) 岩田靖夫『倫理の復権』岩波書店，1994年，227頁参照。
51) Schlier, Über die Auferstehung Jesu Christi, 39. また, Schlier, Kerygma und Sophia, 215: "Der Auferstandene überliefert sich durch seine Erscheinung vor den Zeugen an das Wort und damit an die Sprache und an den Satz" (= Christus traditus). ちなみにこの出来事をⅡコリント4,6『「闇から光が照りいでよ」と言った神は，キリストの顔の神の光栄の知識が輝き出るために，わたしたちの心に光り輝いたのである」，という言葉は述べていると考えることができる。(Bultmann, Der zweite Brief an die Korinther, 111 参照：なお「顔」については，上記レヴィナスも参照)。このようなコンセプトによれば使徒行伝1,3にあるように，イエスが40日間弟子たちに現れて，弟子の宣教の前提として教えを説くという必要はないであろう。

第3章　イエスの復活とその顕現についての再考　　　　　73

福音書注解』Ⅲで展開されたような復活顕現についての難しい論究ではなくて，アスペクト（ゲシュタルト）の観点とアナムネーゼの観点からより根本的に捉えられた，しかし分かりやすい覚え書きである。そのまま「付論」として掲載しておきたい。ただし[　]の箇所は原文の論旨を分かりやすくするために甲斐が書き換えた。）

　イエスの復活体は地上のイエスとは全く違った形で現れた（マルコ16,12）と描かれている。弟子たちはそれがイエスであるとすぐには確認できないのである。この確認はひらめき（Aufleuchten）という仕方で起きている。それも単なるひらめきではなくて過去の想起（アナムネーゼ）によるものである。これはゲシュタルト心理学によって研究されたある図形の熟視期間の後被験者に現れる図形についてのひらめきが参考になる。

　ただ顕現においては確かに過去の一定の記憶がもとになっている。このような図形のひらめきについてはW.ケーラーの研究に詳しい（W.ケーラー著『心理学における力学説』相良守次訳，岩波書店，1939年）。新約聖書でのこのひらめきは，ケーラーは意志で変えられないと述べているが，ここでは基本となるのは愛である。そして地上のイエスすなわちかつてあったことの想起（アナムネーゼ）がもととなっているのである。ひらめきが起こるまでの熟視期間をケーラーは8分という例を挙げているが，イエスの顕現の場合殆んど瞬時ということが考えられよう。まずルカ福音書のエムマウスの場合を考えてみよう。以下の箇所を参考にする必要があるであろう。

　　24,30f「一緒に食卓につかれた時，パンを取り祝福して割き，彼らに渡しておられるうちに，彼らの目が開けてそれがイエスであることが分かった。すると御姿がみえなくなった。」
　　Cf. 9,16「イエスは五つのパンと二ひきの魚とを手に取り，天を仰いでそれを祝福してさき，弟子たちにわたして群集に配らせた。」
　　Cf. 22,19「またパンを取り，感謝してこれを割き，弟子たちに与えて言われた。」（協会訳）
　つまり，24,30fの出来事，それがイエスであるというひらめき

は，22,19のアナムネーゼであると考えるべきではないか。つまりイエスのふるまいの想起なのである。それが消える時，イエスもまた消えるのである。

次にもう一つ例をあげたい。それはヨハネ福音書21章の復活顕現したイエス［とルカ福音書5章の地上のイエスの両方の奇跡的大漁の話である（ヨハネ福音書21章は後からの付加である。註解Ⅲ，435-441を参照）］。

> ヨハネ21,6f「するとイエスは彼らに言われた。『船の右の方へ網を下ろして見なさい。そうすれば何かとれるだろう。』彼らが網を下ろすと魚が多くとれたのでそれを引き上げることができなかった。イエスの愛しておられる弟子がペテロに『あれは主だ』と言った。

> ルカ5,4ff「沖に漕ぎ出し網をおろして漁をしてみなさい。……そしてそのとおりにしたところ，おびただしい魚の群れがはいって，網が破れそうになった。……これを見てシモン・ペテロは，イエスのひざもとにひれ伏して言った。『主よ，わたしから離れてください。わたしは罪深いものです。』

この両者の相似は同じ伝承によっている故であると考えられる。ただしこの奇跡的大漁の話はヨハネ福音書にはないし，弟子の反応としてヨハネは愛弟子，ルカはシモン・ペテロである。ヨハネ21,2に彼の名がある。そこでこれもまた実際にはすでに起こったことへの愛弟子のアナムネーゼであるという可能性が大きいと考えられないであろうか。とするとヨハネ福音書記者はこの奇跡的大漁のルカにある伝承を形は違っても知っていたのではないか。ただそれを取り入れなかっただけではないのかと考えられるのである。

以上仮定したことはこのひらめきはすでに相似した出来事がアナムネーゼによって現在となったのではないかという想定である。すなわち復活した主の視認にはゲシュタルト理論の熟視期間に代るこのようなアナムネーゼがもとになっていたのではないか。このことによって復活後のイエスと地上のイエスとの同一性が確認されていたのではないか，それはアナムネーゼではなかったかということである。元々福音書に書かれていることはすべてアナムネーゼなので

ある。
(以下は，この付論について伊吹教授がコメントした話にもとづいて甲斐が記したものであるが，これを読まれた伊吹教授にこの付論に書き加えるように指示された内容である。)

　　ここでヨハネの21章で愛弟子が登場して復活のイエスを認識したということは重要な意味を持つ。それはルカの弟子たちの場合と比較して驚くべきことである。ルカでは復活のイエス自身が呼びかけやふるまいによって自分があの地上のイエスと同じ存在であることを示さなければ，弟子たちはそれが誰であるかが分からなかったのに対して，ヨハネの愛弟子はただちに目の前にいる人がイエスであることが分かったからである。この愛弟子はヨハネ福音書のシンボルとも言うべき「イエスが愛した者の範型」であった。彼はラザロのようにイエスを信じているがゆえにイエスの声を聞くことができたのである。愛が主題となる「別れの説話」が始まる13章では愛弟子だけがイエスの声を聞くことができ，またイエスの胸に寄りかかりイエスと親密な愛の関係で結ばれている。愛弟子の存在によってイエスの愛（ヨハネ13,1）が具体的な現実となって食卓を囲む弟子たち（教会）に現れるのである（伊吹『ヨハネ福音書注解』Ⅲ, 81-82, 400-401頁，その他21-22頁参照）。また愛弟子は十字架のもとに立ち（19,26），復活をペテロより先に信じた者でもある（20,4.8）。愛弟子がこのようにイエスの愛を熟知してイエスに愛されイエスを愛している者であるがゆえに21章でもそれがイエスであることが分かるのである。このように復活のイエスを認識することは何もないところで突然起こるのではなくて，恒常的な愛のアスペクトの熟知性のなかから生まれるアナムネーゼとして起こるのである。

　　以上仮定したことは，このひらめきはすでに相似した出来事が愛のアスペクトの熟知性のなかに貯えられていて，それにもとづくアナムネーゼとして起こったのではないかという想定である。すなわち復活した主の視認にはゲシュタルト理論の熟視期間に代わるこのような愛の熟知性によるアナムネーゼがもとになっていたのではないか。このことによって復活後のイエスと地上のイエスとの同一性が確認されていたのではないか，それは愛の熟知性のなかで一つに

結ばれるアナムネーゼではなかったかということである。さらに言えばヨハネ福音書の場合，この愛の同一性が「復活のイエスと地上のイエスの同一性は手と脇の傷という肉体におけるアガペーの痕」（Ⅲ，416-417頁参照）として捉えられているという点で究極の洞察が示されているのである。

後記　L. Wittgenstein については都立大学教授甲斐博見氏より貴重な教示を受けた。誤りがあれば，それは当然筆者の浅学によるものである。

第4章

新約聖書の言語

序　言

　この考察の表題は，新約聖書の言語というのだが，新約聖書が書物であるからといって，ここで問題とされるのは，その27の文章が，誰によって，いつ，どんな言葉で，そして何よりもどんなギリシャ語で書かれたかというようなことではない。このようなことは非常に興味深いことではあるが，それはここでの課題ではない。われわれの課題は新約聖書の言葉の本質についての問いなのである。しかし，われわれはさし当たって，この問いの難しさに，どこからこの問いかけを始めるかということに直面してしまう。しかし，もしわれわれが新約聖書のテキストに密着して正確に問おうとするならば，われわれはどれかのテキストから問い始めなければならないのは確かであろう。ここでは，新約聖書の中のある一つの手紙，ヘブル人への手紙の宣教が始まる場面を取ってそれを手がかりに考察を始めよう。ちなみに，それは手紙といっても，パウロの手紙に見られるような実際の手紙，すなわち Letter ではなく，Epistle と言われる手紙の形式を借りて書かれた教え，ないし宣教であり，そこでは，差出人の名も宛名もなく，いきなり次の言葉で始まっている。

　「神は，昔，預言者たちにおいて，多くのかたちで，また様々な仕方で先祖に語ったが，日々のこの終わりに，わたしたちに子におい

て語った」（ヘブル1,1.2a）。

さて，この一節には引き続き，初代教会の賛歌であると考えられている章句（1,3）が接続され一体をなしている[1]。そしてこのような初めは，同じく賛歌で始まるヨハネ福音書も同様であるが，極めて重要な救いの出来事へと集中しているのが常である。そこでわれわれはこのテキストを手がかりにして考えて見たい。

構造的にはここでは，「神が語った」ことが，旧約の時代と新約の時代で以下のごとくパラレルに対置されている。

神は　昔　　　　　　預言者たちにおいて　（……）先祖に　　　語った
　　　日々のこの終わりに　子において　　　わたしたちに

まずわれわれは基本的に，ここに言われている次のことに注意したい。
ここで旧約と新約の救いは，「神は語った」ということが，同じ動詞で二度くり返され（前者は分詞形，後者はアオリスト）言い表わされている。それはこの両者が，時と仕方は違ってもただ一つの，「神は語った」という救いの出来事であり，この二つは基本的には分けることが出来ないということである。すなわち，旧約と新約における神の言葉は，それが神の言葉である限り根本的に同じ性格をもっている。もし旧約聖書における神の言葉が，新約聖書のイエスの言葉，またはイエスについての宣教の言葉とまったく異なるならば，それはもはや神の言葉ではないと言えよう。従って新約聖書の言語としての神の言葉について話す時，それは基本的に旧約聖書における神の言葉について言われているのと同じ事柄である。

このことを確認した上で，次のような四点に注意を向けなければならないであろう。

---

1) H. Zimmermann, Das Bekenntnis der Hoffnung, Tradition und Redaktion im Hebräerbrief, Köln 1977, 24 参照。

1.「神は語った」——神の言葉は同時にわざであることについて

このヘブル書の始まりの文の主語と述語は,「神が語った」, ということであり, 神が語ったということは, すでに見たように, 二度くり返され強調されている。すなわち神のあらゆる歴史上の啓示とその行為は, そのすべてのわざも含めて, ここで端的に「語る」ということに包摂されている。それはすべての歴史的な救いの啓示の出来事, 神の救いの行為が, 歴史の中へ, 人間へと「語ること」(呼びかけ) と解されているということに他ならず, 根源的には, すべての神の救いの行為は言葉であり, 逆に言うと, すべての神の言葉は神の呼びかけという行為であることを意味している。ここでは人間におけるような言葉と行いの分裂は見られないのである。

2.「神は, 預言者において……子において, 語った」——人間の言葉における神の言葉

ここで, 主語である神に対して子と言われており, それは神の子という意味に解される。そして子と言われているのはイエス・キリストであり, この「子」には, 冒頭に挙げたキリスト賛歌が接続して「子」が説明されている。そこではイエスの先在と, 彼の罪の清めとしての死と高挙が歌われている。さて, 神は預言者と子たるイエスにおいて語ったのであるから, 差し当たって, 神は人間の言葉で語った, と言うことができる。ただし神は旧約の時代には色々な仕方で語ったと言われている。それに対して新約の啓示は「子」において, すなわち, イエスの言行において語る, ということに尽きる。

3.「日々のこの終わりに子において語った」——時の終わりの子における語り

ここでは, 預言者という神の言葉を語る者に対立して「子」が置かれている。「日々のこの終わりに」という句は, これまでの, すべての神の語りが端的にここに集約されていることを示す。すなわち, 子たるイエス・キリストにおける神の語りは,「日々のこの終わりに」, と言われているように時を終わりにする。すなわち時の

終わりが来て，子が語るのでなく，神の子における語りが起こるとき，それが時を終わりにするのである。それは終わりにおける語りであり，また神の語りを完成かつ成就せしめ閉じる。すなわち，もはや何によっても，如何なる言葉によっても，如何なる出来事によってもこの言葉は，古くされたり，越えられたりすることがなく，永久に止まるものである。これが子において神が最終的に語った終末の出来事なのであり，それは新約の出来事として，新約聖書の言葉なのである。

4.「(神が) われわれに語った」——語りかけとしての言葉

神は，「子においてわれわれに語った」のであり，この「われわれに」ということから言って，神の言葉は，まず第一に単なる陳述ではなく，具体的な人間に向けた「語りかけ」なのである。第二に，旧約の言葉について「神が先祖に語った」，と言われているのに対して，新約の言葉は「神がわれわれに語った」，と言われている。もしこの「われわれ」が現在の文字通りのわれわれであり，ここにわれわれが入っていないなら，そこには「われわれ」の代わりに「使徒たちに」とか「弟子たちに」というような言葉が書かれてあったはずであろう。従ってこの神の語りかけの絶えざる現在性について考察していかねばならない。

だがしかし，以上の四点は互いにいかなる関連に立っているのだろうか。第一の「神の語り」というものは，それ自体神のわざ，行為であるが，それがどこでなされ，人がどこでそれを受け取るか，ということが，「子において」という第二の点で取り扱われている。すなわちイエス・キリストにおいて，神の言葉がわざであることが一回的な仕方でもっとも鮮明に現れる。神のわざである働く言葉は，イエス・キリストの言行に収斂され，そこから，神の言葉がもっぱら人間の言葉で語られるという現実に関して，この二つの言葉の関係が焦点とならざるを得ない。第三点では，このことがいつ起こったのか，ないし起こるのかという時間性と歴史性への問いが，考察されるのである。そのことは時の終わりの神の言葉，すなわちわざとして，基本的には古い創造に対する，歴史と

時の終わりに起こるべき神の支配の到来ないし新しい創造なのである。
最後に第四点として，その人の言葉で語られる神の言葉の本質的な徴表が，語りかけ（呼び声）という言葉として考察されることになる。

そこで以上，四つの特徴としてテキストに挙げられた点を中心に論じていきたい。

I 神の言葉は同時にわざであることについて（「神が語った」）

神の言葉は同時に純粋な行為であり，わざである。したがってそれは，その言葉が何等かの事実を記述する (describe) とか，陳述する (state) という意味での記述言語として，事態や事物や事実に対応づけられ，それを表現しているということではない[2]。それは後に述べるように，神の言葉が「語りかけ」であるという点からも分かることであるが，神の言葉は常に同時に行為の遂行である。しかし人間の言語行為とは違って，それは純粋に創造の言葉としての行為なのである。最も直截に言えば，創世記の天地創造の話にあるように，「神は言われた。『光あれ。』こうして，光があった」(1,3)，ということなのである。神の言葉は基本的に無からの創造としてのわざである（詩篇33,6；104,30；ロマ4,17その他参照）。それは創世記にあるように，新しい人間を創ると同時にその生きる空間，場所，天地を創る，すなわち信仰する者に生きる場所を創るのである。

この言葉がわざである，ということは，最も分かりやすいかたちでは，イエスの言葉が，即，その成就であるとして，四つの福音書に書かれているイエスの奇跡物語において見ることができる。

具体的にここでは，そこに奇跡が集中しているマルコ福音書の初め (1,21以下) を見てみよう。ここではイエスの言葉がそのまま出来事となることが描かれている。

イエスは汚れた霊にとりつかれた男に言う。「この人から出て行け。」

---

2) J. L. Austin, How To Do Things With Words, Oxford University Press 1975, 1f（オースチン著『言語と行為』坂本百大訳，大修館書店，1991年，4頁以下参照）。なお奇跡に関しては，F. Mussner, Die Wunder Jesu, München 1967, 11-23参照。

それに続きこう書かれている。「汚れた霊はその人にけいれんを起こさせ，大声をあげながら出て行った」(1,25f)。また，らい病者に「清くされよ」と言うと，「するとすぐに，彼かららい病は去り，彼は清められた」(1,41)，のである。あるいは，「わたしはあなたに言う。起き上がれ。床を担いであなたの家に帰りなさい」，とあり，それに続いて，「その人は起き上がり，すぐに床を担いで，皆のまえを出て行った」(2,11f)，と書かれてある。もう一つの例をとってみよう。湖の上で嵐が起きたときのことであるが，次のように書かれている。「イエスは起き上がって風を叱り，海に向かって，『黙れ，静まれ』と言うと，風はやんで大凪になった。」それに対して弟子たちは恐れおののき，「一体この人は誰だろう。風や海でさえこの人に従うとは」，と言うのである (4,39以下)。このような弟子たちの問いに答えるとすれば，イエスは，神の言葉を語る方である，と言うことが適切であろう。

　ここに驚くべく一切の飾りをとって素朴に簡潔に語られているのは，ただ一つのことを純化して強調するためなのである。すなわち，それによってイエスの言葉は端的にわざであり，そのままわざとして働くということが示され，描かれている。すなわち，すでに述べたように，ここでイエスが神の言葉を話したことを示しているのである。ただこの一点のみが決定的なことなのである。すなわちイエスは神の言葉を語る。ここで，マルコ福音書の初め，「神の子イエス・キリストの福音の初め (アルケー)」(1,1) という言葉を想起すべきであろう。またヨハネ福音書には，イエスについて端的なかたちで，「神が遣わした者は神の言葉を語る」(3,34)，と言われている。上述のヘブル書の言葉で言えば，「神は子において語ったのである」。

　第二に，このことは，言葉が力であることを示している。イエスの奇跡とは共観福音書では文字どおりの「奇跡」teras (複数形 τέρατα terata) という語ではなく，dynameis (δυνάμεις) という，力という語の複数形が用いられている。力のわざ (Machttaten) と訳されるべきであろう。ここでは言葉が力のわざなのである。すなわち，言葉は力として働く。パウロは「神の言葉は働く」(Iテサロニケ2,13) と言い，また「福音は救いへの神の力である」(ロマ1,16)，と言っている。またヘブル書には，「神の言葉は生きていて，力がある (ἐνεργής energēs)」(4,

12),と書かれているとおりである。

　この場合の言葉とは,表現と表現内容,語られ表現されるものと意味内容が分けられ,ある意味内容が語られ表現されるようなもの,または「メッセージ」と呼ばれるような,送り手と受け手がコードを共有することによる伝達として,意味内容が伝えられるということ,またそのような伝達事項として人に影響を及ぼす力がある,というようなことではない。なぜなら,そのような伝えられるということは,その伝えられたことが,その場所で現実に起こるということではないからである[3]。神の言葉は,人間の言葉との対応関係によっては捉えられないのであり,厳密に言えば,「語る」というその所で語られたことが現実に起こることを意味するのである。

　このような意味での言葉は,ヘブル語の dabar であると言え,その訳語としてLXXでのレーマ（ῥῆμα rhēma）という語が使われる時,特に出来事という面が強調されていると考えられる[4]。この言葉は,複数のみでロゴスと同じ意味で用いられているヨハネ福音書を除いては,とくにルカによる福音書と使徒行伝に多く見られる（新約聖書68回,ルカ19回；使徒行伝14回；ヨハネ12回）。新約聖書でこの語が,単数か複数かを問わず「事柄」の意味で用いられるのは,一目でそれと分かる箇所だけでも8回あるが（マタイ18,16〔＝申命記19,15〕；ルカ1,37；2,15.19.51；使徒行伝5,32；13,42；Ⅱコリント13,1〔＝申命記19,15〕），特にルカ1,37と2,15では,神の言葉がわざとして起こるということが明確に言い表わされている。また使徒行伝10,36以下では,ペテロの説教の中で「神がイエス・キリストによってイスラエスの子らにおくった言葉（λόγος logos）は,ヨハネが洗礼を宣べ伝えた後,ガリラヤから始まっ

---

　3) 筆者はこのような方法論に疑問をいだく者である。なぜなら問題となっているのは単に人間の言葉ではないからである。

　4) H. Schlier, Grundzüge einer neutestamentlichen Theologie des Wortes Gottes, in: Das Ende des Zeit, Freiburg i. Br 1971（= Grundzüge）, 16参照。O. Procksch, ThWbNT IV 91f. なお, rhēma については, E.ケーゼマン著『ローマ人への手紙』岩本修一訳, 日本基督教団出版局, 1990年, 551頁：「ῥῆμα は本来個々の言葉を言い表した。それゆえヨハネによる福音書と使徒行伝は使信全体について語る時は,いたる所でこの複数形を用いている。エペソ6,17；ヘブル6,5；第Ⅰペテロ1,25において初めて荘重に ῥῆμα θεοῦ（神の言葉）について語られる」（ただしⅠペテロ1,25には「主の言葉」とある）。

てユダヤ全土に起きた言葉（出来事＝rhēma）である」，と書かれ，ここでも言葉は明瞭に出来事であると言われている。

　第三に，神の言葉がわざであるということは，基本的には創世記の最初に読みとられるように，天地創造のわざに比較されることであって，それは人を新しく創ると同時に天地の創造のごとく，新しく，人の住む場所を信仰者の天地として創り出すとも言えよう。人間の言葉についても《言語空間》という言葉が使われることを思えば，このことは納得されよう。人間には常にそれを受容する空間，もっと踏み込んで言えば，住まうべき故郷とも言える場所が必要なのであって，神の言葉の力の働きには，ある意味で，すでに終末の新しい天地（黙示録21,1；Ⅱペテロ3,13参照）が，すでにこの世に拓かれつつある，と言える。この場所にこそ信仰が成立し，人がそこに止まるのである。これは，パウロが「霊の新しさ（καινότης kainotēs)」（ロマ7,6）と呼んでいるものに近いのではないか[5]。またヨハネ福音書の「私の言葉のうちに止まる」(8,31)，「私の愛に止まる」(15,10)，あるいは「私のロゴスを守る」(8,51.52；14,23.24；15,20；17,6)，というような言葉も，それが次元や場所的に解され，このようなことを示唆していると言えよう。

Ⅱ　人間の言葉における神の言葉について
（「神は，…子において，語った」）

　われわれは神の言葉がわざであることを見たが，次に，第二の点として，その神の言葉が「子」なるイエス・キリストにおいて発せられ，起こり，それは人に向けられた語りかけであり，呼びかけであり，すなわち，基本的な事実としては，人間の言葉において語られるのだ，ということについて考えてみよう。神の言葉と人間の言葉という問題は顧みられることが少ないが，筆者には最も重要な問題の一つであると思われるのである。この二つが不透明なアマルガムにされているところで信仰は危機に陥るであろう。

---

[5] H. Schlier, Der Römerbrief, Freiburg i. Br. 1977, 219: "Die καινότης, in der wir als Getaufte leben und leben sollen (vgl. Röm 6,4), eröffnet und hält uns offen τὸ πνεῦμα."

第4章 新約聖書の言語

　この問題について，初めに次のことを述べておきたい。よく宗教の言葉は日常の言葉とは異なるとして取り扱われるが，新約聖書における言葉はそれが一般のコイネーギリシャ語の文法によることが，当たり前のことではあるが，Fr. D. E. Schleiermacher などによって解釈学として主張されたように[6]，それはまた正に人間の日常の言語なのであって，そのために特別な異質の言葉——極端に言えば，あたかも異言と呼ばれる現象のような言葉——が話されるのではない。ここでは，他から区別されるような特別な宗教的言語は存在しないと言ってよいであろう。そして，このような日常の普通の言語は，言うなればメタファーとして語られているに過ぎない。例えば，「神の子」と言うときの「子」はメタファーではあるが，それ自体は極めて普通の日常の言語である[7]。ただ，ここではメタファーという困難な問題には立ち入る余地がない。ただし，今言えることは，メタファーは人間の言葉について，かつまたその次元で，それから出発して議論されるのであって，また，ここで最後に取り扱われる，神の言葉の「語りかけ」という性格があまり前面に出ていない。かつまた，それはある種の像（Bild, picture）であって，そもそもそれについてどれだけ sachlich に，正確に語ることができるかどうか疑問が残る。これに反して神の言葉と人間の言葉との関係では，そもそも前者から出発せねばならず，それは同時に語りかけであるので，さし当たってここでは神の言葉が人間の言葉を，「子」において「しるしづける」，すなわち聖書における人間の言葉は，神の言葉の「しるし」であるというふうに言っておきたい[8]。

---

　6) Fr. D. E. Schleiermacher, Hermeneutik, Heidelberg 1974, 86 以下参照。

　7) P. リクール／E. ユンゲル著『隠喩論』麻生建／三浦国泰訳，ヨルダン社，1987年，188頁以下参照。メタファーについては，ここでは立ち入ることができないが，特に D. Davidson, What Metaphors mean (1978), in: Inquiries into Truth and Interpretation, Clarendon Press Oxford, 1991, 245-264（D. デイヴィッドソン著『真理と解釈』野本和幸・植木哲也・金子洋之・高橋洋訳，勁草書房，1991年，「隠喩の意味するもの」262-296；333頁以下〔訳者，野本和幸解説〕）参照。また，H. Weder, Die Gleichnisse Jesu als Metaphern, Göttingen 1984, 58ff 参照。さらに E. Jüngel, Paulus und Jesus, Tübingen 1962, 87-139 参照。

　8) このことについては，東京都立大学教授甲斐博見氏に示唆を受けた。なおここで前ぶれなく「しるし」について述べることは，唐突すぎるというそしりを免れぬであろうが，ここでは立ち入る余地がないので，若干の注をつけるにとどめる。ただし「しるし」についての探求は今後の課題にとどまる。さし当たってアウグスチヌスの De Doctrina Christiana (C. C. S. L. XXXII, Turnholti, 1962) の「しるし」についての，第二巻のⅠ.1とⅡ.3およびⅢ

またもとへ戻ると，G.ボルンカムは，「驚くべきことは，神の言葉がもっとも簡素な人間の言葉に入り，そこに開き出た（aufgegangen）ことである」と述べている[9]。この「神の言葉が人間の言葉に入る」という出来事は，まず第一に不可逆的である。そしてさらに前述したように，神の言葉は難解な哲学や神学用語などにおいてではなく，われわれの日常の言語，それも簡素なる言葉のうちに語られているという事実であり，人間が神の言葉を「分かる」ということは，それを難解な特殊用語に翻訳することによってではなく，その日常の言葉において，霊の働きにおいて起こることなのである（Ⅰコリント12,3；「聖霊によらなければだれも『イエスは主である』ということはできない」参照）。もちろんこのことは，その言葉の人間による説明という苦労を排除するものではない。くり返しになるが，それは見たところただ普通の人間の言葉であり，神学的なジャルゴンや特殊用語，またいわゆるOnto-theologie（存在-神学）的な言葉は，まさにこのことを蔽い隠してしまうであろう。この点は特に強調され，またさらに深く考慮されねばならない[10]。神学的かつ哲学的タ

.4からの引用を記しておく。"Signum est enim res praeter speciem, quam ingerit sensibus, aliud aliquid ex se faciens in cogitationem uenire..." (Lib Ⅱ. 1.1.5). "Nec ulla causa est nobis significandi, id est signi dandi, nisi ad depromendum et traiciendum in alterius animum id, quod animo gerit, qui signum dat." (Lib Ⅱ. Ⅱ. 3.3)。しるしに関して，"Ad aures autem quae pertinent, ut dixi, plura sunt, in uerbis maxime." (Lib Ⅱ.Ⅲ.4.10)。なお「しるし」については，岡部由紀子氏の諸論文（「De doctrina christiana に於ける sigunm と知解」『中世思想研究 XX』1978，66-77頁；「「しるし」と解釈(Ⅰ)(Ⅱ)」『熊本大学教養部紀要，人文・社会科学篇，15』(1980)，143-142頁；17 (1982)，72-78頁），その他多数参照。なお拙著『ヨハネ福音書と新約思想』創文社，1994年，225頁以下参照。また加藤武氏による De Doctrina Christiana の邦訳解説（『アウグスチヌス著作集6』「キリスト教の教え」加藤武訳，教文館，1988年，321-424頁）も参照。

9) G. Bornkamm, Gotteswort und Menschenwort im Neuen Testament,in: Studien zu Antike und Christentum, München 1963, 228: "Immer wieder dies Erstaunliche: Gottes Wort ganz unmittelbar da, eingegangen und aufgegangen in dem einfachsten Menschenwort."

10) ここでは単に問題を提起するにとどめるが，特に教義学的な言語，例えば「三位一体」に関して，父なる神と，神に等しい「主」である「子」が宣べられても，それが決していわゆる多神教でないことは，新約聖書の言語にとっては明らかである。この日常の言語のうちで，父なる唯一の神が言われていることは，明らかであり，それから「子」が区別されていることも明らかであり，ここに人の言語を聞く場合にのみ，すなわち，神の言語と人間の言語を等値する場合にのみ，多神教であるかのように言われるのではないのか，という疑問が起こる。使徒行伝にはアテネでパウロが，イエスと復活とを宣べ伝えていた時，「あれは異国の神々（daimonion）を宣べ伝える者らしい」(17,18)，と言われていることは参考になる。それに対して，新約聖書では，使徒信条の基礎となっている，いわゆる εἰς-Formel，「父

ーミノロジーでなくてはならぬ，というのは思い込みに過ぎないのではないだろうか。

このように，人間の言葉としては，それは，パウロが「巧みな智恵の言葉でない」（Ⅰコリント2,4）と言っているように，特別な「知」の言語ではなく[11]，上述のように，むしろつまらないとも思われる普通の言葉（Ⅰコリント10,10参照）で語られている[12]。ただしそれは，そのような言葉における神の言葉として智恵と力に満ちているのである（Ⅰコリント2,4以下参照）。H. シュリーアは，「それは神の言う言葉として，人間が言う言葉のうちに入り，そのうちで言葉へと来るのである」，と記している[13]。

聖書の中の言葉は，これまでのキリスト教においてしばしば，それが聖霊のインスピレーションとして，それ自体神の言葉である，と簡素化され言われてきた。しかしこのことは，もっと明確化されなければならない。一体そこに書かれてある人間の言葉が，いわばそのまま神が口述筆記させたような意味での神の言葉と解されるのだろうか。

ヨハネの黙示録にあるような，ヨハネが「霊において」（1,10），七つの教会への言葉を書き留める（2,1-3,22），というような叙述は，あるいは聖書がこのようなインスピレーションの口授であるというような表象を助長したかもしれない。しかし，それはあまりに単純すぎる考えであろう。われわれはこの「霊において」という規定に注意を向けるべきであろう。神の言葉が人間の言葉になるというのは，霊の出来事なのである。この意味でヨハネ福音書のイエスは，自分の言葉が霊である，と

なる唯一の神」と「唯一の主イエス・キリスト」が，神々に反対して唱えられる（Ⅰコリント8,6；エペソ4,5；Ⅱテモテ2,5参照）。なお H. Schlier, Die Anfänge des christologischen Credo, in: H. Schlier, F. Mußner, F. Eicken. B. Welte, Zur Frühgeschichte der Christologie, Freiburg i. Br. 1970, 15f; A. Seeberg, Der Katechismus der Urchristenheit, München 1966, 65ff など参照。

11) 甲斐博見「創世記・論考（中）」東京都立大学『人文学報』267, 1996年, 30頁：「……人間の知が人間をして他者にかかわる行為の現場から絶えず逃走させ，生の安全地帯へ連れていく傾向があるのに反して，信は逆に，人が他者のいるところへ赴き，他者に己れを開くという意味で，人がまさに生命がけで行為の現場に我が身を置くことなしには成り立たないからである。」

12) Platon, Apologia, 17b6-c1 参照。

13) H. Schlier, Gotteswort und Menschenwort, in: Das Ende der Zeit, Freiburg i. Br. 1971 (= Gotteswort und Menschenwort), 26.

言っている（6,63；3,34も参照）。したがって黙示録の著者ヨハネが「霊において」と書くのは，よく言われるような，予見者であるような人間の恍惚状態とか霊的体験などというカテゴリーに属することではないと考えられよう。というのは体験というようなことでは考えられぬような考え抜かれた強靭な言葉がそこにあるからである。

ところでこのような，神の言葉と人の言葉の等置という，理解に対してすぐに起こって来る疑問は，人間の言葉はあくまで人間の言葉であって，それを神の言葉と等置することはできないのではないか，ということである。シュリーアは，このような等置をキリスト論的に根拠づけようとする歴史的な試みについて次のごとく述べている。すなわち，「神はイエス・キリストにおいて，イエスという人間に，そしてそれをもって人間性のうちへと己れを絶対的に譲渡（sich entäußern）したというのであり，いわばただそこに止まる（sich aufhalten）のである，と言われる。このテーゼは19世紀に浮上したケノシス説の異端的な変種であり，それは16世紀の旧ルッター的（altlutherisch）なケノシス問題とかろうじて遠く隔たった関連を持つのみなのである[14]」。

しかし一方人間は，神の言葉を，人間を全く度外視して，それ自体として聞くことも理解することもできないという事実がある。テキストに即した具体的な話をすれば，例えばヨハネ福音書には，天からの声について記してあり，それについて，そこに立っていた群衆は，それを聞いて「雷が鳴ったのだ」（12,29），と言ったという記述があるが，それは天からの声，すなわち神の声を，イエスのみが聞き得たということであろう。ちなみに，群衆はただ馬鹿らしいことを言ったのだ，と考える必要はない。ここでは何よりもまず，出エジプト記19,16-19の契約の場面の「神は雷をもって彼（＝モーゼ）に答えた」，という箇所を想起すべきであろうが[15]，旧約の伝統によれば，神の声は詩篇などでもしばしば雷として描かれている（詩篇18,14；29,3；81,7；104,7など参照）。これはただ原始的ということではなくて，ここで自然法則による雷が聞かれる

---

14) H. Schlier, Gotteswort und Menschenwort, 25.
15) 甲斐博見「創世記・論考（中）」27頁参照。

として，ここに神の声と人間の声と同様な関係が支配しており，雷の音そのものが神の声である，という同一性が主張されているのではなく，雷のうちに神の声が聞かれるということなのである。これは旧約思想における神の声の理解である。しかし，人間の言葉にならなければ何が言われているかは分からない。従ってヨハネのこの箇所にも，神の声は読者に分かるように，「わたしはすでに栄光を現した。そしてさらに栄光を表すであろう」(12,28)，というふうに人間の言葉で語られているのである。ここで分かることは，通訳が一つの言葉を他の言語に翻訳するように，神が人間の言葉を使って話しているのではないということである。人間の言葉において，それ自体理解を越えた神の言葉が語られるということなのである。

　前述したように，聖書において聖霊の言葉が速記されたというように，聖霊が通訳者のように考えられてしまうと，神の言葉は，人間の言葉と絶対的な仕方で等置されることになる。そうなると，この等置は，すべての聖書の言葉についてなされなければならなくなるのであろうが，これは実際には不可能である。第一このようなことをすれば宗教は戒律だらけで形骸化してしまう。

　その結果，その問題を解決しようとする次の試みは，聖書の言葉の分割化であろう。すなわち聖書の言葉のある部分のみを神の言葉と等置し，他の部分は単なる人間の言葉とするということになる[16]。一体この際，どこまでが神の言葉で，どこからが単なる人間の言葉であるかを決める基準はどこにあるのか。このようなことが困難であることは，一目瞭然と言えるであろう。またある言葉をそれ自体神の言葉とすると，それをさらに人間の言葉に翻訳する必要が出てくる。その際には，人間の言葉に翻訳された神の言葉があることになり，そうすればそれをさらにまた翻訳する必要が生じ，結局もとの神の言葉とされたものは無力とされてしまうのであろう。

　そのようなことがイエスによって非難されているのを，われわれは共観福音書に見ることができる。イエスはパリサイ人を非難して言う。「あなたがたは，自分たちの言い伝えによって神の言葉を無にしてしま

---

[16]　G. Bornkamm, Gotteswort und Menschenwort im Neuen Testament, 224 参照．

った」(マタイ15,6)。パリサイ人は,「父または母にむかって,『あなたがたに差上げるはずだったものは神への供え物にする』と言う者は父を敬わなくてよいであろう」,と言う。ここで起こっていることは,「父母を敬え」ということを神の言葉とし,それに見合った人間の言葉への翻訳ないし解釈を作って,それに拠るということであろう。すなわち,モーゼの十戒の第五戒である,「父母を敬え」ということは人間の言葉においての神の戒めであって,これを別の純粋な人間の言葉に十全に置き換えることは出来ないのである。ちなみにマタイ福音書の,この話の後に続く「聞いて悟れ」(15,10f),ということは,言葉をただ注意して聞いてよく考えろということではなく,この人間の言葉のうちに神の言葉を聞き悟れということなのである。そして「口の中に入ってくるものは人を汚さず,口から出て行くもの,そのものが人を汚す」,ということはわれわれの関連から見れば,神の言葉を無とするような人間の言葉が人を汚すということである。

　このようにして,神は,ある特定の人間の言葉において語るのだが,その特定の人間の言葉に縛られず,自由に語ることができるのである。このことを,シュリーアは神の言葉の人間の言葉への相対的依存性と呼んでいる[17]。従って特定の人間の言葉を神の言葉と等値して,これを拘束することはできない。パウロによって,「文字は人を殺し,霊は生かす」(Ⅱコリント3,6;なおロマ7,6参照),と言われている通りである。

　問題は,人間の言葉を神の言葉のしるしとして受け入れ,そこに神の言葉を聞き,理解することなのである。パウロはテサロニケへの第一の手紙で次のごとく言っている。「そしてわたしたちは次のことで絶えず神に感謝している。すなわちあなたたちは,わたしたちから聞いた神の言葉を人間の言葉としてではなく,神の言葉として受け入れた。事実それは神の言葉であって,あなたたち信ずる者のうちに働いている」(2,13)。誤解を防ぐために言えば,パウロはここで,自分の言葉そのものが神の言葉であると,両者を絶対的に等置しているわけではない。テサロニケの人々は,パウロの言葉を単なる人間パウロの言葉として聞いたのではなく,パウロを使徒として,そのうちに神の言葉を聞き,受け入

---

17)　H. Schlier, Wort Gottes, Würzburg 1958, 28.

れたのである。それが信ずることなのであり，なぜそれが可能であるかは，そこに述べられている通り，神の言葉は働くからである（ἐνεργεῖται, energeitai）。ロマ書には，「したがって信仰は聞かれたことから，しかもキリストの言葉によって聞かれたことから（来る）」(10,17)，とある。人間の言葉のうちに神の言葉が話されることがキリストの言葉であり，その言葉はしるしとして，人の生きる場所（生活空間と言ってもよい）を拓き確定する。神の言葉を聴き，それによって拓かれた場所に身を置くことが，信ずるということなのである。このことが可能であるということが，「御言葉（τὸ ῥῆμα）はあなたの近くにある」(10,8)，と言い表わされている[18]。この「近い」ということは次のごとき事態である。すなわち，神の言葉が使徒であるパウロの言葉のうちに発せられ，人間に臨んでいるからである。ここで，神の言葉は人間の言葉のうちに到来すると言ってもよい。人間の言葉のうちで神の言葉が立ち現れ，立ち上がり，聞かれるのである。

　このようにして，神の言葉は人間の言葉として語られるが，その限り，人間の言葉の弱さとその制約を共に受けるのである。それは，新約聖書はギリシャ語で書かれ，翻訳されねばすべての人に分からない，ということだけには限られない。人間の言葉はまた時代的な制約のもとにある。これらを別にしても，人間の言葉が神について十全に述べることが不可能なことは改めて言うまでもない。これをパウロは「わたしたちの弱さ」（ἀσθένεια astheneia）（ロマ8,26参照）と呼んでいる。あるいはパウロは，「わたしはあなたたちの肉の弱さのために人間的に言っている」（ロマ6,19）（ここで肉とは人間を指し，この言葉は，理解力の人間的な制限について述べているのである）とも書いている[19]。

　例えば，ある聖書学者は，神の栄光という場合のドクサという言葉は殆ど，人の言葉の限界を超えている Chiffre（＝符牒）であるとさえ述べている[20]。この際，符牒という語の意味するところは，すなわち，人間

---

18) この箇所について，Bornkamm，前掲論文，231参照。
19) H. Schlier, Der Römerbrief, Freiburg i. Br. 1967, 210: "... solche Redeweise mit der menschlichen (fleischlichen) Begrenztheit und Beschränktheit des Verständnisses, das den Sachverhalt nicht anders zu erfassen vermag als in unzugänglichen Kategorien ..."
20) H. Schlier, Der Römerbrief, 269 参照。また同じく Schlier, Gotteswort und

の言葉としてのドクサの意味が，神の現実のドクサによって常に突き破られる（durchbrochen werden）ということである。神のドクサは，人間のその言葉に全く引き渡され，取り込まれてしまうということはなく，常にそれを越えているのである。それは基本的には，すべての神の言葉に妥当する。神の言葉が人間の言葉のうちに入り，受容されるのは霊の働きであり，人間の言葉は，その際，本来聞き得ないものが聞き得るとされ，「しるし」として機能しており，そのようなものとして人間の生きる場所を拓くのである。ロマ書には人間の「弱さを助ける」，「言葉に表わせない（ἀλαλήτος alalētos）霊の呻き」(8,26) と書かれている[21]。この「弱さ」とは，神の言葉が人間の言葉によって摂取されつくせず，それに拘束されず，それから自由であり，かつそれを越えていることを表わす。ヨハネ福音書によると，イエスの言葉は霊であるが (6,63)，それは風のように思いのままに吹くのである (3,8)。

ここで一つだけ注意を喚起したいことがある。神の言葉は人間の言葉として語られるのであるから，神は語るために，人間のある言葉を取ったのであるとも言える。これは便宜的にいうならば，いわば「逆対応」ともいう事態であろう[22]。すなわちこの関係は不可逆的である。それは人間の言葉から神の言葉を析出するという，人間からの神の言葉への対応関係というようなことは不可能であり，したがってここでは，そもそも対応という言葉と事柄は不適当なのであり，そのつど神の側から神の言葉による人間の言葉への「しるしづけ」がなされ，神がそこで語るということである。しかしその際注意すべきは，ある人間の言葉は，救いの出来事を表わすために神から選ばれ，しるしづけられたのだということである。もしそうなら，この言葉ないし表現を，人間が，勝手に分かり易くするという思い込みによって変更することは許されないであろう。そのことは，信仰が信仰告白としてのある堅固な定式によって固定され

Menschenwort, 28 も参照。

21) R. Cornely: "S. Spiritus ... qui nobis inhabitat, noster quasi interpres est ad Deum, nobis enim quid convenienter a Deo petere debeamus ignorantibus succamus nostro loco et pro nobis precatur." (Commentarium in S. Pauli Apostoli Epistolas I, Paris 1896) (Schlier, Der Römerbrief, 269, Anm. 28 からの引用)。

22) 岡村民子『信仰的甘えの暴露』聖文社，1978年，28頁以下参照。

てある，という事実を承認することになろう。もしパウロがロマ書で「あなたの口で，イエスは主であると告白し，あなたの心で，神が死者のうちからイエスをよみがえらせたと信ずるなら，あなたは救われるであろう」(10,9)，と言うとき，この信仰告白の言葉は勝手に変えられ得ず，止まらなければならないことになる。その意味で新約聖書の信仰告白の定式的な言葉自体が，ある規範的な（normativ）意味をもつのである[23]。

最後に，本来は次の項目に属することであろうが，少しばかり参考までに，「神は子において語った」，ということに関して，考察を加えたい。新約聖書の言葉としての人間における神の言葉は，根源的には，「ロゴスが肉となった」，というイエス・キリストの出来事なのである。それは神の言葉が人の言葉となるということを最終的に基礎づける出来事である。従って，イエスについて，教義学的に考えられたその神性と人性との関わりは丁度 mutatis mutandis に，神の言葉と人間の言葉との関係の参考になると言ってもよいのではないか。すなわち，451年のカルケドンの公会議は，このことについて次のように規定している。ここでは，二つの本性における一つの同じキリスト（ἕνα καὶ τὸν αὐτὸν Χριστὸν...ἐν δύο φύσεσιν〔hena kai ton auton Christon ...en duo phusesin〕）が主張され，一つのペルソナ（πρόσωπον prosōpon）においてこの二つの本性（φύσις natura）は，ἀσυγχύτως asugchutōs (inconfuse, unvermischt), ἀτρέπτως atreptōs (immutabiliter, unverwandelt), ἀδιαιρέτως adiairetōs (indivise, ungetrennt), ἀχωρίστως achōristōs (inseparabiliter, ungesondert), すなわち「融合せず，変化せず，分割せず，分離せず」，という関係にある[24]。もちろん，これは教義学上のことであるの

---

23) H. Schlier, Kerygma und Sophia, in: Die Zeit der Kirche, Freiburg i. Br. 1958, 217 参照。また甲斐博見，前掲論文，30参照：「そのクレドがそのつどの状況に左右されない変わらぬものとして語り継がれていくなかで結晶化し，聖典となる。これゆえ聖書はいったん定められたら一語たりとも変えられてはならない聖なる規範（カノン）なのである。」

24) H. Denzinger, Enchiridion Symbolorum, 1960, 148; R. Seeberg. Lehrbuch der Dogmengeschichte II, Darmstadt 1965, 259-262; A. v. Harnack. Lehrbuch der Dogmengeschichte II, Darmstadt 1964, 395; K. Bihlmeyer, Kirchengeschichte I, Paderborn 1962, 286 参照。また，坂口ふみ『個の誕生』岩波書店，1996年，184頁；《融合》については，同書154頁参照。

で，参考までに言及したに過ぎない。

III　終末の子における語りについて
（「神は日々のこの終わりに子において語った」）

「神は子において語った」[25]，ということは，時の終わりの出来事なのである。ここでは，神は子において語ったということで，新約の時の神の語りについて本質的な陳述が行われている。すなわち，「神の語りは子において最終的な言葉へと集められた」[26]のである。

ここで「子」と言う名称が出るが，この名称はヨハネ福音書で特別に重要な意味で展開されているので，そこを参照したい。ちなみにヨハネ福音書では主として，神の子というより，父に対する子である。そもそも新約における神の言葉の出来事は，根源的には，それによって天地創造がなされた（ヨハネ1,3），その「ロゴスが肉となった」（ヨハネ1,14）ということによって基礎づけられている。このことはヨハネ福音書で，もっとも根底的な仕方で語られている。そしてさらに，「神を見た者はまだ一人もいない。ただ父の懐にいる独り子なる神，この方が，（神）を現したのである」（1,18），というヨハネ福音書のプロローグを閉じる言葉がこれに対応している[27]。それは，このイエスの出来事を旧約の時代から峻別する。そしてこの「（神）を現した」ということは，神がイエスとその歴史において語ったということに他ならない。それは第一に，イエスの存在自体が神の言葉であり（使徒行伝10,36「神はロゴスをイスラエルの子らに遣わした」参照），このことは，この福音書ではロゴス・キリスト論としては特に展開されてはいないが，第二には，「日々のこ

---

25) このことについて，さらに H. Staudinger, Gotteswort und Menschenwort, Paderborn 1993, 1–120; K. H. Schelkle, Wort Gottes, in: Wort und Schrift, Düsseldorf 1966, 11–30; E. Fuchs, Die Sprache im Neuen Testament, in: Zur Frage nach dem historischen Jesus, Tübingen 1965, 258–279; 特に 262: "Ich bezeichne...das Urchristentum als Sprachphänomen." 文献については，H. Krings-H. Schlier-H., Volk, Art, Wort, in: Handbuch theologischer Grundbegriffe 2, München 1963, 876.

26) H. Schlier, Grundzüge einer neutestamentlichen Theologie des Wortes Gottes, in: Das Ende der Zeit, Freiburg i. Br. 1971, 16.

27) Schlier, 前掲論文, 16参照。

の終わりに子において」ということは，上に述べたように，イエスとその言葉と行為，その救いの出来事において神は語るのであり，しかもそれは後述するように，神のわれわれへの終末における，すなわち復活の光を通しての霊におけるアナムネーシスとしての語りかけなのである。「神が遣わした者は神の言葉を語っている」(3,34)，と言われているように，イエスは何事も「自分から」(ヨハネ7,17；12,49f；14,10) なさず，話さず，父から聞き，かつ見て，行い，話す，ということにより，イエスが純粋に神の言葉を話すことが告げられている。そこで，イエスの公生活の終わりの「叫び」として書かれている言葉は次のようである。「わたしは，わたし自身から語ったことはなかった。わたしを遣わした父自身が，何をわたしが言い，何を語るべきかという掟を与えたのである。……それゆえにわたしが語っていることは，わたしの父がわたしに言ったごとく，そのように語っているのである」(ヨハネ12,49f)。そして本質的なことは，このイエスの語りは霊におけるアナムネーシスとして生起するということである (ヨハネ14,26；7,38f)。そしてヨハネ福音書で，「神が子において語る」ということが収斂している言葉は，この福音書に特有の「エゴ・エイミ（わたしは……ある）」(6,20；8,24.28.58；13,19など) という啓示の言葉である。なぜなら，それは文字どおり旧約聖書におけるヤハヴェの自己啓示の言葉である「エゴ……エイミ」(イザヤ41,4；43,10；46,4；48,12；51,12；52,6；43,25；51,12；出エジプト3,14など参照) を，イエスが述べているからである[28]。

さてヨハネ福音書においては，「神が子において語る」ということは，さらに進んで，イエスの存在自身に帰し返されるのである。なぜなら，命を与えるとか，裁くというような神の言葉について妥当することが，イエスの言葉について言われており (5,25；12,48)，イエスの言葉について言われることはすべて，イエスについて妥当しているからである (6,63[17,17]→14,6；5,24→11,25；15,7→15,4；14,20；12,48→5,22.27；9,39)。このことは，間接的には，イエスが神の言葉，ロゴスであると言われていると受け取れる。最終的には，イエスの個々の言葉の総体が

---

28) H. Zimmermann, Das absolute' Ἐγώ εἰμι als die neutestamentliche Offenbarungsformel, BZ NF 4, 1960, 54-68；267-276；E. Schweizer, Ego eimi, Göttingen 1965, 参照。

神の言葉であるからなのではなく，逆にイエスはロゴスであるから，イエスの個々の言葉が神の言葉であるということになる。ヨハネ福音書のプロローグのロゴス讃歌からとられた神の子の「先在のロゴス」という名称を，このような仕方でさらに展開して理解することも可能であろう。以上のような意味で「神は子において語った」，ということが理解され得る。

　しかし，このイエスの言葉は父なる神の言葉として，イエスのわざの完成（τελειοῦν teleioun：4,34；5,36；17,4.23；19,28. τελεῖν telein：19,28.30）と言われる十字架の死と復活——これはヨハネによって栄光化ないし高挙というふうに一つの出来事として呼ばれる——によって，聖霊のアナムネーシス（ヨハネ14,26参照）においていわばわれわれに向かって現実に語るものとなるのである。この同じ事態が，ヘブル書1,2の「子において語った」ということにも妥当する。なぜならこの「子」には1,3に讃歌がὅςでもってつながれるが，「1-4節の関連で著者には3節の最後の陳述，すなわち子の高挙ということが決定的なのである」（＝sedet ad dexteram majestatis inexcelsis[29]）。すなわち「子において語った」の子は天の全能者の右に座している者であると言える。したがって新約聖書の言葉は，上にふれたように霊におけるアナムネーシスとして現実の言葉となる。

　そして一般にこの神の子において語ったという出来事が，時の終わりなのである。なぜなら，それは神の救済の歴史，つまり神の啓示の終わりであり，その時が現在でもあるからである。ということは，この，子における啓示を乗り越え，これを古びたものとする新しい啓示はありえない。それはまた，神のもとに初めからあった救いのプランが霊において最終的に明示されたことなのである。終わりの日には，天地創造以来隠されていた神の救いのプランが明らかにされるという黙示録的終末論の思想がここにある（Ⅰコリント2,7-10参照[30]）。それゆえ，時の終わり

---

29) H. Zimmermann, Das Bekenntnis der Hoffnung, Tradition und Redaktion im Hebräerbrief, BBB47, Köln-Bonn 1977, 55 参照。このことはヘブル書全体の主題から容易に首肯しうることであろう。

30) 終末論については，P. Volz, Die Eschatologie der jüdischen Gemeinde, Hildesheim 1966, 参照。

第4章　新約聖書の言語　　　　　　　　　　97

が来たが故に，子において神が語ったのではなく，その逆である。神が子において，霊のアナムネーシスとして聞かれるという仕方で語ったことが時に最終的な終わりをもたらしたのである。パウロは，われわれが時の終わりに臨んでいると言っている（Iコリント10,11）。今が「終わりの時」（Iヨハネ2,18；IIペテロ3,3；IIテモテ3,1；ヤコブ5,3；Iペテロ1,20；ユダ18など参照）であるということは，新約聖書の共通の認識である[31]。それは世の時間が過ぎていく中で，神の子における語りが過去のものにならず，霊において絶えず現在起こっており，啓示の時を終わりにもたらすということである。この意味での時は最早進んでいかないのであるから，それゆえ霊に終わりとして常に現在あり，それが，神が現在，子であるイエスにおいてわれわれに語っていることなのである。この時の終わり，ないし霊の開示としての現在性が，新約聖書の言葉の終末的時間という時の性質なのである。そして，その世界時の日々は，各時が霊の時として，最終啓示としての時の終わりである。神は最早，天から預言者によって啓示をしているのではなく，子である復活したイエスにおいて語っている。

　このようにして時の終わりは，神の子における語りが常に現在に生起していることにより生ずる。ここでは時は終わったのである。しかし同時に他方，世は継続しているので（Iコリント7,31；IIペテロ3,4以下など参照），世界時間に関し，イエスの歴史について問い，かつ語ることの可能性は排除されていないことを，誤解を避けるためにつけ加えておく[32]。ただ，われわれにじかに直接に関わるのは，そのつどイエスの十字架と復活にもとづく霊の賦与において終わりへともたらされた現在の時なのである。時は終わったのであり，したがって，このような時の意味では過去は存在しない（IIコリント5,17「古いものは過ぎ去った」）。時の終わりが，復活したイエス，すなわち子における語りとして霊において到来し現在している[33]。

---

31) H. Schlier, Das Ende der Zeit, in: Das Ende der Zeit, Freiburg i. Br. 1971, 67 以下参照。
32) E. Käsemann, Das Problem des historischen Jesus, Exegetische Versuche und Besinnungen, Göttingen 1964, 187-214 参照。
33) E. Fuchs, Christus als Ende der Geschichte, in: Zur Frage nach dem historischen Jesus, 77-99 参照。

この点からイエスの言葉の現在性ということについて，例をとって考えてみたい。マルコ福音書によると，イエスの宣教の最初の言葉は，「時は満ちた，神の国は近づいた。悔い改めて福音を信ぜよ」(1,15)，というもので[34]，これは同時にイエスの宣教のサマリーでもある。次の項目で述べることであるが，この言葉は呼びかけの声であって[35]，何かを記述しているというふうに取られるべきではないであろう。すなわち何かすでに起こった事実をイエスがリポートして知らせているのではなく，イエスの言葉は一つの宣言にも似た事態として，このことを現実として声明し，その現実化として，続くマルコ福音書のテキストを開示し，それへの指示を与えるのである。この言葉を，終わりの日の，子における神の語りとして理解すれば，神の言葉によってその事態が現実となるということは，容易に理解可能である。すなわちこの言葉は第一に往時の言葉ではなく，現在のわれわれへの呼びかけなのである。これはイエスの言葉の非記述化という，なされるべきいわば一つの還元の第一段階とも言える。

　しかし，よく考えればこの言葉は，その前に来る，「ヨハネが引き渡されたのち，イエスは神の国を宣べ伝えて，『時は満ちた，神の国は近づいた。悔い改め福音を信ぜよ』と言って，ガリラヤへ来た」(1,14-15)，というテキストがつけ加えられて読まれれば，過去のこととして固定され，時が終わっていない連続的世界時間の過去の一点とされてしまう。そして過去のイエスの言葉として再び記述化されてしまう。しかし終わりの時の語りとしては，それは霊の現在に反する不適当な歴史的限定であり，ここにいわば，第二の非記述化としての還元が行われなくてはならない。すなわちそれはあるいは「物語行為[36]」というようなも

---

34) 神の国については，H. Schlier, Reich Gottes und die Kirche nach dem Neuen Testament, in: Das Ende der Zeit, 37-51; R. Schnackenburg, Gottes Herrschaft und Reich, Freiburg i. Br. 1961; O. Cullmann, Königsherrschaft und Kirche im Neuen Testament, Zürich 1950; G. Dalmann, Die Worte Jesu, Darmstadt 1965, 84 以下など参照。

35) 声については，加藤信朗「肉体」『哲学の道』所収，創文社，1997年，115-121頁；加藤武『アウグスティヌスの言語論』創文社，1991年，3頁以下参照。

36) E. Güttgemanns, Offene Fragen zur Formgeschichte des Evangeliums, München 1970, passim；野家啓一『物語の哲学』岩波書店，1997年，96頁以下；坂部恵『かたり』弘文堂，1990年，40頁以下など参照。

のと類似するものとして理解され得るのではないだろうか。正確に言えば，イエスは常に霊において現在へと「来たる者」(「ガリラヤへ来た」参照)であり，それは現在に妥当するエピファニーなのであって[37]，ここで「宣べ伝える」や「言う」という動詞が現在分詞形（κηρύσσων kērussōn, λέγων legōn）であるのは偶然ではないのではないか。そして洗礼者ヨハネの引き渡された時をもって，すべての「律法と預言者」は終わって（マタイ11,3参照)，新しい終わりの時がきたのである。

このように，新約聖書のすべての言語は，根本的には，復活したイエス・キリストによりもたらされた霊において神により語られた，終末時におけるアナムネーシスの言葉なのである。この新約聖書の言葉の総体は，イエスによって刻印され，イエスの出来事によって言葉となっているのである。そして，もうすでに何度も述べたごとく，それは時の終わりのアナムネーシスの言葉なのであり，単なる過去の言葉ではなく，霊において常に新しく現在発せられる言葉なのである。従って神の語りは現在起こり，福音として，イエスの御顔の輝きにおいて言葉となっている。それは天地創造にのみ匹敵し得る，新しい創造における神のドクサの輝きであり（IIコリント4,4.6参照)，それによって時は終末に達したのである。

IV 神がわれわれに語ったということについて
（「神は子においてわれわれに語った」）

まず，この「われわれに」のわれわれとは誰か。それは文字どおりこのわれわれである，と解される。そうでなければ，すでに述べたように，ヘブル書の著者は，イエスに関してもやはり，「主の弟子たちに」とか，「使徒たちに」とか，「われわれ弟子たちに」とか書かざるを得なかったであろう。この「われわれ」が現在のわれわれでないなら，「イエスはわれわれのために死んだ」という信仰告白定式は，イエスはわれわれの先祖のために死んだ，ということになるであろう。また「日々のこの終

---

[37] R. Pesch, Markusevangelium I, Freiburg i. Br. 1989, 100; K.Kertelge. Die Epiphanie Jesu im Evangelium (Markus), in: Gestalt und Anspruch des Neuen Testaments, hrsg. v. J. Schreiner, Würzburg 1969, 153-172 参照。

わりに……われわれに語った」とあるのだから,「われわれ」が当時の人なら,「日々のこの終わり」も当時のことで, 現在の時を指しているのではなくなってしまう。もしそうであれば, パウロの言葉を借りれば, われわれに関しては, イエスは無駄死をしたのである (ガラテア2, 21)。このようにして, すべての過去の, 言い換えれば, 歴史的な神の言葉は, 今語られているのであり, 神は今, イエスにおいてわれわれに語っているのである。ちなみにこの今の言葉において, 「終わりの時」の項で明らかにしたように, 歴史的な啓示の出来事へのアクセスがはじめて可能となっているのである。そしてはじめに述べたように, われわれに語るという, この「……に語る」ということから, 神の言葉とは「語りかけ」(Anrede[38]) または「呼びかけ」[39]であると言える。語りかけということは, 基本的にそれがある意味内容を単に陳述している statement ($\dot{\alpha}\pi\acute{o}\varphi\alpha\nu\sigma\iota\varsigma$ apophansis) としての性格を持つような, いわば全く中立的な仕方であるのではない。神の言葉は記述的でなく, その言葉はのちに述べるように語りかけとしての声であり, 直接にこのわれわれに向けられており, その直接性において, その言葉に対面した場合, われわれが, あたかも第三者であるごとく中立的な者として立ち, その言葉が他の者にあてられたかのように, 自分は傍観者として, 距離を取ってそれを見聞きし, また聞き流せることが許されない, ということである。そしてその語りかけは, 人間の言葉で, しかも公開的な仕方でなされるが, 先に述べたように第三者として距離をもって聞き得るような, そして聞

---

38) R. Bultmann, Der Begriff des Wortes Gottes im Neuen Testament, in: Glauben und Verstehen I, Tübingen 1961, 269; 283; G. Delling, Wort Gottes und Verkündigungen im Neuen Testament, Stuttgart 1971, 136 以下など参照。また K. リーゼンフーバー「呼びかけへの傾聴」日本現象学会編『現象学年報2』1985年, 25-38頁 (=『超越体験』1991年, 自家出版, 200-213頁) 参照。ブルトマンは前掲論文において, ギリシャ, ヘレニズム的 logos においては, その内実が問題であり, 語られる (Gesprochen werden) ということがそれを構成するものでないとして, 聖書の logos との差異について述べるが (256), 後者はあくまでも Anrede (呼びかけ) と言われるべきで, Gesprochen werden という規定は不十分である。なぜならばこの場合の, 語りかけは, 誰から誰へということが, それは正に, その内容と無関係でなく, 逆にそれを規定しているところに単なる「話される」ということと根本的な差異があるからである。このことに関する曖昧さが, この優れた論文に不透明さを生み出していると考えられる。

39) Pesch, 前掲書, 101参照。また「呼びかけ」については, 荒井洋一『アウグスティヌスの探求構造』創文社, 1997年, 319頁以下参照。

き流せるような，あたかもAさんが他人であるBさんに語りかけているのをかたわらで聞くというような種類のことではない。したがって，われ関せずという態度は不可能であり，その言葉から逃げることはできず，人はその言葉に撃たれるのである。

　使徒行伝に記されているパウロの回心の場面を見てみよう。「旅を続けてダマスコの近くに来た時に真昼ごろ，突然強い光が天からわたしをめぐり照した。わたしは地に倒れた。そして『サウロ，サウロ，なぜわたしを迫害するのか』，とわたしに言う声を聞いた。それでわたしは，『主よ，あなたはどなたですか』，と言った。するとその声が，『わたしは，あなたが迫害しているナザレ人イエスである』と答えた。わたしと一緒にいた者たちは，その光は見たが，わたしに語りかけた方の声は聞かなかった」(22,6-9)。(この最後の一節は，9,7では，少し違って，サウロの同行者たちは声だけを聞いたがだれにも見えなかった，というふうに書かれている。)この場合の声は「呼びかけ」であり，光であり，パウロはその声に直撃されて地に倒れ伏しているのである(黙示録1,17参照)。そしてその呼びかけは，「サウロ」と名を呼ぶ声である。そのキリストの呼びかけはパウロに向かっており，中立的に聞き得ることがないがゆえに，第三者は，その声を聞き得ないのである[40]。

　同様な，この呼びかけというようなことは，福音書には全くあっさりと書かれている。一つの例をあげると，ルカ福音書の召命記事を見てみれば，次のようにある。「そののちイエスが出て行くと，レビという名の取税人が収税所に座っているのを見た。そしてイエスは彼に言った。『わたしに従ってきなさい』。するとかれは一切を捨てて立って，イエスに従った」(ルカ5,27[41])。ここで，呼びかけは答えられたのである。しかしここには，「この取税人は自分の仕事に嫌気がさしていたので立ち上がったとか，イエスが魅力的であり立派で，師とするにふさわしいと判断してイエスにつき従ったとか，このようなたぐいのことは一切書かれていない。そこで，この人は，イエスの言葉のうちに神の言葉の召し出しを聞いて従ったと受け取るよりほかない。そしてこの「従う」とい

---

[40] 詳しくは，G. Lohfink, Paulus vor Damaskus, Stuttgart 1967, 参照。
[41] 取税人については，L. ショットロフの優れた解説 (W. シュテーゲマン，L. ショットロフ『ナザレのイエス』大貫隆訳，日本基督教団出版局，1989年，30頁以下) 参照。

う行為のうちに,「聞く」ということが遂行されたのである。ここのところを通常の物語的描写から区別することが肝要である。その物語の主題は,取税人の聴従という以前に,イエスの言葉の働きであり,その描写は病人の癒しと類似している。つまりここで,一体何が,すべての心理的要素を消し去ったこの描写の異常とまで言える簡潔性を生み出しているのか,ということが反省されなければならない。それはイエスの,「わたしに従って来なさい」という呼びかけが力をもって出来事となるという,イエスの言葉の一方的な働きを端的に描き出しているのである。

　そして,重要なことは,このような呼びかけの言葉は,常にパーソナルであることである。それはある人格から発し,私という個人ないしは複数の人にも宛てられている。しかし,たとえそれが複数の人に宛てられていても,それはそれぞれの個々人への語りかけとして生起する。そのさい,この私が呼びかけられることは,わたしの名が呼ばれるということなのである(ヨハネ10,3；イザヤ43,1など参照)。わたくしがわたくしであるところ,すなわち自己中枢へ名を呼ぶ声は届く。それは「自己の内に自己において聞こえている……」[42]。このことは他の所で論ずる所存なので,ここでは簡単にふれるに止めるが,名を呼ばれることによって,わたしは呼びかけの声を聞き,呼びかける者に捉えられる(ピリピ3,12参照)。そしてこの呼ばれ方は,それによって,このわたくしが新たに覚醒しつつ成立し,わたくしの名が新しく成立するという仕方である。ここで「名」というものは,そもそも「名……を呼ぶ」という「呼びかける」という行為と不可分で一体のものとして理解されるべきものであろう。「名」という問題は,一般には主として記述文における指示機能の問題として取り上げられているのであろうが,聖書においては,固有名は,確定記述という記述の省略形として,指示の機能を果たすということより[43],第一に「呼びかけ」という言葉行為のうちにその場所を占めており,また呼びかけに潜在的に常に含まれていて,「呼びかけ」ということの構成要素とさえ考えられるべきであると思われる。呼びかけの関わりのない名というものは,単なる同一視の三人称的指示

---

42) 加藤信朗,前掲書,118頁参照。
43) J.R. サール『言語行為』坂本百大・土屋俊訳,勁草書房,1990年,288頁以下参照。

第4章　新約聖書の言語

記号としてここでは中心的な位置を占めない。呼びかけのさい，それは本来，名によって，人格の中枢，すなわちその人がその人自身であるところへ達し，それによって言葉がその人自身の中枢に達する。呼ばれた名によって，その言葉の受容がわたくしの内に開かれるのである。そして名を呼ばれることにおいて，わたしもまた「主の名を呼ぶ」（イザヤ12,4など参照）ことができるのである。「主の名を呼び求めるすべての者は救われるであろう」（ロマ10,13；使徒行伝2,21；ヨエル3,5），と書かれているが，名を信ずる（ヨハネ1,12；2,23；3,18；20,31など参照），ということもまた，その名を呼び求めることと等しいと考えられる。何よりも「主の祈り」と呼ばれるイエスの教えた祈りの冒頭の「わたしたちの父よ（pater noster）」（マタイ6,9；ルカ11,2；その他マルコ14,36；ヨハネ17,1.5.11.24.25など）という呼びかけが良い例であろう。「主よ（domine）」という呼びかけについてもまた多くを語り得る（Augustinus, Confessiones 1,1参照[44]）。

さらに，呼びかけは，語る者の声として，その語る者を現在せしめている。そしてその語りかけの内容は，語りかける者を抽象した形では成り立たない。その内容は根本的には，語りかける者の語りかけられる者への関わり以外のものでは有り得ない。それが先に述べたパーソナルということの意味である。しかしそのさい忘れてならぬことは，この語りかける者は，われわれにとって絶対的な意味での「他者」であり，われわれがその語りを，最後には自己のうちへと取り込み，自己のうちへと溶解して，結局はわれわれの所有としてしまうということが，語る者の他者性において徹底的に拒否されてしまうということである[45]。この点

---

44)　『告白録』のこの冒頭の「主よ」という呼びかけについては，加藤信朗は的確にこのことを指摘している（『宗教と文化』15，聖心女子大学キリスト教文化研究所，1993年，4頁）。この domine という語は，「『告白録』の全巻の文脈を貫き……『告白録』の全巻の言葉は，いわばこの一点から紡ぎ出されていくのである」。この観察こそまさに acu tetigit と言えるのではないか。

45)　E. レヴィナス『全体性と無限』合田正人訳，国文社，1989年，292頁以下参照。また岩田靖夫『神の痕跡』岩波書店，1990年，111頁以下；『論理の復権』岩波書店，1994年，189頁以下参照。「他者」について，村田純一「他者の実在──実在論擁護の試み」藤田晋吾・丹治信春編「言語・科学・人間」朝倉書店，1990年，208頁以下；山田友幸「他者とは何か」飯田隆・土屋俊編『ウィトゲンシュタイン以後』東京大学出版会，1991年，43-68頁その他参照。

「地平融合[46]」ということも,「融合」ということの曖昧性も含めて検討されなおさなければならないであろう。

さらに,ここで語る者の現在は,いわば語る者が前面にこちらを向いて呼んでいることなのである。もっと強く言えば,その声は呼ぶ者自身の現れなのである。その言葉の内に語り呼びかける者が呼びかけられる者へ,すなわちこちらへその面を向け,こちらに目を向けて見ているのである。そればかりでなく,その言葉において,語る者は,語りかけられる者,呼びかけられる者へ向かって己れのうちから歩み出る。したがって,もし人がこのようにして神の言葉を人間の言葉のうちに聞くことが出来たなら,神が言葉において己れからこのわたしへと歩み出たのであり,わたしは,この神と向かい合っているのであり,そこでは,神の存在についての哲学的証明などは必要がない。神の言葉が話す限り,神の声が呼びかける限り,神は眼の前にいるのである。神はこのように人間の言葉の中に呼びかけ,語ることによって,人間にその存在を示しているのである。従って聖書の中に,神は存在するかどうか,というような問題は現れて来ないのである。神の存在は聖書では初めから前提されているというような言い方は不正解で,誤解に根ざしたものであろう。

例えばマルコ福音書のうちで,イエスが,「わたしとわたしの言葉を恥じる者は,人の子が来る時,人の子もまたその者を恥じるだろう」(8,38),と言う時,そこでは「わたし」と「わたしの言葉」とは等置されている[47]。それはイエス自身が,その言葉において,その声において,われわれへ現在して来るからであって,そこでわれわれはイエスに出会うのである。従ってその言葉を拒否する者,その声を無視する者は,イ

---

46) H.-G. Gadamer, Wahrheit und Methode, Tübingen 1960, 289f; 356f; 375 など参照。F. Mussner, Die johanneische Sehweise, Freiburg i. Br. 1965, 14-17; 72-75; T. Onuki, Gemeinde und Welt im Johannesevangelium, Neukirchen 1984, 140-143; 163-166 など参照。「地平融合」(Horizontverschmelzung) ということについてのここでの批判は場違いかもしれない。ただここでは, J. Ashton, Understanding the Fourth Gospel, Oxford 1993, 431-433, E. Stein などを例に引き,これについての批判を行っていることに言及するに止める。なお P. Stuhlmacher, Vom Verstehen des Neuen Testaments, Göttingen 1986, 210-215 参照。一般に地平融合というようなことでなく,霊におけるアナムネーシスについて語られるべきではないだろうか。だがこの問題については他所で論じることにしたい。

47) この箇所については, W. Marxsen, Der Evangelist Markus, Göttingen 1959, 84f 参照。また K. Barth, Kirchliche Dogmatik, I, 1, Zürich 1970: "Offenbarung ist Dei loquentis persona."

エスを拒否する者なのである。

　それに反して，通常の場合は，話し手が単に何かを述べても，そのことを否定することは，その話された内容を否定することであって，必ずしもその話した人の人格を拒否することにはならないであろう。むしろ事柄すなわちザッヘと (ad rem) 集中し，それを話す人格 (person) と峻別することが，そしてその事柄に反対であっても，その人格を受け入れることが，真に批判的な，客観的かつ冷静な態度として褒められるべきことであろう。

　上述のように，語りかけは，また常に，呼ぶ声 (φωνή phōnē, vox) であって，パウロにおいては，この「呼ぶ」(καλεῖν kalein) ということは，召すことである——ちなみにパウロはキリスト者のことを κλητοί klētoi，すなわち「召された者」または「呼ばれた者」と言っている（ロマ1,6.7；Ⅰコリント1,2.24）——これは信ずる者の本質的な呼称である。そして同時にその「呼ぶ」ことは神の創造の行為に等しいとされているのである。それゆえそれについてはアブラハムの召しについて，ロマ書に「かれは死人を生かし，存在しない者を存在する者として呼ぶ神を信じたのである」(4,17)，とあるのを見れば明らかであろう。この神の呼ぶ声が人を新しい生命へと生かし，命を与えるということは，ヨハネ福音書には次のように明瞭に示されている。「まことに，まことにあなたがたに言う。死んだ人たちが神の子の声を聞くであろう時が来る。今来ている。そして聞く人は生きるであろう」(5,25)。神の声は，人がそれを聞く時，人を立ち上がらせ，生かす。その声は，神の「息」としての霊であり，それは「命の息」（創世記2,7参照）であり，「命の言葉」（ヨハネ6,68；使徒行伝7,38など参照）であるからである。この場合，言葉は声として，したがって霊として理解されなくてはならない（ヨハネ6,63ほか参照[48]）。

　次に，この語りかけないし呼び声は，あることを促す。それはまた義に関して戒めとか掟である。それは語りかけであると同時に，根本的にわれわれをある事柄へと促すのである。たとえそれが，ある叙述内容を

[48) ここで以下の叙述について付け加えておくが，神の言葉は霊として，その果実，すなわち愛，喜び，平安，寛容，優しさ，善意，誠実，柔和，自制（ガラテア5,22以下）をもたらすが，もちろんここではそれらについて詳述する余地はない。

現実のものとして述べるいわゆる叙述文（fact-mood）というものであっても，実際は命令文なのである。そもそも新約聖書の倫理では，命令文が叙述文から導出されると考えられている[49]。「あなたは神に召された者である。それゆえ，そのような者であるという規範に即した生活を送りなさい」，というようなことである（ガラテア5,25；エペソ4,1など参照[50]）。価値を記述から分けるという問題はここには存在しない[51]

　だが，このような言葉は人を何へと促すのか。まずなによりも第一に，その言葉は呼び声として響き，人が聞く，adsum と応答することへと促す。この際の「聞く」ということは，ただ注意を向けて，集中し聞き流さないようにするというようなことではなく，人間の言葉において神の語りかけ，ないし呼び声を全存在に的中するものとして聞くことであって，いくらそれを人間の言葉として注意深く聞いても聞いたことにはならないのである。したがって，ここで，神の声が聞こえる，それゆえ聞くことができるということは，すでに霊の働きとしての神の恵みとして捉えられるのである。ヨハネ福音書では，しばしば，イエスのもとへ「来る」ということは「信ずる」という意味で使われており，上の意味でイエスにより次のように言われている。「わたしを遣わした父が引き寄せなければ，だれもわたしに来ることはできな」（6.44）。すなわちイエスにおいて父が呼ぶのである。この同じ意味で，「聞く耳を持つ者は聞け」（マルコ4,9.23など），とイエスによって言われている。ここでは，人間の言葉のうちの神の言葉を聞く耳を与えられている者ということである。しかしこのことは，すべてが宿命として定められているというような一方的な予定説を意味するのではない。上述したように，根本的には人が言葉によって撃たれ，聞くというそのうちに，人は自分を忘れ，

---

49)　25) R. Bultmann, Theologie des Neuen Testaments, Tübingen 1965, 334f; 432f; J. Blank, Indikativ und Imperativ in der paulinischen Ethik, in: Schriftauslegung in Theorie und Praxis, München 1969, 144-157; J. Eckert, Indikativ und Imperativ bei Paulus, in: Ethik im Neuen Testament, Hrsg. v. K. Kertelge, Freiburg i. Br. 1984, 168-189; D. Zeller, Wie imperativ ist der Indikativ?, 前掲書，168-189など参照。

50)　H. Schlier, Der Brief an die Epheser, Düsseldorf 1962, 177 以下："4, 1-6, 22 Die dem Ruf entsprechende Führung des Lebens".

51)　この問題については，例えば，黒田亘「評価と記述」，『経験と言語』所収，東京大学出版会，1980年，251-273頁参照。

第4章　新約聖書の言語　　　　　　　107

その自我が無となり，なんの障害や抵抗もなく，神がその人を「引く」（ἑλκύειν helkuein；ヨハネ6,44f；12,32）ということが現れてくる，というふうに同時的なことと解され得る[52]。

　したがって，この聞くということは受け入れるという行為において遂行される。そしてこの受け入れるということは信仰と改心を意味している。使徒行伝には，「異邦人の悔い改め」（11,18）について，「異邦人も神の言葉を受け入れた」（11,1），と書かれている。イエスの宣教は共観福音書によれば，すでに述べたように，「時は満ちた，神の国は近付いた，悔い改めて福音を信ぜよ」（マルコ1,14），という言葉で始まっており，この時とは，待たれた救いの時を意味し，待望されたことが潮のように満ちて来たのであり，この場合悔い改めることの中に信ずるということが遂行されるのであり，双方は同じ事態をさしていると考えられる。悔い改めて行いを改めた後，信ぜよというふうに，前後する二つの行為を指すというように考えることは当然できないであろう。

　だがこの呼びかけの言葉は，一体どこで起こるのか。それは基本的に言えば，神の国の義[53]，ないし神の義[54]と，その愛において起こる。例えば，愛を考えると，ある言葉が真の言葉となる，すなわち人を捉え，その人の心に達するのは，まさに愛においてなのである。そしてその時人はその言葉のうちに止まり，住むことができる。したがって，「神が子において語った」，ということは子において現れた神の愛と義において語った，と言ってもよいであろう。掟ということについて言えば，そ

───────────

[52]　R. Bultmann, Das Evangelium nach Johannes, Göttingen 1959, 172: "Nicht hinter der Glaubensentscheidung des Menschen, sondern in ihr vollzieht sich 'das Ziehen des Vaters'". 「helkuein」については，E. Ruckstuhl, Die literarische Einheit des Johannesevangeliums, Freiburg/Schweiz 1987, 204；214；218参照。筆者はこのことに関して，R. Bergmeier, Glaube als Gabe nach Johannes, Stuttgart 1980, 248 注218（268注524も参照）："Er (= Bultmann) sieht das prädestinatianische Moment sehr wohl. Aber durch Projektion der theologischen Aussage auf die Sprachebene existentialer Interpretation wird es unsichtbar." というブルトマン批判のさいに，その同調者として批判を受けたが，ブルトマンのEntscheidungという語の代わりに「聞くこと」という新約聖書の語を入れれば問題はないと今でも考えている。

[53]　角田信三郎『マタイ福音書の研究』創文社，1996年，123-138頁など参照。

[54]　E. Käsemann, Gottesgerechtigkeit bei Paulus, Exegetische Versuche und Besinnungen II, Göttingen 1964, 198-204; Ch. Müller, Gottes Gerechtigkeit und Gottes Volk, Göttingen 1964; P. Stuhlmacher, Gerechtigkeit Gottes bei Paulus, Göttingen 1965, passim, その他参照。

れはまずもって義を中心とするが，上述の促しということの根本には，信ずることと並んで最も重要な掟としての愛の掟がある（マタイ22,37以下；ルカ10,26以下参照）。言葉は，上に述べたように義と愛において真実として生起するのであり，その場所で言葉は初めて真に語り，促しとして掟となる。つまり，それは本来答えられるはずのものなのである。

愛について述べれば，マタイ福音書には，次のように書かれてある。「イエスは言った。『あなたの心をつくし，あなたの精神をつくし，あなたの思いをつくして，主なるあなたの神を愛せよ（申命記6,5）』。これが一番大切な第一の戒めである。第二もこれと同様である。『あなたの隣人を自分のように愛せよ（レビ記19,18）』。これらの二つの戒めに律法全体と預言者が掛かっている」（マタイ22,37-40[55]）。この「掛かっている」（κρεμαννύναι kremannunai）という言葉に注目しなければならない。丁度コートが一本のフックに掛かっているように，すべての律法と預言者，すなわちすべての神の言葉の促しも，この愛の掟によってのみ成立しているのであり，これがなければいわば地に落ちてしまうのである。このような徹底した律法のSumma summarumとしての愛についての言明は，イエスによってのみなされ，イエスの宣教の特徴をなし，また律法学者によっては例外を除いて（12族長の遺訓［イッサカル5,2；ダン5,3］，ラビ・ヒレルやラビ・アキバの言葉），本来トーラのSummaへの問いは立てられ得ないという[56]。またこの場合，第二の掟が第一のそれを自分の内に吸収することはあり得ないし，その逆も成立しないことを付記しておく。

そもそも共観福音書によると，イエスはこの箇所と，「汝の敵を愛せ」という箇所以外にはあまり愛という語を使っていない。この事実から，キリスト教（正確にはイエス教）が愛の宗教であるのは詭弁であるという見方がある。それに対してはこう答えるべきであろう。イエスによっ

---

55) この「自分のように」ということについては，G. Bornkamm, Jesus von Nazareth, Stuttgart 1960, 101-108, 特にそのキエルケゴールの解釈については，104参照。また岩田靖夫『倫理の復権』221頁以下参照。この ὡς は「として」と訳すこともできよう（しかしこの訳はドイツ語では自己愛の延長と解され得る）。しかしニーチェの批判も含めて，これらのことについては，ここではこれ以上立ち入ることができない。

56) G. Bornkamm, Das Doppelgebot der Liebe, in: Geschichte und Glaube I, München 1968, 44 参照。

て説かれる愛は，パトス（情念）を抑制した右手のなすところを左手に知らしめないような（マタイ6,3；25,37など参照）ザッハリッヒな愛であって，それは現実には個々のザッヘに関わる。まさにそのザッヘが愛という言葉を使うことなくイエスにより語られているのである。「主よ，主よ」という人がすべて天の国に入るのではない（マタイ7,21；ルカ6,46）と同様，「愛，愛」とさわぐ人がすべて神の国に入るわけでないと言えるであろう。このような愛という言葉の濫用によって——確かにキリスト教においてそれが起こってもいるであろうが——，その言葉は残念ながらその力を失って，単なるドクサ（臆見）とパトス（情念）の巣窟となってしまう。そして，その言葉を支える数え切れぬほどの多彩なザッハリッヒな堅固なわざ（それは花のような甘い言葉［＝blumige Sprache］で話した19世紀の，特にフランスの聖人たちにも妥当する）なしにする「愛」という語の濫用は，この言葉にその真の力（dunamis）を失わせ，その力は迫力を失い弱体化し萎えたものとなる。言葉とわざはバラバラになるどころか，それは悪の道具となり悪のわざと一体となり得る。

　今ここでこのことにさらに詳しく立ち入る余裕はないが，パウロはアガペーについて，周知のように，「人を愛する者は律法を全うしている。『姦淫するな，殺すな，盗むな，欲求するな』，その他どんな掟があっても，『隣人を自分のように愛しなさい』という言葉に帰する。愛は隣人に悪を行わない。だから愛は律法を完成する」（ロマ13,8-10；なおガラテア5,14；6,2なども参照），と言っている。ちなみにパウロは一般に，第一の掟にあたる神への愛についてその手紙で僅かにしか語っていない（ロマ8,28；Ⅰコリント2,9；8,3）。もちろん彼はユダヤ人としてシェマを祈り，神への愛の掟は常に前提されているとも言えるが，究極には，パウロがイエスにおける神の愛を強調すれば，それは当然，神の愛の言葉が応答を呼び起こし，そしてそれが神への愛に他ならない。それゆえ神の人への愛が語られる時，それはすでに人の神への愛を含んでいると言えるであろう[57]。さて，この愛の掟は新約聖書全体の言葉の掟性を集約

---

57) Y. Ibuki, Das Hohe Lied der Agape I, 東京都立大学『人文学報』237, 1993年, 67頁以下参照。この論文は日本語に訳されている。伊吹雄『パウロによる愛の賛歌——Ⅰコリント13章について』知泉書館, 2010年, 88-94頁参照。

している根本的な言葉である。すべての言葉はホーリスチックと言ってもよいように，すなわち全体的にこの言葉を基調に，またこの言葉にintegrateされる形で読まれねばらない。具体的な問題を挙げれば，マタイ福音書にこの言葉以前に，「もしあなたの片目があなたを躓かせるなら，それを抜き出してあなたから投げ捨てなさい。両眼をもって火の地獄に投げ入れられるよりは，片目にて命に入る方がよい」(18,9)，という過激な言葉があるなら，それは人間の言葉と神の言葉を等置してそれを問題にする前に，それをコンテキストから，愛の戒めにintegrateさせて，何を神がそこで語っているのかを考えなければならないということである。それは切り詰めて言うならば，愛に反する罪ということが断じて避けられねばならないということであり，根本的には先の愛の掟の重大性と同じことに関わっている。神の裁きはマタイ福音書25章にある羊と山羊を分ける話にあるように (25,31-46)，この愛の行為に関わるのである。ここで戒めの話から裁きのことになったが，このような意味でマタイの山上の説教も理解され，それはやって来る神の国を描いており，従って，「あなたの国の来たらんことを」(マタイ6,10)，と祈れと言われるのである[58]。だがそれに立ち入る前に他のことにも言及しなければならない。

それは，この神の語りかけは，いろいろな局面を持つが，促しであるとともにまた慰めである，ということである。それはその語りかけが上述したように命を与えようとする愛の語りかけ，その呼び声である限り，当然理解され得る。パウロがその手紙で勧告という意味で $παρακαλεῖν$ parakalein という語を用いる時，そこでは戒めることと慰めることとが一体となって，ほとんど区別され得ないという[59]。パウロは，「常に喜べ」(ピリピ4,4)と言うが，そのようなことは単に人の言葉としてとれば矛盾であろう。人が常に喜べるはずはない。「喜べ」という言葉における神の語りかけが喜びをもたらすのである。「思いわずらうな」(マタイ6,25)ということも同様であろう。それは神の呼びかけの力として思

---

58) E. シュヴァイツァー『山上の説教』青野太潮・片山寛訳，教文館，1989年，215頁以下参照。

59) H. Schlier, Vom Wesen der apostolischen Ermahnung, in: Die Zeit der Kirche, Freiburg i. Br. 1958, 76 参照。

い煩いを消滅させる。このことは，ただ神の慰めに満ちた言葉——それが福音である——によって生きよということを言っているのではないか。話を戻すと，勧告と言われていることは，世の普通の意味で言われているのではない。それは単に教示し，勧め，命令する次元の言葉とは遠い，神から出た「和解の福音（言葉）[60]」とパウロが言っているような（Ⅱコリント5,19f），普通の勧めとはすべて異質の，和解の実現としての神の言葉なのである。ちなみにそこではパウロは，「キリストに代わって乞い願う。神と和解させていただきなさい」と，命令するのでなく願っている。パウロはここでキリストに代わってと言うのだから，それはキリストが願っていることに他ならない。命令は人間の言葉としては，必ずしも喜びをもたらさないかもしれない。しかし愛に基づく神の願いという神の語りは常に喜びなのである[61]。

このこと，すなわち慰めに関して神の言葉の本質的特徴とも言える事柄に言及したい。それは，神の言葉は約束するという行為である[62]。それは救いを，喜びを，平和を約束する。その約束は基本的に，「命へ」（ロマ6,22；7,10など参照）向けられた約束なのである（ヨハネ5,24ほか参照）。そしてこの約束は，常に神の言葉に含まれている，その行為としての構成要素なのである。例えばヨハネ福音書でイエスが，「わたしは……である」，と言う時，それに必ず招きの言葉（Invitationswort）と，さらに約束の言葉（Verheißungswort）が続けている[63]。この「エゴ・

---

60) H. Schlier, Die Stiftung des Wortes Gottes nach dem Apostel Paulus, in: Das Ende der Zeit, 151-168 参照。E. Käsemann, Erwägungen zum Stichwort "Versöhnung im Neuen Testament" in: Zeit und Geschichte, Festschrift für R. Bultmann, Tübingen 1964, 47-59; L. Goppelt, Versöhnung durch Christus, in: Christologie und Ethik, Göttingen 1968, 147-164; P. Stuhlmacher, Das paulinische Evangelium, Göttingen 1968 参照。

61) このような慰めは，J. L. オースチンによれば，「発語媒介的行為または発語媒介行為（perlocutionary act, perlocution）の遂行」と呼ばれるかもしれない。Austin, aaO. 101（＝オースチン，前掲書，175）参照。

62) それらをオースチンは，「発語内の力（illocutionary forces）」としている。Austin, aaO. 98（＝オースチン，前掲書，173頁）参照。なおオースチンの言語行為について但し書きをつければ，そのような動詞の表だけでは充分でなく，むしろ言葉はそもそもその発語された言葉が持つ力（dunamis）が増えるにつれて，それは行為に近付いて行くのではないだろうか。

63) S. Schulz, Komposition und Herkunft der johanneischen Reden, Stuttgart 1960, 87f

エイミ」ということは約束するということであると言ってもよいであろう。そしてこの約束は根本的にはキリストにおいてすべて満たされたのである。「神の約束は、ことごとくこの方において『然り』となったのである」（Ⅱコリント1,20）、とパウロはキリストについて言っている。だがわれわれは問うかもしれない。神の約束は今われわれに一体なにを与えるのか。それは慰めを与える。なぜならそれは希望を与え、われわれの未来の時を拓くからである。

　希望なしでは人は生きられないことは、だれでもが知っていることであろう。神は創造主として、人間から見てすべての希望が絶えたところで（ロマ4,18参照）、無から一方的に神の与える将来としての未来を開く（例えばマタイ5,4-9参照）。無から有を呼び出すのである。したがって「眺められる希望は希望でない」（ロマ8,24）のである。この希望を与える約束は、形式的な単なる約束するという日常的な言葉では表わし切れない。神の言葉は希望において、未来をすでに先取りされた現実としてわれわれに与える（Ⅱコリント4,16参照）。これが救いの確約であり（ロマ8,24参照）、それは、すべてを無から作り出し創造することである。そしてその言葉は確固たるもの（$\beta\acute{\epsilon}\beta\alpha\iota o\varsigma$ bebaios；ロマ15,8）であり、神は一旦約束を与えたら、それを取り消したりしない。パウロはこれを神の真実（$\pi\acute{\iota}\sigma\tau\iota\varsigma$ pistis）と言っている（ロマ3,1以下；15,8）。マルコ福音書の中でイエスは言う。「天地は過ぎ行くであろう。だがわたしの言葉は決して過ぎ行くことがないだろう」（13,31；イザヤ40,8：「草は枯れ、花はしほむ。だがわたしたちの神の言葉はとこしえに立つ」、など参照）。最後に、与えられた希望については、「神は自ら人と共にいて、その神となり、かれらの目の涙をことごとくぬぐいさって下さる」（黙示録21,3f；7,17；イザヤ25,8；詩篇125,5参照）、という言葉を思い出して、先へ進まなくてはならない。

　だが、神の言葉はまた裁きである。すでに述べたように神の言葉は語りかけであり、呼ぶ声である。したがって、それはまたその声を聞くか否か、答えるか否かの問題となる。神の言葉が出来事となる時、人はいわばそれに直面するわけで、人はある意味で窮地に立たされたと言って

参照（ヨハネ6,35；6,51a；8,12；11,25f；15,5など）。

もよいのである。呼び声を聞かないふりをしても，聞かなかったことにはならない。人はそれを聞き受け入れるのか，耳を塞ぎ拒否するのかという局面に立たされてしまう。しかもここでは，「聞いた」ということについて考えているのだが，「聞かない」，すなわち耳をもって聞いても「聞かない」局面では，それはすでに心が頑なになって神の言葉が聞こえなくなり，耳が遠くなり，それが人の言葉としか訴えてこないという状態として神の裁きに組み入れられてしまっているのである（ヨハネ12, 40その他）。それは同時になぜ聞かないかが明らかにされることでもある。ヘブル書には次のごとくある。「神の言葉は生きていて力があり，どんな両刃の剣よりも鋭く，精神と霊魂と関節と骨髄とを切り離すまでに刺し通し，心の思いと志を見分けることができる。そして神の前では隠された被造物はひとつもなく，すべてのものは神の目には裸であり，さらけ出されているのである」(4,12f)。すなわち神の言葉は，ちょうど光のように心の中まで差し込んで，すべてをさらけ出す（ヨハネ3, 19f；Ⅰコリント2, 9；14, 25；Ⅰテサロニケ2, 4；ヘブル4, 12；黙示録2, 23など参照[64]）。

　この意味で神の言葉の発現は，同時に裁きを意味する。すでに言及した以下のヨハネ福音書のイエスの言葉を思い出すべきである。すなわち，「わたしを拒みわたしの言葉を受け入れない人には，その人を裁く者がある。わたしの語ったその言葉が終わりの日にその人を裁く」(12, 48)，とイエスは「叫んだ」(12, 44)。神の言葉に直面した時，どのみち人間はそれから逃れることはできないのである。そして，その神の言葉がクライシス，すなわち裁きとして，それが聞かれるか否かという点ですべての人を信ずる者と信じない者へと切断する。裁き，クライシスとはκρίνειν krinein から来て，それは「分ける」ことを意味しているのは周知のことがらであろう。したがって例えば仮に，教会が人の死にさいし心から diēs irae（怒り日）を歌い上げることを忘れ，聖金曜日を忘れ，イースターの復活だけを説くなら，それは栄光の教会となり，あの壮絶な闘いと果てしなき悲しみののちに天から下ってくる新しいエルサレム

---

[64] H. Schlier, Das Menschenherz nach dem Apostel Paulus, in: Das Ende der Zeit, 184-200.

(黙示録21,2) とは何の関わりをももたなくなってしまうのではないか。

　われわれは終わりに，いわゆる Legitimationsfrage という神の言葉の正当化の問い，すなわち，神の言葉は，人の基準によって判断され，また人によって正当化されることはできないということについて述べなければならない[65]。このことはイエスがいわゆる天からのしるしをすべて拒否していることで分かる（マルコ8,11以下平行参照）。もし神の言葉が，その言葉の外にその正当化の根拠を持つなら，それは最早絶対ではなく，神の言葉と呼ぶにふさわしいものではない。例えば，神の言葉をその外部にある奇跡のようなものとか，われわれの内なる知の判断の下に立つものとして，これらによってわれわれが，それの真実性をなんらかのかたちで検証し，正当化しようとするなら，それは神の言葉の絶対性の喪失を意味するのであり，最早神の言葉はそこにはない。正当化の局面の前提は，中立性であるが，その立場を取ることが人間にとって不可能なのである。そして，神の言葉は本来人間の了解の能力を越えており，それは基本的に，発現と同時に人間の内に了解の地平を開く，創造の言葉でもある。

　最後に最早ここでは取り扱えない問題であるが，神の言葉は霊であり（ヨハネ6,63など参照），その言葉が「分かる」ということも霊において起こるのである。これについての詳細は，霊と言葉と命についての考察にゆずらなければならない。そしてさらに真正の霊の基準は真の信仰とアガペーにおいて示されると言えるであろう（Ⅰヨハネ3,10；4,6.12など参照）。

---

65) 岩田靖夫『神の痕跡』160頁；『倫理の復権』227頁以下参照。

第5章

パウロにおける自然の神認識
——（ロマ1,20f）について——

I 問題提起——テキストに密着した厳密な解釈へ向けて

ロマ書1,20f については，あまりに有名な箇所であるので前置きなくいきなり本題に入っていきたい。以下テキストを挙げる。

「[19]なぜなら，神について知りうる事柄は，彼らにも明らかだったからです。神がそれを示されたのです。[20]世界が造られた時から，目に見えない神の性質，つまり神の永遠の力と神性は被造物に現れており，これを通して神を知ることができます。従って，彼らには弁解の余地がありません。[21]なぜなら神を知りながら，神としてあがめることも感謝することもせず，かえってむなしい思いにふけり，心が鈍く暗くなったからです」（新共同訳）。

19　. . . ὁ θεὸς γὰρ αὐτοῖς ἐφανέρωσεν.
20　τὰ γὰρ ἀόρατα αὐτοῦ ἀπὸ κτίσεως κόσμου τοῖς
　　ποιήμασιν νοούμενα
　　καθορᾶται, ἥ τε ἀΐδιος αὐτοῦ δύναμις καὶ θειότης,
　　εἰς τὸ εἶναι αὐτοὺς ἀναπολογήτους,
21　διότι γνόντες τὸν θεὸν οὐχ ὡς θεὸν ἐδόξασαν
　　ἢ ηὐχαρίστησαν, ἀλλὰ ἐματαιώθησαν ἐν τοῖς
　　διαλογισμοῖς αὐτῶν,
　　καὶ ἐσκοτίσθη ἡ ἀσύνετος αὐτῶν καρδία.

まず20節について述べると，ここでパウロがユダヤの智恵文学や黙示思想におけるヘレニズム通俗哲学（Popularphilosophie），ないし，より正確には智恵の書やフィロから知られたヘレニズムのディアスポラ・ユダヤ教の表現や思考を借りて語っていることは周知の事実となっている。また多くのパラレルの箇所が文献から挙げられている[1]。しかしここでは重複を避けそのような箇所には一々立ち入らないことにする。その理由の一つは，パウロがいかに，いとも簡単な仕方で，聖書外のターミノロジーを自分の考えを述べるのに援用し得るかということが看取されるからでもある。そのよい例として1,28のストア的な τὰ μὴ καθήκοντα（なすべからざること）という概念が挙げられよう。τὰ καθῆκον（なすべきこと）は新約聖書でここにだけ見られる（この動詞自体 καθήκειν はまだ使22,22に使われている）[2]。パウロが，いわばいかに conventional に語り得るかということの例がこれであり[3]，ここではパウロは「ストア的通俗概念のジャーゴン」[4]で語っているのである。というのは「なすべからざること」とはパウロによれば，本来はそれに続く ἀδικία（不正）という概念（1,18；29；さらに2,8；3,5；6,13；9,14；Ⅰコリ13,6なども参照）で十全に表わされているからである。したがってこの場合，τὰ μὴ καθήκοντα という概念の研究をいくらなそうとも，パウロの意味での使用は明らかにならないであろう。

このような理由で，ここではさしあたり20節の聖書以外の類似したテキストから目を離して，聖書やLXXの思考をもとにして話を進める必要がある。

その意味で，以下は20節のパウロ的でないタームを簡単に洗いなおしてみたい。

ἀόρατος：パウロではこの箇所だけである。あとはコロ1,15.16〔伝

---

1) P. Althaus, Der Brief an die Römer（=注解書），Göttingen 1966, 20; O. Michel, Der Brief an die Römer（=注解書），Göttingen 1963, 64; E. ケーゼマン『ローマ人への手紙』（=注解書）岩本修一訳，教文館，1990年，82f; U. Wilckens, Der Brief an die Römer, EKK IV/I（=注解書），Neukirchen 1987, 106ff その他。

2) H. Schlier, ThWbNT III, 440, 35-443, 25; 441, 4: τὸ παρὰ τὸ καθῆκον 参照。

3) H. Schlier, Grundzüge einer paulinischen Theologie (= Grundzüge), Freiburg·Basel·Wien, 70.

4) Schlier, Grundzüge, 63.

第5章 パウロにおける自然の神認識　　　117

　　　承賛歌：16節は神についてではない］；Ⅰテモ1,17；ヘブ11,27
　　　参照。したがって新約聖書では5回であり，LXXでは3回
　　　（創1,2；イザ45,3；Ⅱマカ9,5）と，決して聖書的タームとは言
　　　えない。
　νοεῖν：やはりパウロではここだけであり，あとは第二次パウロ書
　　　簡（エペ3,4.20）となる（シュリーアはこれに反対してエペソ書を
　　　第一次書簡とする）。新約聖書には14回。
　　　ただし新約聖書中後述するヨハ12,40と，ヘブ11,3：「信仰によ
　　　ってわたしたちは世界が神の言葉によって造られ，したがって
　　　目にみえるものは現れないものからなったことを悟る」は，後
　　　述するが，われわれの関連にとって重要である。
　καθορᾶν：新約聖書ではここだけ。LXXは4回（民24,2；ヨブ10,4；
　　　39,26；Ⅲマカ3,11）。
　ἀΐδιος：パウロではここだけ。新約聖書では他にユダ6（永遠の鎖）
　　　があり，全部で2回。LXXは［知7,26；Ⅳマカ10,15］。
　θειότης：新約聖書ではここだけで，LXXはなし。
　こう見てくると，20節の多くの単語が聖書には馴染みのないものであ
り[5]，さしあたりそれらを別にしてまずパウロ的なタームを取り出して
分析していきたい。

Ⅱ　パウロにおける自然の神認識の真相

1　パウロの「ヌース」は理性ではなくて心を意味する

　そこで1,20でのパウロ的用語 dunamis をひとまずさしおいて，τοῖς
ποιήμασιν νοούμενα（被造物に現れている）から調べていくことにする。
　まず νοεῖν について述べると，この動詞はパウロにおいてここで1回
しか用いられていないので（エペ3,4.20を除く），その名詞形の νοῦς か
ら考えていくことが望ましいであろう。私見によれば，しばしばなされ

---

[5] G. Bornkamm, Das Ende des Gesetzes, München 1952, in: Die Offenbarung des Zornes Gottes (Röm1-3) (= Die Offenbarung), 21 Anm 38 参照。

るように，この語を簡単に「理（知）性」と訳してしまうことに誤謬の出発点がある[6]。このような傾向は次のような Vulgata の訳において，かなり確定的になっていると考えてさしつかえないであろう：Invisibilia enim ipsius, a creatura mundi, per ea quae facta sunt, intellecta, conspiciuntur:sempiterna quoque eius virtus, et divinitas ... またこのことから長い theolgia naturalis の歴史が始まり，第一次ヴァチカン公会議の次のようなドグマの決定に至る。すなわち, Si quis dixerit, deum unum et verum, creatorum et dominum nostrum, per ea quae facta sunt, naturali rationis humane lumine certo cognosic non posse, A. S. という有名なドグマである。すなわち「自然の理性の光によって神が知られないというものは破門である」ということで，パウロのヌース（心）は理性に変えられてしまった。自然神学の成立である。

この事態はカトリック教会が Vulgata の訳, per ea quae fact sunt, intellecta, conspiciuntur に固執して νοούμενα を intellecta としたことによる。しかしながら，パウロにおいては，この語は哲学的（あるいは神秘宗教的）なタームとなんの関わりもないと言われている[7]。「パウロにとっては《ヌース》……はストア的または神秘的に神から贈られた知覚能力の意味での『理性の目』を意味せず……またそのようなものとしてはその超感覚的現実に適していない……」と，ケーゼマンは言う[8]。したがってヌースについては，やはりパウロのテキストにおいて使用されるこの語の意味を基準としなければならない。実際には，ヌースはここではロマ7,23に使われている意味と同じであり，7,23では，「根源的な意味で分かる」という力なのである[9]。

ついでに，後述することを先取りして言えば，ロマ7,25b でもヌースという語が使われているが，それがここでは「理性」という意味に用いられており，このことが，この句が後の挿入として考えられる一つの原因となっていることが忘れられるべきではない[10]。

---

6) R. Bultmann, Theologie des Neuen Testaments (= Theologie), Tübingen 1965, 210：「νοῦς でもって理性や悟性が考えられているのではない。」
7) J. Behm, ThWbNT IV, 956, 15.
8) E. ケーゼマン，注解書，85.
9) Schlier, Der Römerbrief (=注解書), Freiburg・Basel・Wien 1977, 234.

第5章　パウロにおける自然の神認識　　　　　　　　　119

　このようなヌースを「理性」とする考えは，パウロにとって異質である。しかし灯台の下暗しというが，1,28にこの語が現れる。ロマ1,19ffのコンテキストの次元で，1,20とこの箇所との関わりは，完全に見過ごされて来たとは言えないにしても，決定的な関係にあるということがあまり認識されていなかった感がある。しかしこの関係は，後に明らかになるようにきわめて重大と思われる。

　1,28については後に詳述するが，さし当たってヌースに関して見ることにする。そこには，καὶ καθὼς οὐκ ἐδοκίμασαν τὸν θεὸν ἔχειν ἐν ἐπιγνώσει, παρέδωκεν αὐτοὺς ὁ θεὸς εἰς ἀδόκιμον νοῦν「彼らは神を認識において（心の中に）固持することを心に決めなかったので，神は彼らを無定見な心（ヌース）に引き渡した」，とあり，そしてこれにそのヌースの内容として長い，いわゆる悪徳表（29-31節）が続く。ヌースとして描かれるこれらの悪徳表の内容を，単にいわゆる理性の内容と同一視することはできないということは一目瞭然である。これらの内容はむしろ上の訳（この訳については後述する）のように「心」ないし「心の考え」と訳すほうがぴったりするのである。さらに「引き渡した」という出来事に関して，1,28とパラレルをなす24節の「引き渡した」という文を見れば，28節の「無定見なヌースに引き渡した」の代わりに「彼らの心の欲望において汚れへと引き渡した」とあり，「ヌース」はここで「心」（καρδία）にとって代わられていると言ってよいであろう。

　この点についてはヨハ12,40（イザヤ6,10の引用）にある「心」（καρδία）とνοεῖνの結合は非常に重要である。すなわちロマ1,20においてのνοεῖνは，心において考える，そのような思考をさすと結論してよいであろう。

　そのことをさらに蓋然的にする考察を行おう。一つはヌースというギリシャ語はまれではあるが，LXXでヘブル語のלֵב，またはלֵבָבすなわち「心」という語の訳に用いられているという事実である[11]。ヘブル的思

――――――

10) Schlier, 注解書, 9；235；R. Bultmann, Glossen im Römerbrief, in: Exegetica, Tübingen 1967, 278f; K. A. Bauer, Leiblichkeit—das Ende aller Werke Gottes, Gütersloh 1971, 159 他参照。

11) Behm, ThWbNT IV, 952, 2ff; Behm, ThWbNT III, 612, 45 によれば6回：出7,23；ヨシュ14,7；ヨブ7,17；イザ10,7；10,12；41,22.

考においてはレーブの働きとしては，第一に理解力が考えられるという（イザヤ6,10；ヨハ12,40参照)[12]。ヘブル的思考のうちに動いているパウロにとってはこのように,「心」とヌースは互いに近い概念として理解されていたのではないかということである。

パウロは「心」について一般にどのような理解を持っていたか。「心は……パウロにとって彼自身にも到達できない人間の内的中心であり（Ⅰコリ14,25)，その内では彼は神や霊に開かれており（Ⅰテサ2,4；ロマ8,27)，そこから彼の傾き（ロマ10,1）や，欲求（ロマ1,24）や，意図（Ⅰコリ4,5）や，決定（Ⅰコリ7,37）が出て行き，またそこから彼が回心し（ロマ2,5)，従い（ロマ6,17；エペ6,5)，信じ（ロマ10,9f)，そして最後にはまた見る（Ⅱコリ4,6)，ところのものなのである」[13]。これで心とヌースの繋がりはますます明らかになった。

またさらにロマ1,20のコンテキストからも考えてみる必要がある。解釈においてこれまで1,20が，21節と必ずしも充分緊密なる関連において考えられてきたかどうかは疑わしい。21節には，「神を知りながら，神に神としてのドクサを帰せず，また感謝もせず，その思いが虚無になり，その愚かな心が暗くなった」，と書かれている[14]。すなわち神を知ることの当然の帰結は，神を神（創造主）とし，その光栄を崇め，感謝をすることであり，それをしなかったがゆえに心が暗くされたと書かれている（Ⅱコリ4,6も参照)。ここで暗くなったのは心であって，理性であるとは書かれていない（エペ4,18.23も参照)。それは神を知ることと，神に光栄を帰し感謝することが同じ心という次元で行われているということであろう。心は「$νοῦς$ の座」[15]なのである。結果的には，パウロはここでギリシャ的概念として通用するヌースを聖書的な概念である「心」（$καρδία$ kardia）で置き換えて「ヌースが暗くなる」とせず，誤解が生ずることを防いでいると見ることはできないであろうか[16]。したがって

---

12) 雨宮慧『旧約聖書の心』女子パウロ会，1989年，135頁参照。

13) Schlier, Die Erkenntnis Gottes nach den Briefen des Paulus, in: Besinnung auf das Neue Testament (= Die Erkenntnis), Freiburg・Basel・Wien 1964, 322.

14) 1H. Schlier, Das Menschenherz nach dem Apostel Paulus, in: Das Ende der Zeit (= Das Menschenherz), Freiburg i. Br. 1971, 184f.

15) Wilckens, 注解書, 107. なおこれはなぜ日本語訳で「$νοῦς$［理性］の座」145，と訳されているのだろうか。

ここでは理性で神を認識し，その理性が，その理性とは異なる心に命じるが，心が光栄を帰することや感謝することをしないということではない。ヌースは心の思考であり，「根源的な神認識は心のそれである」，というのが以上の結論である[17]。

このように神を認識するのは心の思考であって，したがって理性の推論によって原因からその創始者に至るというような認識[18]は，ここでは考えられていないのである[19]。それは理性の conclusio でなく，心への「直接の開示」とでも呼ぶべきものであろう[20]。

2 神の世界創造

このようにして確認された事項から，今やここで考えられる神認識をさらに正確に捉えようとする努力がなされねばならないであろう。その第一歩として，次に τοῖς ποιήμασιν νοούμενα の ποίημα について考察を行うことにしたい。

ποίημα（造られてある）は特に聖書以外のタームでというのではなく（新約聖書にはここの他，エペ2,10に出ており，全部で2回），聖書で被造物の意でLXXにも用いられている[21]。なによりも神が創造することを ποιεῖν という動詞で表わすことが一般的なのである（創1,1.27；2,4.18；6,6；7,4；出20,11；ネヘ9,6；詩86,9；96,5；100,3；104,19；119,73；134,3；136,5.7；146,6；イザ27,11；29,16；37,16；45,12など。また使4,24；17,24など，その他参照）。

そして τὰ ποιήματα （被造物） （ποίημα：詩64,9；92,4；143,5；コヘ7,14；11,5［その他コヘに20回］；イザ29,6）は，神の創造の行為でもなく，その歴史における働きでもなく，神の業（ἔργα）を意味する。ここでは

---

16) G. Bornkamm, Glaube und Vernunft bei Paulus, in: Studium zu Antike und Christentum, München 1963, 125 参照。
17) Schlier, 注解書，53.
18) O. Kuss, Der Römerbrief, Erste Lieferung, Regensburg 1963, 36 参照。
19) Bornkamm, Die Offenbarung, 20.
20) Schlier, Die Erkenntnis Gottes, 322, 注8参照。
21) K. ヴァルケンホルスト『信仰と心の割礼』ロマ書の解釈1-4章（＝注解書I）中央出版社，1978年，148頁参照。

シュリーアの挙げた箇所だけを見ると、詩8,7[あなたの御手の業：τά ἔργα τῶν χειῶν σου]；詩102,22[彼のすべての業：πάντα τὰ ἔργα αὐτοῦ]；シラ42,16[彼の業：τὸ ἔργον αὐτοῦ]などである[22]。1,20のテキストがいかに表面上は智恵文学やフィロに近付いていても、パウロにおいて根源的な旧約思想が突然に姿を表わしていることは注目すべき不思議なことである[23]。

さて τοῖς ποιήμασιν という語の前には、ἀπὸ κτίσεως κόσμον（世界が造られた時から）という句がついているので、これも考慮にいれなければならない。すなわち ποιήματα の κτίσις との関連が決定的なのである。さらにこの句は、新約聖書の ἀπὸ καταβολῆς κόσμον（マタ13,35；25,34；ルカ11,50；ヘブ4,3；9,26；黙13,8；17,8）と同じことである[24]。すなわち「世界の創造以来」とは「世界の定礎以来」という意味である。

ここで使用されてはいないが、隠れた背景にあるものとして敢えて καταβολή（定礎・基礎）について考察したい。καταβολή の動詞形：καταβάλλειν は新約聖書には見られないが[25]、名詞として新約聖書には11回（LXX では II マカ2,29のみ）あり、ヘブ11,11を除いては常に καταβολὴ κόσμου として κόσμος と結びついて出てくる（[マタ13,35]；25,34；ルカ11,50；ヨハ17,24；エペ1,4；ヘブ4,3；9,26；I ペテ1,20；黙13,8；17,8）。καταβολή とは定礎（die Grundlegung der Fundamente）ということであり[26]、そこから根拠づけると考えてもよいであろう。

しかし一般にロマ1,20では、直接に καταβολή でなく、「創造」ということについて語られているのである。したがって κτίσις ということからも直接に考えていかねばならない。この κτίζειν および κτίσις は、そもそも最も根源的にはやはり「（町の）基礎を置く」（HomII 20,216など）というような意味であり、それによって何かが出来上がるような基礎づけるという行為を意味している[27]。したがって、それにならって考

---

22) Schlier, 注解書, 52；Michel, 注解書, 63に反対；H. Braun, ThWbNT VI, 457, 48 参照。
23) Schlier, Die Erkenntnis Gottes, 322, 注8。
24) Michel, 注解書, 63。
25) LXX について、F. Hauck, ThWbNT III, 623, 11f 参照。δημιουργός
26) F. Hauck, ThWbNT III, 623, 注1。
27) W. Foerster, ThWbNT III, 1024, 10. f; 33ff 参照。

えれば，世界の創造はやはりここでも「基礎づける」（gründen）と言い表わされ得る。すなわち κτίσις とは καταβολὴ κόσμου，すなわち世界の基礎を置くことであると言ってよいであろう。さらにこの語の動詞 κτίζειν には，いわゆる神話的な「制作する」という意味合いは含まれていない。新約聖書ではパウロのみならず，δημιουργεῖν という動詞は注意深く避けられている[28]。したがって既述したようにここから causa efficiens というような方向へ考えを向けることはできない。神は創造主なのであって，δημιουργός（ただし，ヘブ11,10）でも，また正確には τεχνίτης（知8,6；13,1；14,2.18；シラ9,17；45,11；イザ10,9；24；36,2など）でもない。ここで参考までにロマ1,20に最も近いと言われるソロモンの智恵13を見るとこの相違がはっきりする。

「神を知らない人々は皆生来空しい。彼らは目に見えるよいものを通して，存在そのものである方を知ることができず，作品を前にして作者を知るにいたらなかった（οὔτε τοῖς ἔργοις προσέχοντες ἐπέγνωσαν τὸν τεχνίτην）星空や……天において光り輝くものなどを，宇宙の支配者，神々と見做した。その美しさに魅せられてそれらを神々と認めたなら，それらを支配する主がどれほど優れているかを知るべきだった。美の創始者がそれらを造られたからである（ὁ γὰρ τοῦ κάλλους γενεσιάρχης ἔκτισεν αὐτά）。もし宇宙の力と働きに心をうたれたなら，天地を造られた方がどれほど力強い方であるか，かれらを通して知るべきだったのだ。造られたものの偉大さと美しさを推し量り，それを造られた方を認めるはずなのだから（ἐκ μεγέθους καὶ καλλονῆς κτισμάτων ἀναλόγως ὁ γενεσιουργὸς αὐτῶν θεωρεῖται）。とはいえこの人々の責めは軽い（ἀλλ' ὅμως ἐπὶ τούτοις μέμψις ἐστὶν ὀλίγη）。神を探し求め見いだそうと望みながらも，彼らは迷っているのだ。造られた世界にかかわりつつ探求を続ける時，目に映るものがあまりに美しいので，外観に心を奪われてしまうのである。だからといって彼らも弁解できるわけではない……」（13, 1-8）。

---

28) 新約聖書は0回。LXXは，知15,13；Ⅱマカ10,2；Ⅳマカ7,8.は，Ⅱマカ4,1のみ。

ここでは天地の美とそこから推し量ることが強調されている。

しかしここで次の問いに移行しよう。以上のことにより考えるに、一体先に述べた、この定礎（gründen）ということはいかにしてなされるのであろうか。それには次のように答えるべきであろう。それは神によって「呼ぶ」（καλεῖν）ということによって遂行されるのである[29]。「非存在から存在を呼び出す神」という、ロマ4,17はもっとも基本的な箇所として引用されるべきであろう。この場合の呼ぶとは呼出し、現成せしめる、という意味である。

この基礎を置く（gründen）と呼ぶ（rufen）との関わりはなおイザヤ48,13においてきわめて明瞭である：「わが手は地の基いをすえ（ἐθεμελίωσεν）、わが右の手は天を延べた。私がかれらを呼ぶと（καλέσω αὐτούς）かれらはともに立ち上がる」[30]。

さらに旧約聖書やユダヤ教では、創造は神の言葉によるという考えが基礎にある（ヘブ11,3；ヨハ1,3）[31]。

「もろもろの天は主の御言葉によって造られ、天の万軍は主の口の息によって造られた……主が仰せられると、そのようになり、命じられると堅く立ったからである（ὅτι αὐτὸς εἶπεν, καὶ ἐγενήθησαν, αὐτὸς ἐνετείλατο, καὶ ἐκτίσθησαν）」（詩33,6.9）。

「もろもろの天は神の栄光をあらわし、大空は御手のわざを示す。この日は言葉をかの日につたえ、この世は知識をかの夜につげる。話すことなく語ることなく、その声も聞こえないのに、その響きは全地にあまねく、その言葉は世界のはてにまで及ぶ」（詩19,1-4）[32]。

---

29) Schlier, Grundzüge, 60f 参照。
30) Schlier, Grundzüge, 61 参照；Chr. Müller, Gottes Gerechtigkeit und Gottes Volk, Göttingen 1964, 28: "Gottes καλεῖν ist Schaffen (ロマ9,7.11.24.26；Ⅰコリ1,28；2.Clem.1, 8；Philo de spec. leg. iv 187；syr. Baruch 48,8)."
31) 詳しくは、Michel, 注解書、64参照。
32) このような詩篇の類型については、A. Weiser, Psalmen, Göttingen 1963, 40 その他参照。

Ⅲ　万物の被造性と人間の内なる被造性の了解

　以上のことからわれわれは，創造されるということが，われわれに関してはわれわれの存在が，呼ばれることによって根拠づけられる，すなわち神の「根拠づけつつ呼び出す」(das gründende Hervorrufen)[33]ことに帰すると解することができるであろう。この根拠づけられつつ呼び出されたことこそが一般に「被造性」(Geschöpflichkeit) と言われていることなのである。以上のことを言い換えれば，神によって置かれたわれわれの根拠は，呼ばれていることにおいてわれわれを呼んでいるのである。その中に神の $δύναμις$ (1,20) が現れているのである。神は己れを顕示した ($ἐφανέρωσεν$)（19節）のである。
　しかし，こう言うとむしろ「聞かれる」ということが強調されていて，この場合テキストに反するのではないかと考えられるかもしれないが，1,20のテキストでは，神の見えざるところのものが……見られる ($καθορᾶται$) というふうに，見えないものが見られるというふうな対置はなされておらず，したがって $καθορᾶται$ は「心で見られ，知覚される」という意味で，「認められている」という一般的な意味で受けとってよいと思われる。ケーゼマンは，「パウロ神学は第二コリント4,18；5,7によれば，現在的な『直観』（シャウエン）にはきっぱり反対している」[34]，と言うが，このことは適切な理解であると考えられる。しかし一般に神の呼び声は心において聞かれ，またその創造の光は心の目（エフェソ1,18）によって見られると言えよう。
　さてわれわれが基礎づけられたものとして呼ばれるのは一体どこへ向けてであろうか。
　それは，神の方へ向けてである。このことに関して，さらにパウロにおけるストア的通俗哲学 (Popularphilosophie) の定式的概念の援用であろうもの，何よりもロマ11,36やⅠコリント8,6の定式の助けを仰ぐこ

---

33) Schlier, Grundzüge, 61.
34) ケーゼマン，注解書，85.

とにする[35]。

　Ｉコリ8,6：「(しかしわたしたちには父なる唯一の神[がいます])，彼から万物は出で，またわたしたちは彼に帰する……」

　ロマ11,36：「万物は彼から出で，彼により，彼に帰する」

　これらのストア的汎神論的句[36]（というのは「このような定式化の旧約聖書のパラレルは存在しないが，ヘレニズム的，またはユダヤ・ヘレニズム的，特に汎神論的なストアのものが存在する」)[37]，「万物は彼から出で，彼に帰する」，をパウロは創造主であり父なる唯一の神に関して記すが，それらは全くパウロ的に消化されていると考えてよい。なぜなら同じ句が一回は εἷς θεός という acclamatio[38]につけられ，一回はロマ書第一部がこの句で結ばれているからである。ゆえに，この句を上述した神の基礎づけ，かつ根拠づける呼び出し（das gründende Hervorrufen）へと関係づけて理解することができるだろう[39]。神が万物を基礎づけつつ存在へと呼び出し，根拠づけるという意味で（「神から」ということが汎神論的でも emanatio（流出）的でもなく），万物は神からあるものと言われる。万物は呼びかけるという神の言葉により，光の内に[40]現れ出でるのである。創世記1,1は「次のごとく」という句を補い読まねばならず，それは1,3に来る「光あれ」以下の説明なのである。いわば創1,1は言語行為的でなく，記述的に読まれねばならない。

　この万物の基礎の由来からして，それは呼びかけられるものとして神へと向かっている。それと同時に，パウロ的に言えば，神が希望としてそのものの将来を開いているのであり（ロマ8,20)[41]，そのものは，その根拠が神によるということにおいて神を指し示しているのである。すなわち万物がそのものの存在の根拠を，またすべてを神から受けているが

---

35) Schlier, Grundzüge, 61；注解書，347；典拠について詳しくは，E. Norden, Agnostos Theos, Darmstadt 1956, 240–250; J. Weiss, Der erste Korintherbrief, Göttingen 1970, 223, 3; 224, 1; H. Conzelmann, Der erste Brief an die Korinther, Göttingen 1969, 171f 参照.
36) Norden, Agnostos Theos, 240–250.
37) Schlier, 注解書，347.
38) H. Schlier, Die Anfänge des christologischen Credo, in: H. Schlier, F. Mußner, F. Ricken, B. Welte, Zur Frühgeschichte der Christologie, Freiburg・Basel・Wien 1970, 16 参照.
39) Schlier, Grundzüge, 61.
40) Schlier, Die Erkenntnis, 327; Von den Heiden, in: Die Zeit der Kirche, 32.
41) Schlier, Grundzüge, 62.

第5章　パウロにおける自然の神認識

ゆえに，人間は神のその力とそこに見られるドクサのゆえに，神にドクサを帰し，神に感謝するべきなのである。根拠はこのような形でそのものを神へと向けるのである。神にその存在の根拠を負うているというその被造性は，またこのように解かれた時，この，創造主なる「神から出で，彼に帰する存在」（Von-Gott-her-zu-Gott-hin-Sein）と言い表わされ得る[42]。反対に人が神を知らなければ，人はどこから来てどこへ行くかを知らない。

このようにして，人間はその被造性において，絶えず自分自身の深淵であるその根拠から，神から来て人を神へと向けて行く呼びかけを聞くのである。パウロによれば，人間はその被造性を無視しない限り，すなわち真実をもって被造物に止まる限り，常にそれを心のうちに聞き，いわばその光を見るのである（創1,2「光あれ」参照）。神はこのようにして己れを顕示する。

それでは，とここで問い返されるかもしれない。問い返される理由は，われわれはここで人間存在の根拠一般について注目し語っているからであり，それに対してパウロは「万物は」と言っているからである。したがって一体，被造物全体，万物すなわち世界についてはどうなのであるか。ロマ1,20において「世界の創造」について語られている限り，万物の定礎たる創造のこの種の人間存在の根拠への限定は不当な限定ではないだろうか。

それに対しては次のように答える必要があろう。まさにパウロはここで万物を，すなわち天と地を満たす神の栄光の力と輝きについて語っているのである。その意味で，ここでパウロによってこの言葉の内実として考えられているのは，聖書外典などのパラレルのテキスト，すなわち知恵の書にあるような天地の美というようなことより，まず正当な意味で正典にあるような，例えばすでに挙げた，天地に満ちた神の栄光なのである。

> 詩編19,2ff：「天は神の栄光を物語り，大空は御手の業（$\pi o\iota \eta \sigma\iota\nu$）を示す……話すことも語ることもなく，声は聞こえなくても，

---

[42] Schlier, Grundzüge, 117.

その響きは全地に，その言葉は世界の果てに向かう」

のような言葉に最も近いであろう[43]。また，

> 詩編104,31：「どうか，主の栄光がとこしえに続くように。主が御自分の業を喜び祝われるように。……命ある限りわたしは主に向かって歌い，長らえる限り，わたしの神にほめ歌を歌おう。」
> シラ書42,15f：「主の言葉のうちにその業にある，光り輝く太陽は万物に目を注ぎ，主の業はその光栄に満ち出でる。」「主のすべてのわざはすべて人の心を引きつける。」（同22節）

などその他が挙げられ得る[44]。

それでは，ここで歌われている天と地に満ちた神の光栄（それはまた被造物の美を含んでもいようが）と，前述した人間の根拠とその深みからの声（それはロマ2,15によれば良心の声であるが）は，いかなる関係にあるのか。このことはテキストには直接述べられていない。しかしこの両者が切り離し得ない関連にあるのは明らかであろう。被造物としての天と地は，「人がそれについてそれ自体を見たり，算定したりしながら随意にできるような何か物在的なもの（Vorhandenes）としてあるのではなくて，これらは創造主なる神によって開かれた存在へと呼び出された世界であり，それはまさに彼によって彼のために，彼から彼へとあり……それ自体，否まさにそのうちにおいて，それらを創造した神へと指示するのである，すなわち，それらはそれでもって人間へ問いかけるのである」[45]。そしてこの「指示」ないし「問いかけ」は呼びかけに他ならない。

しかしながら，このような問いかけや呼びかけはどこで成立しているのであろうか。この問いには次のように答えることができる。このような問いかけが成立し得る唯一の場所は，実存が自己の根拠からの呼びかけを聞く場所にほかならない。表面的には自然ないし世界からの呼びか

---

43) Schlier，注解書，54参照。
44) Schlier，注解書，54参照。
45) Schlier, Grundzüge, 62.

けは，人間内部の呼びかけと同時であるかもしれないし，また一見，自然からの呼びかけが最初にあると思える場合もあるかもしれない。しかし結局は自然からの呼びかけ——もしこのように言うことができるなら——は，自己が自己の存在を神に負っていると了解するその場所で受け取られ，そのとき人は，世界ないし自然と人間とを全体的に神に向けての問いかけとして了解するのである。人間は決して，自己の被造性を悟ることになしに，それを計算外として，自己から離れた場所で，自己と関係なく，世界を神から神へと指示するものとして，神の光栄の輝きとして，いわば他人事のように眺めることはできないであろう。そのような理解は虚構のものである。人間は世界内にある者として世界をこのような形で了解する。

このような説明で上述の問いの一応の解答となるのではなかろうか。

以上のことをパウロのテキストによって一応裏付けることができると思う。パウロはロマ8,18以下ですべてのものの将来の光栄への熱い願望について語るが，その際まず第一に被造物の願望について語り（19-22節），第二に信仰する者の希望について語るが，その第一の被造物という点でパウロは，$πᾶσα\ ἡ\ κτίσις$（22節）という語でどのみち人間に関わりのあるものとして被造物を理解している。8,19の$κτίσις$は，それがアウグスティヌスが「…non satis apparet, quam nunc Apostolus vocat creaturam」と言うように，その意味が人間を含めているのかいないのか明瞭でないということは，まさにそれが人間と切り離しえないことを語っているのである[46]。それは決して人間から切り離された概念として扱われてはいない。全被造物の運命は人間の了解に関わる人間の運命と分離されたものではなく，その反対に人間の運命を分かち合うものであって，神の子たちの将来現れるべき栄光にあずかる意味で，栄光を切に待ち望んでいるのである。このことから直接的ではあるが，われわれの考察している，この世における被造物に現れてくる神の栄光が，人間が本来的な被造である限りの者として自己の内に了解する被造性——それは神とその栄光へと向いているのであるが——と関わりなく，輝き見られるということは考えられないのである。自然はパウロにおいて人間と

---

46) Schlier, 注解書, 259.

隔離されて眺められることはできないものなのである。世界は同時に人間の世界を意味する。

Ⅳ　神を知りつつ神を拒む人間

しかしどこから人間は，神を知りつつ，同時にまた神を神とせず，神に光栄も帰せず，感謝もしないという仕方で，知ることを拒否しているのか。その結果，心の思いが虚無となり，光は消失し，心が闇とされたのである。このことこそまさに現成し，生起している限りでの人間 (der Mensch, wie er vorkommt) の謎なのであるが，それは，人間が神のおかげで「在り」，そこに神の創造の力 (dunamis：ロマ1,20) が現れているという事実を認めようとしない，すなわち神を神として認めようとしないこと，また神のお蔭で「在る」ことを受け入れ承認しようとしないこと (Sich-Gott-nicht-verdanken-Wollen)[47]，そしてそれはすなわち，それに相応する感謝を人間が拒むことなのであり，逆に人間は「自分のお蔭であろうとすること」(Sich-sich-selbst-verdanken-Wollen)[48] を生き，それを主張しようとする ($φάσκοντες$：ロマ1,22) のである（誤解を防ぐために言っておくが，ここで自分の力で生きようという健気な決心が否定されているのではない）。この「自分のお陰であろうとすること」によって神の創造の力は拒否され，その創造の光は心へとさして来ない。それがために心は闇とされるのである（Ⅱコリント4,6a「『闇から光が輝き出でよ』と命じた神は，わたしたちの心の内に輝き……」)[49]。その心の闇においては，自己の根拠である「神による，神から」という事実は闇に沈み不透明となり，神の dunamis と doxa は見えなくなる。この心の闇については，さらに24節に，続けて，「神は彼らを心の欲求において汚れへと引き渡した」(1,24.26も参照) と述べられている。神は見えなくなったのである。これ，すなわち神の怒り（＝審判）が現れたのである (1,19)。

---

47)　Schlier, Grundzüge, 72 参照。
48)　Schlier, Grundzüge, 77 参照。
49)　Schlier, Grundzüge, 72 参照。

V 承前——シュリーアの洞察

最後に，1,21の「神を知りつつ」($γνόντες\ τὸν\ θεόν$)[50]とはどういうことであろうか。それは，人間が神をあくまでも認識しているということ——このことは人間が基本的に神を認識しているとして1,28に，$καὶ\ καθὼς\ οὐκ\ ἐδοκίμασαν\ τὸν\ θεὸν\ ἔχειν\ ἐν\ ἐπιγνώσει,\ παρέδωκεν\ αὐτοὺς\ ὁ\ θεὸς\ εἰς\ ἀδόκιμον\ νοῦν$「彼らは神を認識において（心の中に）固持することを心に決めなかったので，神は彼らを無定見な心に引き渡した」と，エピグノーシスという語を使って強調されて語られている。また1,32は，「……神の定めを知りながら（$ἐπιγνόντες$）」と三度目に強調して１章の終わりを閉じており，人間がその被造性において現実に神を知りつつ認めようとしないということを強調している。

この人間が「神を知っている」という根源的な事実は，シュリーアによれば，パウロにおいて，異邦人が神を知らない（ガラ4,8；Ⅰテサ4,5など）と言われつつも，まさにそのことにおいて彼らが神について知っているという事実によって，間接的ではあるが立証される。彼らは神々を知っており，それは基本的には，人間は神に頼らざるを得ないということに他ならないのである。いわば神のお蔭をこうむりたくないという仕方で神を知っているのである。

第二に，この人間が神を知っているということは，ロマ2,14ffにあるように神の要求が人間の心に記されているのであり，人間の良心がその証しをしていることからも間接的に知られるであろう[51]。

さて，パウロのこの「神を知っている」という言及はまことに重要である。それは「したがって彼らには弁解の余地がない」（1,20）と深く連携する。すべての問題は最終的にはここに持ち越されていると言ってもよい。

---

50) 2,18：$γινώσκεις\ τὸ\ θέλημα$ に対応。Bornkamm, Die Offenbarung, 29, 注59参照。
51) Schlier, Grundzüge, 112f 参照。

ロマ1,19-23では，創造された限りでの人間と，堕罪という現にあるアダム的人間の姿が同時に描かれていると考えられる。この事態は，パウロのいわゆる自然の神認識という問題の核心部をなしているのではないだろうか。

実はこの事態はまた，違ったアスペクトの下に，ロマ7,15-25に書かれた「内なる人間」(22節)，すなわち創造された限りでの人間と，罪に堕した人間，すなわち現成している限りでの人間の葛藤ないしDiskrepanz（不一致）として描かれている。けだしこの話は1,20fの神認識の話とパラレルなのである。一体このことにこれまでどれだけ注意が向けられたであろうか[52]。この平行性こそがすべての問題の解決に繋がるものなのではないだろうか。7,22f には「内なる人間」とその「ヌース」について語られている。まず第一に注意すべきは，すでに述べたように，ここで用いられる「ヌース」と，1,20の νοούμενα の背後にあるヌースとは全く同じ意味であり，反面7,25b の「ヌース」とは全く違った意味であるということである。この25b 節のフレーズは，「だからわたし自身は，理性では神の律法に仕えているが，肉では罪の律法に仕えているのである」，と訳されるが，ここから7,15以下全体が「理性と肉の葛藤」を描いたものとして理解されてしまう。恐れるべきはこの誤解であって，それによると全体が，現にある人間のうちの理性と欲望の葛藤という図式で理解され，「内なる人間」とは，理性に従う人間ということになってしまう。したがって聖書解釈者たちはこの25b 節は，誤解による後の挿入句ではないかという仮定を出しているのである[53]。このような誤解が広くロマ1,20以下を覆うとき，すなわち自然の神認識の問題をもまた理性と肉になる人間の葛藤と解してしまうのではないであ

---

52) E. Brandenburger, Adam und Christus, Neukirchen 1962, 214ff: Exkurs: Röm. 5, 12. 19-7, 7-13-1, 18ff では，この問題に触れてはいるが，その収穫は多いとは言えない（218）。なぜ Althaus, 注解書，21によって挙げられた7,22への関係がここでよりよく考慮されていないのだろうか。C. K. Barrett, From First Adam To Last,London 1962, 17ff では，Miss M. D. Hooker（NTS, vi 1960, pp. 297-306）への言及とともにロマ1,18-32への関係について述べられるが実際にその対象となっているのは，idolatry, sexual licence and perversion, wickedness in general だけである。

53) Schlier, 注解書，235；文献については，既述の他は，Schlier, 注解書，235，注12参照。また，Grundzüge，82参照。

ろうか。さらにはまた1,20f を，真の意味で理解された7,15-22以下と関係づけて読むことの障害となっているのではないか。このことについてはここではこれ以上立ち入らないが，その吟味もまた残された課題である。

さてロマ7,15-22以下を，そのまま1,20以下の問題にスライドさせて考えるために基礎とするべく，ロマ書7章のこの部分のシュリーアの説明をまずそのまま訳出して1,20以下の理解の助けとしたい。その内実はアダム的人間の実態に他ならないのである。

「人は……人間について，使徒の意味では，簡単に人間が善であると言うことはできない。人間は善であり，もちろん人間が由来する創造者からして，それゆえ彼の被造性における被造存在からして善であろうと欲するのである。しかしまさに，人間がそれに同意を与えた罪の力が人間にこの被造性を是認せしめないのである。この被造性は，人間をして罪を固持せしめないし，現実化せしめないで，むしろこの不滅である被造性は，——神がそれを欲するかぎり不滅なのではあるが——，常に人間の行為において罪を否認せしめる。……しかるに人間は，パウロの言うように，その歴史的実存において，人間が被造物として，——われわれはこうも言えるのだが——，人間が本来欲しないところのものを己れに調達しているのである。そしてそのように人間は，その行為に際して，一度として人間が己れに調達しているものを知らず，それで人間は根本において人間に異質なる (fremde) 実存を生きる。人間はこの異質な実存を絶えず実質から離れたもの (entfremdete) として実存する。そのようにして生きるなら，人間は自分自身から異質化してしまう (verfremdet) 異質化された生を生きるのである。

これは，人が人間を単純に善いとは言えない，という事柄の一つの側面である。しかしながら他方では，人はまた使徒パウロによれば，人間は悪であって悪を欲するとは単純には言えないのである。人間は現成している限りの (wie er vorkommt) 者として，折りにふれ悪を行うのでなく，彼の現成 (Vorkommen [いやなことの]) とそれに結びつけられた ἐπιθυμεῖν，渇慾することは，悪によって

規定されている。人間は悪へと傾くが，それは人間がまさにそのような謎めいた自己自身への傾愛において，自我権力的（eigenmächtig），かつ自我渇慾的（eignsüchtig）に生きている限りにおいてそうなのである。そしてこの自我権力的な生は，絶えず，不義と自己の義という，行為と思考と意志において現実化する。……この罪によって規定された『自分自身を欲すること』（Sich-selbst-Wollen）は，それのみで彼の生を形成するのみならず，『神を欲すること』（Gott-Wollen）に抗して，すなわち被造物が神を欲することに抗して，起こる。彼が神を欲しないなら，彼はまた自己自身をも欲しない。それゆえ人間は自己渇慾（Selbstsucht）において，自己自身と衝突する。人間は実際にまたすべてに優先して被造物でもあり，かつまたそのものとして止まるのである。人間は，それゆえに自我渇慾 $\epsilon\pi\iota\theta\upsilon\mu\iota\alpha$ において，また自我権力性（Eigenmächtigkeit）$\iota\delta\iota\alpha$ $\delta\iota\kappa\alpha\iota\sigma\sigma\upsilon\nu\eta$（シュリーアは $\epsilon\pi\iota\theta\upsilon\mu\iota\alpha$ を Selbstsucht bzw. Eigensucht, $\iota\delta\iota\alpha$ $\delta\iota\kappa\alpha\iota\sigma\sigma\upsilon\nu\eta$ を Eigenmächtigkeit と訳している）において，——これはパウロにおいて現成している限りで人間の二つの根源的な動きであるが，——人間の被造性と衝突する。その被造性から彼は一度だけ生来するのみならず，もちろん人間によって否認されてはいるが，その被造性はまた常に人間と共に生起している。というのは結局は，人間は実存するためにまず存在せねばならず，その際『存在』とは形式的に言われているのではなく，被造的な存在を意味しているからである。人間の自我渇慾的，かつ自我権力的な行為すること，思考すること，欲すること，知覚すること，などなどにおいて，人間はその具体的な被造性を否認する。例えば賜物や指示（Anweisung）としての神からの生についての，彼の被造存在の知を否認する。絶えず人間は，人間が実際に彼の生において，すなわち被造物として神の賜物であり，神の指示であることを否認する。人間は絶えずこの，本来的であり，神から人間にあてがわれ指示された被造物の生への意志を否認する。絶えず彼はこの生の与え主としての，そしてその者から彼が被造物として生来する者となるその神を押し退ける。そしてこのようにして人間はその実存において，被造物としての自己自身に常に反抗して，自己を

打ち立てるのである。歴史的生とは，パウロにとって常に次のごときものである。すなわち自己自身に抗して，すなわち被造物としての自己自身に抗して実存するということである。罪において自己自身のためにある者は，——というのは罪においては人は自己自身を慾求する——，まさにそのことにおいて常にまた自己に抗して，すなわち被造物としての自己に抗して存在するのである。

　パウロ的な思考の地平にあっては，人間は，——それとともにまた人間の世界も，——単純に『単層的に』見られ得ない。そしてそこから人間についての判断は決して単線的（einlinig）または単一的であることはできない。人間は善なのである！　否，彼はまた悪である。というのは，人間は被造物としては善であるが，人間はその被造性に抗して実存する者としては悪である。人間は悪なのである！　否，人間は善でもある。すなわち人間は被造物として善でもあるのである。そしてこの両方は，人間がその実存の内部においてのみ善と悪をなしそれゆえただ善と悪を並存して持っているという意味ではなく，——それもまたもちろんその通りだが！——，そうではなくて人間が善であることは，一つの現実性であるような被造物の善であることとして，彼の自我渇慾的（eigensüchtig）な自我権力的（eigenmächtig）な生の遂行が，不義なるまた自己の義としての実存において，絶えることなく人間によって反論，否認されるということなのである。そしてこの人間の悪しき活動は，しかしながらまた絶えず彼の被造存在であることによって担われるのみならず，また襲撃されてもいるのである。いわば悪もまた人間が実存することにおいて決して安らぎを持つことなく，それが人間の被造性に反抗して争うにも拘らず，常にまた人間の被造からしてそれ自体否認されているのである。くり返しくり返し人間の被造性，すなわち，神から由来し神へと向かっている存在が「自我権力性と自我渇慾」を砕き突発し，被造性の側から自我権力性と自我渇慾に反して絶えざる異議をさしはさむ。人間の「存在」が，——だがこれ「この表現」は全く形式的なものであると人は言うことができるだろうが——，人間の「存在の仕方」に対して異議をさしはさむ。

　しかし，その異議は役に立たない。というのは己れへと歩み出る，

すなわち実存する人間は、それに反抗して人間が生きているような、その内的な隠れた人間、——パウロが被造的人間をそう呼ぶように——を、破壊し得るほどそんなに強力ではないのである。しかしもちろんのこと、被造的人間が、実存する人間をまじめに冗談でなく自分自身から克服できるほど被造的人間は最早強大ではない。こんなことを仮定することは幻想なのである……人間はおおよそ、己れを、その被造性の尊厳と栄光をそれ自体、そして共にお互いに生きることにおいて展開し発展させるという意味で、己れを克服することはできない」[54]。

この長い引用によってすべては明らかになったはずである。人間の神認識について言えば、パウロの言う通り、人間は神を知っているのである。というのは彼は被造物として、自分の基いを据えたのではなく、基いを据えたのは神であることを内心で知っている。しかしまた人間は自らの被造性に抗し、神を無視して実存する者としては、神を知らない。すなわち、自分がどこから来てどこへ行くのかを知らない。この所については、「神を知っていながら」(21節a) という現実の、28節に言われている「彼らは神を認識において（心の中に）固持することを心に決めなかった（οὐκ ἐδοκίμασαν）ので、神は彼らを無定見な心に引き渡した」[55]、という現実への関わりがすべての問題の解決を提起する。ここで「認識」、エピグノーシスということで「はっきりした知」というニューアンスを看取してよいであろう[56]。しかしさらに正確に言えば、この語は「承認、是認（Anerkennung）」を意味する認識であり、そして例えばまたロマ3,20；コロ1,9ff；フィレ6；またロマ10,2；エフェソ1,17；コロ3,10のように、経験という意味での認識でもある」[57]。すると人間は、経験においてはっきりと神を神として（創造主として）知り是

---

54) Schlier, Grundzüge, 115-118. ケーゼマン、注解書86、はここに描かれた葛藤を、神の主権的力の支配とそれに対する、人間の反抗——ここで付け加えると、罪の力の支配がその背後にあるような——として説明し、二つの主権的力の支配を強調する。

55) W. Bauer, Wb (1963), 401 は、δοκιμάζειν を prüfen とし、1,28を sie befanden es nicht für gut, Gott in der Erkenntnis zu besitzen と訳している。

56) ワルケンホルスト、注解書、131参照。

57) Schlier、注解書、63.

第5章　パウロにおける自然の神認識　　　　137

認しているわけである。dokimazein は「12,12；14,22；Ⅰコリ16,3；Ⅱコリ8,22のごとく，ここでは確かに『(吟味する，そして) 決定を下す』ということ (である)」[58]，と理解してよいと思われる。すると「今や次のことが明らかになったのである。すなわち神の威信（Ansehen＝ドクサ）や，創造主への感謝の拒否は，運命ではなくて決定または吟味または決心であった。それは創造主ないしその承認に反対するよく熟慮された決定であった。『epignōsis において神を持つ』，とは ἐπιγινώσκειν と同じことである。しかし多分実際は，被造物が創造者の認識のうちにあくまでも止まるということをしないことを強調するために意識して選ばれた的確な表現であろう」[59]。このことが，すなわち1,21の「神に神としての光栄を帰せず」ということなのである。それはさらに「感謝もしない」ということであり，結果として「その思いは虚無となり，その愚かな心は暗くされている……」。つまり人間は神を認識していながら，それを認めない決定を下したのである。なぜだろうか。それは，人間がそのことを明瞭に的確に認識しつつも，それを欲せず，別に大して重要でないし役にも立たないこととしたからなのである（ロマ7,11参照）。したがって人間は dokimazein しないがゆえに dokimon でない，すなわち a・dokimos なヌースに（神によって）引き渡されたのである。δόκιμος は，「試された，実証されたというほどの意味だが (Bauer, Wb 34)，パウロはここで語呂合せをしており，あまり正確に取る必要がない」という。すなわち「役にも立たない」[60]心と言ってよいであろう[61]。それは実質的には，くり返しになるが，「その思いは虚無となり，その愚かな心は暗くされた……」ということであろう（エペ4,18）。心が暗くされ神は見えないのである。人間はかくて，人間は神を知っている，しかしそれがゆえに神を知っていない者になってしまったのである。これらのことは前後関係でもなく，因果関係でもなく，触発的関係でもなく，また平行して存していることでもない。また復層的に

---

58)　Schlier, 注解書, 63.
59)　Schlier, 注解書, 63.
60)　Bauer, Wb,37: untüchtig, unbrauchbar.
61)　Schlier, 注解書, 63, はそのような用法としてⅠコリ9,27やⅡコリ13,5ff を挙げている。

基礎とその上にある否定層として構造化されているのでもない。それは常に同時的かつ全体的であって，それがゆえに，人間は常に神を知らない者として，神を知っている自分自身に抗して立っているのである。これがパウロの説くいわゆる自然の神認識の実情であるだろう。くり返して言うと，人間は神を知りながら神に反する決定をしたので，神の裁きによって無益な心に引き渡されそれへ委ねられてしまったのである。

「心が暗くされた」という受動形はその意味で神の行為を述べる。次に注意すべきは，ἐφανέρωσεν（19節），ἐδόξασαν, ηὐχαρίστησαν, ἐματαιώθησαν, ἐσκοτίσθη（20節），ἐδοκίμασαν（28節）などのアオリストである。初めの一つと，終わりの二つは神の行為を示しているが，これは過去に起こったことが現在も起こっていること，また今起こりつつあることが過去のある時点で起こったということである。人間は皆この共通の過去と来歴を担いつつ，それを実行しているのである。このアオリストは一回的に起こって過ぎ去ってしまったという意味での，原啓示というようなもの[62]を表わしているのではない。

さて以上のことを，「彼ら（＝人間）は神を知っている。しかし彼らはその振舞いをもって，すなわち神を《神》として崇めず彼に感謝しないことによってこの認識に逆らうのである」[63]，というふうに知と振舞いを分けて理解すると問題の核心は全く隠蔽されてしまうであろう。それでは神を知ってはいるけれど，ただ心では神を認めず神に反して振る舞っていると言うに等しい。容易に想像できようが，第一，パウロが「人間は神を知っているのだ」と言えば，多くの人が「私は全く神など知らない」と反駁するであろう。ここでは多くの人のドクサ（臆見）が真理に関係すると言っているのではない。ただそこではパウロの主張は，簡単に一宗教家の思い込みに過ぎないとされ力を失ってしまうと言いたいのである。

---

62) Althaus, 注解書, 20ff, は，原啓示や原罪という言葉を使うが，次のごとく説明している。「……そうではなくてパウロにとっては，歴史全体は，絶えずそれぞれの，そして個々の世代においてくり返される……人類はいまだなお創造における神の啓示から由来する，というのはこの原啓示は現在であるから（19節以下の現在時称を参照）」。

63) Wilckens, 注解書, 144参照。

VI おわりに

　以上のことはわれわれによって正しく認識されてきたのであろうか。神学的には，カトリック神学はいわゆる自然神学の問題を，神は lumine naturali rationis によって認識され得るとし，これに対してプロテスタント神学は，自然神学を否定する。その理由は神への唯一つの道は信仰にある（sola fide）とするからである[64]。このような論争に直面して，人は原テキストであるパウロの陳述自体をよりよく考慮，吟味すべきではないのか。どの道，パウロのテキスト解釈がこのような論争を出発点とするならば，それは順序が逆というものであろう[65]。

　上に筆者にとってはミスリーディングと思われる，知と振舞いの分裂という一つの説を述べたが，一般的にはパウロの自然の神認識は，1,18-3,20という神の審判，——そのテーマは1,18に書かれている通りであるが——，という枠内にはめ込まれて読まれている。それはそれ自体として全く正当でありまた弱められるべきではない（上では触れなかった1,20b：「したがって彼らには弁解の余地がない」がそれをはっきり示している）。しかし1,20以下を1,18-3,20の関連の中に入れて，それが3,21以下の予備的考察に過ぎず，かつまた神の審判の裏面に過ぎないというふうにして，そこから当該の言葉の重みを取るということも不自然な試みではないだろうか。このような試みに接する度に筆者はどこかがおかしいという思いを禁じ得ない。

　なぜなら，そのように言っても，それでもなお自然の神認識の問題は厳然として存在しているのである。「使徒の意図は，世界から神の存在を解明することでなく，神の啓示から世界を露呈させることである。すなわち，世の判断に対して神の啓示を証明することではなくて，世の上

---

[64] R. Bultmann, Das Problem der natürlichen Theologie, in: Glauben und Verstehen I, Tübingen 1961, 294 参照。

[65] このような論文として，K. Kertelge, "natürliche Theologie" und Rechtfertigung aus dem Glauben bei Paulus, in: Grundthemen paulinischer Theologie, Freiburg-Basel-Wien 1991, 148ff.

に，掟において啓示される神の判決の覆いを取ることにある」，というボルンカムの結論は全く正当であろう。だが自然の神認識についての問いは，「……それゆえやはり，ロマ1,18ffに教育学的な，または予備学的な意図を賦与し，人間の堕罪についての陳述を，字義通りでなく，単に，それに人が警戒し，そこから自分を解き放つべきであるような無意味な空虚な生に対する驚愕についての強く訴えかける表現として理解することが正当ではないのか」[66)]，ということは，1,20fに信仰を基にした高度な人間学が含まれていることを認めずに蔑ろにすることに繋がるのではないか。ここでなされるべきことは神の啓示の上に立って人間についての理解を深めるということ以外のなにものでもない。

そこで問われるであろう。人間において「創造された限りの人間」は，一体，出現かつ台頭することはないのか。それがないとすれば，すべてはあまりに厳格な主張であろう，と。だが，それはすでに述べたように神々の崇敬において，また知られざる，また絶対者なる神を崇敬し感謝することにおいて，あるいはそれに似た形ですでに起こっているのである。だが，人はさらに問われることとなろう。

では自然の神認識によってキリスト教信仰に至ることはないのか。この意味で恩寵は自然を前提としてはいないのか。それに対しては，その場合は自然とは「創造された限りでの自然」と解するか，あるいは「自然」のうちにすでに隠れた神の恩寵が働いていたとみるより他はないのであるが，後者について議論することはほとんど無意味なのである。なぜなら恩寵の問題は，終わりの審判においてしか明らかにされないであろうからである (2,16；エペ2,13など参照)。従ってロマ書における議論は2,6-11に持ち越される[67)]。2,6-11には以下のごとくある。

「神はおのおのの行いに従ってお報いになります。
すなわち忍耐強く善を行い，栄光と誉れと不滅のものを求める者には，永遠の命をお与えになり，
反抗心にかられ，真理ではなく不義に従う者には，怒りと憤りをお示しになります。

---

66) Bornkamm, Die Offenbarung, 26.
67) これについては，H. Schlier, Von den Juden, Röm. 2, 1-29 参照。また，L. Mattern, Das Verständnis des Gerichtes bei Paulus, Zürich 1966, 123-40 参照。

すべて悪を行う者には，ユダヤ人はもとよりギリシャ人にも苦しみと悩みが下り，
　すべて善を行う者には，ユダヤ人はもとよりギリシャ人にも栄光と誉れと平和が与えられます。
　神は人を分け隔てなさいません。」(新共同訳)

　ここには2,15の「良心」の問題が前提されていると思われるが，とにかく次なる課題はこの箇所なのである。だが今回は筆者は，紙数もつきたしここで筆を折るより他はない。だが2,6-11について一言述べることを許して頂きたい。それは，まず第一に，この箇所もまたいかなる仕方でも弱体化されてはならないということである。第二には究極において，神の審判はすべての人間の理解を超越しているのであり，人間が信仰の外にであれ，信仰の内にであれ，とやかく言うことはできないということである（例えばロマ9,5b；10-24；11,15.28-36他参照）。それが，1,21の「神を神として」ということの意義なのである。神は神である。神は創造主であると共に審判者なのである。そして審判は神ただ一人の事柄なのである。2,6-11を文字通り受け取ることこそが真の信仰の態度であり，そこには最早，「カットリックとプロテスタントの争点」[68]というような言葉は消え失せるのではないか。たとえそれが理性的自然神学においても，sola fide の旗印の下でも，神は決して人間の思考によって追い越され（überholt），取り込まれ得ない者として止まる。
　そしてさらに付け加えれば，人はどこかで人間としての限界に達し黙するよりほかないであろう。

　後記
　この論文はそのほとんどの基本的部分を H. シュリーアのパウロ解釈に負っている。それは，聖書を原テキストとすると，筆者には，シュリーアの解釈がもっとも原テキストに密着した厳密なもの，そしてまたごまかしのない，自己欲求としての自己主張の影さえない誠実なものとして，

---

[68] 関根正雄『関根正雄著作集』第18巻「ローマ人への手紙講解（上）」新地書房，1988年，111頁参照。さらに A. Nygren, Römerbrief, Göttingen 1965, 75 以下参照。

ほとんどテキストという意味を持つに至ったからである。筆者はむしろこの稚拙な翻訳と論文のなかで，筆者によって付け加えられた私見によって，シュリーアが誤解されないことを願うのみである。最後に，私のシュリーアへの傾倒は，私のシュリーアが書いたテキストへの傾倒に他ならないことを付記しておく。

第6章

イエスの処女降誕について

　以下の論考は，キリスト教の中でもカトリックとプロテスタントの間で問題になっている原罪についてではなく，あくまでイエスの処女降誕に関わる。しかしこの原罪の問題は，他方幼児洗礼に関して，幼児の罪性とリンクしているが故に処女降誕とも関係がある[1]。ちなみに幼児の罪のなさについては，例えばⅠペトロ2,2；マタイ18,2以下；21,16以下など参照。

　さて，よく知られているように，イエスの処女降誕の話は，マルコ福音書6,3のイエスについての「マリアの息子」という明瞭でない暗示を除けば，マタイとルカ福音書だけに見られる。しかしこの物語は，この両福音書が書かれた80年ごろに初めて作り上げられたのではなく，当然より古い伝承によっていると考えられる。ここで取り上げて論じたいのは，なぜこのような伝承が比較的遅くに出てきたのか，それはある種の神学的反省の結果，必然的に生じたものではないか，そしてそれは極めて重大なことではなかったかということである。ここでは，「では真相はどうなのだ，といわれれば，それはマリアとヨセフ以外のだれも知らないと言う以外にはい。……夫婦のことは，同時代でも他人にはうかがい知れないことがあって当然である[2]。」というような，いい加減な言辞を弄して済ますような事柄ではない。また処女降誕は，ほかの宗教においても見られるような特別の伝説，すなわち神の子たるイエスの誕生

　1）これについては，バルト・クルマン著『洗礼とは何か』新教出版社，1971年参照。
　2）山本七平『禁忌の聖書学』新潮文庫，2000年，90頁。

にまつわる神話的な修飾でもない。描写はいたって即物的（sachlich）で，そのような傾向は一切見られないのである。だが上に想定されたような，イエスの処女降誕の伝統の成立についての重大な神学的反省については，その痕跡がまったく闇に包まれている。いわばそのようなブラックホールを埋めるのは，新約聖書においては時代的に言って，福音書に先立つパウロの手紙があるのみであろう。それはこのパウロの思想が直に処女降誕の伝承を生み出したというのではなく，そこに見られるような本質的な考えが，原始教会の思索の底を流れる根本的な水流をなしていたのではないか，という想定である。したがってこの線に沿って，以下われわれは乏しい痕跡を辿りつつ考察を進めて行きたいと思う。

　まず初めに，十字架の救いの前提となるべきことは，イエスが罪なき者であったということである。この罪なき者が「罪人のために死んだ」（ロマ5,8），ということにおいて十字架の救いは成立している。イエスが罪なき者であったということは，新約聖書の思想の根底をなすことである。以下いくつかの箇所を挙げる。

　　Ⅱコリント5,21：「罪となんのかかわりもない方を，神はわたしのために罪とした。」
　　ヘブライ4,15：「この大祭司は……罪を犯されなかったが，あらゆる点において，わたしたちと同様に試練に遭われたのです。」
　　Ⅰペトロ2,22：「この方は，罪を犯したことがなく，その口には偽りがなかった。」
　　Ⅰヨハネ3,5：「あなたがたも知っているように，御子は罪を除くために現れました。御子には罪がありません。」（新共同訳）

　ここでくり返して言うと，罪なき者が罪人のために死んだというところに，イエスによってもたらされた救済は成立しているのである。それに反して「すべての人は罪をおかした」のである（ロマ3,23；5,12）。その必然性としては個々の罪の行いに対して，その基に横たわる人類共通の原罪というようなものが考えられている。この原罪が教理的に明確化されるのは，アウグスティヌスの貢献によるところが大きい。ここでは教義学には立ち入れないが，原罪の考えは，すでにイレネウスによって

アダムの罪において見られるとされる（Adversus Haereses V.16,2）。その後，テルトゥリアヌスの primordiale delictum（De Ieiunio 4）による，corruptio ex originis vitio（De Anima 41）（両著ともモンタニズム移行以後）などがある。

またアウグスティヌスはペラギウス派駁論集において，原罪はアダムから遺伝された罪とした（Erbsünde, peccatum hereditatum）。以下数例をあげる。

① 自然と恩恵3,3：「人間の自然の本性はたしかに最初は罪も穢れもなく創られたのである。しかしこの人間の自然の本性は，各人がアダムからこの本性を引き継いで生まれるため，いまや医者を必要とする[3]。」

② 譴責と恩恵6,9：「確かにこの原罪は，一人びとりが両親から受け継ぐので外来のものと呼ばれています。しかし自分のものと呼ばれるのも理由のないことではありません。使徒（パウロ）が述べているように，『ただ一人においてすべての人が罪を犯した』〈ロマ5,12参照〉からです[4]。」

③ 聖徒の予定12,24：「またペラギウス派が拒否し，キリスト教会が告白していること，つまり原罪は身体のうちに生きていたときに関わるのである[5]。」

④ 聖徒の予定13,25：「ペラギウス派の主張として，洗礼を受けないままで小児のとき死んだ人たちで罰せられているのは原罪ではなく，生き長らえるとしたら，将来犯すであろう各自の罪なのである[6]。」

⑤ 堅忍の賜物12,29：「つまり幼児たちが原罪にとらわれているとする私たちの見解と原罪の存在を否定するペラギウス派の見解……しかしだからと言って幼児たちも原罪を持っており，自らの民をその罪から救われる方こそが〈マタ1,21〉これを取り除

---

[3] アウグスティヌス著作集9『ペラギウス派駁論集Ⅰ』金子晴勇訳，教文館，1986年，130頁。
[4] 前掲著作集10，Ⅱ，小池三郎・金子晴勇・片柳栄一訳，教文館，1985年，108頁。
[5] 前掲書，113頁。
[6] 前掲書，214頁。

かれるということはわたしたちにとって決して疑わしいことでない。わたしは現在神の恩恵がわたしたちの功積によって与えられるのでないことを示すために，両者の見解にしたがってこの真理を擁護するのがよいと思っている[7]。」

⑥ 堅忍の賜物12,30：「また正当にも罪に対して支払われた永続的な死より，幼児をも成人せる者をも救いたもう方は，原罪，およびわたしたち自身の罪のために，自らはいかなる原罪も自身の罪も負わないにもかかわらず，死にたもう方以外にはないからである[8]。」

なおこの書の解説（p.356）には次のごとく書かれている。「エクラヌムの司教ユリアヌスはアウグスティヌスの学説がマニ教の誤りに陥っている，とまず批判した。人間が本性上腐敗しているというのはマニ教の決定論と同じではないか。この破壊の程度は身体のすべてに及ぶのか，結婚は悪の業として断罪されるのか」，と。

決定的であると思われる言述は，その三位一体論に現れている。すなわち，「最初の人アダムの罪が，両性の結合によって生ずるすべての人の中へ原初的に移り行き，そして最初の親の負い目が子孫全体を拘束する」（...peccato primi hominis in omnes utriusque sexus commixitione nascentes originaliter transeunte, et parentum primorum debito universos posteros obligante.）〈13巻12章16節〉という文章である[9]。このようにアウグスティヌスにより，peccatum originale による massa damnata（Civitas Dei 21,12）が主張された。「[アダム]の最初の罪の大きさについて。それに対する永遠の刑罰は，救い主の恵みの外にあるすべての者に加えられる[10]」

さらにもう一つ典拠を挙げたい。それは，「...quoniam nemo mundus apeccato coram te, nec infans cuius est unius diei vita super terram」

---

7) 前掲書，286頁。
8) 前掲書，287頁。
9) アウグスティヌス『三位一体論』中沢宣夫訳，東京大学出版会，1985年，366頁。東京学芸大学教授荒井洋一氏の示唆による。
10) アウグスティヌス『神の国』J. W. C. ワンド編，出村彰訳，日本基督教団出版局，1968年，471頁。

第6章　イエスの処女降誕について　　　　　147

告白録（Cofessiones I vii II）（何人もあなたの御前で，罪なく清らかである
ものはないのであって，地上に生きること一日の幼児さえも清くはないから
である。）（聖アウグスティヌス『告白　上』服部英次郎訳，岩波書店，1976年，
18頁以下参照）。

　原罪の教えはまたカルタゴ（416）に続いて，オランジュの公会議
（696）によって教会の教えとなる。そして最終的に Toriento の公会議
において，原罪は，propagatione, non imitation taransfusum omnibus
（D [= Denzinger, Enchiridion Symbolorum, Rom 1960], 790）と決定され
た。Tridentinum の研究の大家，H. Jedin は淡々と次のごとく記してい
る："In der 5. Sitzung vom 17. Juni 1546 wurde das Dekret über die
Erbsünde angenommen, das gegen die Pelagianer, aber ebenso gegen
die reformatorische Auffassung von der nach der Taufe bleibenden
Erbsünde gerichtet war."[11]（「1546年6月17日の第5会議で洗礼の後で
も残る原罪というペラギウス及び改革派に対する原罪についての教令が
承認された」。

　さて，原罪の教義学的研究がこの論文の意図でないので，ここでカト
リックとプロテスタントの教義学者の最も簡単なコメントをそれぞれ一
つずつ挙げておく。カトリックの教義学者 L. Scheffzyk は，「この罪の
本質は，しかし concupiscentia（肉欲）にあるのではなく，生殖という
ことに随伴する，欲求すなわち superbia（傲慢）と amor sui（自愛）に
よると解釈される」，と言う[12]。しかしロマ書7章では，罪に関して
（7,7以下）epithumia（欲求）が中心的な位置をしめる。しかしこれは
Vulgata では concupiscentia と呼ばれるものなのである。すなわち罪の
力が機会を捉え「私（ego）のうちにあらゆる『欲望』（epithumia）を
生じさせ」，私が欲求するものとなる（ロマ7,8,11）という事態である。
もちろん原罪は，何か「もの」でもあるように，遺伝によって伝わるの
ではない。

　説明はいろいろあろうが，ここでは詳しくは立ち入れないので，プロ
テスタント側からの代表として，北森嘉蔵氏の説明を挙げておく。すな

　11）　H. Jedin, Kleine Konziliengeschichte, Freiburg i. Br. 1959, 87f.
　12）　L. Scheffzyk, Erbschuld, in: Handbuch Theologischer Grundbegriffe I, München
1962, 297.

わち「性交の前提となる性愛は，自己にとって価値ある対象にたいしてのみ生じる愛の典型である。この場合には，そのような愛こそ健全なものであり，そうでない場合にはかえって不道徳となる。しかし対象を対象自身のためでなく，そのもつ価値のために愛することは，価値は必ず自己にとっての価値であるから，そのような価値追求的な愛は自己追求的な愛であることになり，ここにこの種の愛の問題性が指摘されねばならなくなるのである。なぜなら対象を自己のために愛することは，愛に不純があることを意味するからである。この不純が「穢れ」の内実である[13]」。

とにかく，このようにして，原罪とは単なる遺伝ではなく，いろいろな説明があろうが，単に性交による，と簡単には言えないであろう。現実には peccatum orginale (Ursprungssünde; Ursünde) であり，すべての人間がその共通の過去として，この点ですべての人がアダムであり，またその罪を背負っているということである。もし原罪を単なる性交による遺伝的なものとして片付けられれば，問題の解決は簡単であろう。処女降誕によって遺伝的な鎖は断ち切られたことになるからである。

以上教義学的な話に深入りしてしまったが，原罪の問題についてこれ以上教義学的なことを述べることは，筆者の能力を超えているので，以下再び聖書学的な問題に立ち返って話を続けたい。

そこで新約聖書に関して原罪について見るなら，その locus classicus とでも呼ばれるべき箇所はロマ5,12と言えよう（D789その他）。ここでの12d 節の「すべてのひとが罪をおかしたから」(eph' hō)（これは Vulgata では，inquo omnes pecaverunt と訳されているのは周知の事実である。アウグスティヌスもこれによっているし，カトリック教会の教義の規範は残念ながら Vulgata なのである），は3,23にある同じ句を受けているが，この3,23は3,9のすべてのひとが「罪（の力）の下にある」という句を指していて，それは1,18から始まる人間の個々の罪の叙述の結論と言える[14]。つまりすべてのひとが，世に入って来た (5,12) 罪の力の支

---

13) 北森嘉蔵『処女降誕』キリスト教大事典，教文館，1968年，552頁。
14) E. Brandenburger, Adam und Christus, Neukirchen 1967, 175.

配の下にあるのである（3,9；7,14など参照）。そのさい，この「すべてのひと」にイエス・キリストは含まれていない。それどころか5,12以下では「一人の人」（12節）アダムと，「一人の人イエス・キリスト」（16節）の対置，すなわち罪人たる全人類の罪と，罪のないイエス・キリストの対置がテーマとなっているのである。ここですでにパウロが，イエスは普通の人間と同列には論じられず，従って，言うなれば，イエスは原罪がないことを前提としていることは明らかである。すなわち，イエスは初めから罪の力の支配の下にはいないのである。それがすなわちイエスが原罪から自由であるということを意味する。

　次なる問題はそのことがいかにして起こったかということであるが，ロマ5,12以下ではそれについては触れられていない。ここで言えることは，イエス・キリストはここで普通一般の人間としては考えられておらず，それはあえて言えば，その生成が普通の人間とは異なるということに他ならないのである。

　すなわち，結果的に聖書のテキストによれば，「一人の人イエス・キリスト」は新しい人間であり，新しい創造された人間であるということなのである。そして新しい人間の創造は，霊により起こると考えられる。この新しい創造ということについては，1コリント15,21以下を参照する必要があろう。そこでは復活に関して，アダムとキリストの対置がなされている。すなわち新しい創造は，ここでイエスの復活に関して言われている。15,45には創世記2,7からの引用があり，「最初の人アダムは命のある生きたものとなった」，と書かれている。ここでは創世記2,7でその直前にある，「その鼻に命の息を吹き入れられた」という句が抜かされているが，この「命の息」の息（pnoē）は霊と同義であり，かつ同義と取るために，パウロはそれに続く「最後のアダムは命を与える霊となった」という句との関連で，「その鼻に命の息を吹き入れられた」という一節が省略されたのかもしれない。

　ここで創世記2,7の，「主なる神は土（アダマ）の塵で人（アダム）を形づくり，その鼻に命の息を吹き入れられた。人はこうして生きる者となった」，という重大な節について少しばかり述べたい。神の霊は聖書では，ときには風，ときには息と考えられる[15]。従ってこの箇所は，人間の生命の呼吸としての息，すなわちその呼吸する鼻に対応して「息」

と言われているのであって，その関連から，霊を吹き入れられたとは言われていないのである。この人間の創造の箇所で，ここで神によって吹き込まれた「生命の息」とは，神が彼に生命を与えて，活ける者としたという意味である。すなわち，この生命の息とは，神の霊が人間に生命を与える，活ける者とするということと，全く同意義である。従って，旧約聖書でも，例えば，「神の息吹がまだわたしの鼻にあり」（ヨブ27,3）は，「わたしの生きている間に」という意味に他ならない。また，「わたしがお前たちの中に霊を吹き込むとお前たちは生きる」（エゼキエル37,14），またその他に，「神の霊がわたしを造り，全能者の息吹がわたしに命を与えたのだ」（ヨブ33,4）。また34,14以下参照。さらに，「あなたはご自分の息を送って彼らを創造し地の面を新たにされる」（詩104,30），「預言して霊に言いなさい。主なる神はこう言われる。霊よ，四方から吹き来たれ。霊よ，これらの殺されたものの上に吹きつけよ。そうすれば彼らは生き返る。」（エゼキエル37,9）などが良い例として挙げられよう。

　新約聖書のパウロの霊と復活についての思想も，厳密にこの旧約的思考の線上にある。以下の箇所が典型的であろう。パウロは復活という新しい創造を，ロマ8,11では，それが神における聖霊の力によることとして，「もしイエスを復活させた方の霊が，あなた方の内に宿っているなら，キリストを死者の中から復活させた方は，あなた方のうちに宿っているその霊によって，あなた方の死ぬべき体をも生かしてくださるでしょう」と書いている。これはすべて聖霊によって新しい人間が創られる，という考えが基になっていて，前述した旧約聖書の霊ないし霊による生き返りというか復活というか，それと同じ根本的な考えの線上にあることは一目瞭然であろう（Ⅰコリント15,45bも参照）。

　さてここで，ヨハネ福音書の復活したイエスの霊の授与のさいの「吹き入れる」という動詞について考察してみよう。ここには，「そう言ってから彼に息を吹きかけて言われた『聖霊を受けなさい』……」（ヨハネ20,22），とある。ちなみに，ヨハネ福音書のこの「吹き入れる」（em-

---

15) このことに関し私は，ホッブスのリヴァイアサンの第3章 Christian commonwealth から大きな刺激を受けた。

phusaō）という動詞は，新約聖書でここだけに用いられているが（20,22），このヨハネ20,22に関しては，聖霊を与えるということは，ここでは新しい人間として生まれるという（ヨハネ3,1以下）洗礼に匹敵する。「新しい人間を創る」ということは，聖霊による罪の許し（20,23）に通じる。これらはすべて聖霊によって新しい人間が創られるという考えが基となっていよう。こころみに旧約聖書でのこの emphusaō という動詞の使われている箇所をみてみよう。この動詞も，霊による創造という事柄に関係があるからである。この動詞は LXX に11回見いだされるが，創世記2,7以外に特に次のような箇所に注意を向けるべきであろう。すなわち知恵15,11：「なぜなら自分を造って下さった方，活動する魂を吹き込んでくださった方，生かす霊を注いで下さった方を，知るにいたらなかったからである。」あるいはエゼキエル37,9も注目に値する（上述）。

　こう見てくると，聖霊によって新しい人が作られる，という考えは決定的な事柄として見られていると言ってよいであろう。そこでこの事態に，イエスの処女降誕を理解する鍵があるのではないかと考えられる。マタイ1,20には「マリアの胎の子は聖霊によって宿ったのである」とあり，ルカ1,35には「聖霊があなたに降り，いと高き方の力があなたを包む」とある。すなわちイエスの処女降誕において決定的なのは，聖霊の働きなのである。この点はいくら強調しても強調しすぎるということはない。またルカ福音書では聖霊の働きに答えるマリアの信仰がまず祝福され，それに続いて「胎の子」が祝福されている。このことによってイエスはアダムであるような普通の人とは異なるのであり，罪なき者として妥当し得るのである。もしこの聖霊によるイエスの処女降誕が起こらなければ，イエスが罪をおかさなかったということは考えられなくなり，したがって十字架の救いということは成立しなくなるであろう。イエスの処女降誕は，新しい創造として，ある意味での復活の先取り，またはそのアナムネーシスと考えてもよいのではないか。このようにアナムネーシスにおいて復活と十字架が一つの救いの出来事であるとするなら，イエスの聖霊による処女降誕もまたこれらから切り離すことのできない出来事と考えられる。

　従って以前に述べた教義学的考察に欠けたところは，原罪を個々に分

けられるような人間が一個人として，何かものを所有するような，また一個人として何かを遂行するような罪と考えたところであるだろう。ロマ5,12をよく見ると，「一人の人によって罪が世に入り，罪によって死が入り込んだように，死はすべての人に及んだのです。すべての人が罪を犯したからです」，とあり，「すべての人」が強調され，義人の存在を認めるユダヤ教とは全く違う。このように罪の力が世に入って来て，いわばすべての人に力をおよぼすその橋頭堡を作ったのである。そのことは，人間を個々の裸の個体として考えず，いかなる人間も共通して，その由来からして，世界の内に在るという世界に投げ入れられた現存（Geworfensein）として，原罪を持っている，あるいは原罪のうちにあると言うべきであろう。それは人間に共通の来歴とでもいうべきものである。そしてそれは世界内存在であるすべての人間が，これらすべての人間に共通の過去性のうちに生まれて存するということであろう。それはどういうことかというと，パウロがロマ3,9で言っているように，「ユダヤ人もギリシャ人もみな罪の下にあるのです」，ということであり，ここで前に述べたように，罪は単独で個々の人間の罪としては考え得ず，罪の力と個々の罪の同時的連係と考えなければならないことは明らかである。すなわち，いわゆる原罪は，個々人が全体から離れて，一個人としての所有する罪ではないのである。それはすべての人が罪の力によって規定されている世にある実存であるということである。原罪は個々人がこの「世」と関係なくおかす罪とはべつのものなのである。くり返しになるが，それはアダムの罪ということから，罪の力が世に入ってきて，すべての人間がその世にあるという人間の共通の過去性とも言うべきものなのである。すべての実存は罪の世の中にある実存なのである。すなわち原罪については，先のドグマで決定された，上述のpropagatio（伝播）という用語とその内容の分析は役に立つものではないであろう。それは死に至る病とはいえ，ペストとは異なるからである。世は人の世であり，この世というものの罪性の分析が決定的だということである。このことへ注目することを一応止めた上で，ここでは原罪の教義的分析には立ち入らず，また聖書の問題に帰る。

　おそらくはイエスの処女降誕ということは，一つの説明を加えれば以下の甲斐博見氏の次のような引用によってほぼ完璧に言い表わされるで

あろう。その説明は次の引用文中の一つの表現に関することであるが，その文中の「霊のからだ」という表現を，同時に「罪なき霊によるからだ」に置きかえつつ読むべきではないかと思う。というのは「霊のからだ」という表現は，パウロがすでに復活した者一般について，以下のように使用しているからである。すなわち，「『最初のアダムは命のある生き物となった』と書いてありますが，「最後のアダムは命をあたえる霊となったのです。最初に霊の体があったのではありません。自然の命の体があり，次いで霊の体があるのです」（Ⅰコリント15,46）。さて前述したその文であるが，少し長い引用になるが，以下の通りである。「『それでは降誕物語の固有の意義はどこにあるのか。』それはイエスが純粋に霊のからだ（『霊により生まれた罪なきからだ』）であり，それによってこの世で生命を与える霊としての救済の力を持つこと，そしてその霊のからだ（『霊により生まれた罪なきからだ』）の純粋無垢な姿がイエスの誕生の時点で見られるということである。その姿は十字架に架けられて死んだイエスの姿と対照的にみえるが，実は一つに重なりあう姿なのである。以上のように，降誕物語がイエス・キリストという出来事の一つの反省的なキリスト論的イエス像の提示であるとすれば，『ロゴスが肉になった』ということの核心的場面はこの出来事のどこにあるというべきか。それはパウロが関心を集中させたイエス・キリストの十字架の死と復活と高挙にあると言えよう」（ヨハネ1,14；ロマ8,3も参照[16]）。もちろんこの難解な文章のすべてがいわゆるアナムネーシスの視点から書かれたとすればすべてそのままで正しいと言えようが，霊のアナムネーシスが現実のイエスの降誕を開くという説明がなければ，これだけでは理解が難しいであろう。

このようにして，旧約聖書においては，新しい人間の創造は，創世記2,8の最初の人間の創造も含めて，霊による創造と考えられている。このことがマリアの処女懐胎の物語において，イエスについて本来的に言われているのではないのだろうか。新約聖書では本来イエスの復活は，これまでの歴史になかったような，終末時の一回的な新しい人間の創造という出来事と考えられている。それはすでに述べたように霊による創

---

[16] 甲斐博見「パウロとシュリーア4」『福音と世界2』新教出版社，2001年。

造なのであるが，イエスのマリアによる聖霊による降誕もこれと似たようなことである。そこでわれわれは，この聖霊による処女懐胎を，（本来アナムネーシスにおいては一つであるが，前後的時間から言えば）イエスの復活の出来事の先取りというふうに理解はできないであろうか。イエスの誕生は，罪の力の支配する世にありつつ，その罪の力から自由な全く新しい人間の誕生なのであるが，新約聖書の中で表面だって強調されていないのは，すべての終末思想の中心が，新しい人間の創造と言えるイエスの復活をその中心として強調している故であるとは言えないであろうか。しかしながら，もちろんはっきりした典拠が福音書から得られるわけではないであろう。

だがこのような思想は新約聖書に異質であり，そこにはそれを暗示するような思想は全く見当たらない，と断言してよいであろうか。その問題を契機としてわれわれは以下，これまでまったく触れなかったヨハネ福音書の検討に手をつけてみようと思う。

神の子の受肉が新しい創造である，ということは，パウロにおいては，ロマ書4章でアブラハムとサラの不妊であることが述べられ，信仰において一子を得たということが，4,17で「死人を生かし，無から有を呼びだす神」と比較され，それが神の創造であることが強調されている（ヘブル11,11参照）ことが参考となろう。その前にまたこのことはヨハネ福音書には間接的であるがはっきり述べられているように思われる。ヨハネ福音書で最も重要な部分の一つである，いわゆるプロローグと呼ばれる部分のうちの，しかもその最も重要な部分と言える，1,5a節とロゴスの受肉を述べる1,14a節がこの際問題となるであろう。14a節の「ロゴスは肉となった」という言葉は，5a節において先取りされて「光が闇に輝く」という句で解釈され言い表わされている。この句はあきらかに創世記1,2以下の天地の創造の，「神は言われた。『光りあれ。』こうして光りがあった」，と言う句を基にして，新しい創造を述べている。それが14a節の「ロゴスが肉となった」と言う事態を述べているとすると，受肉は新しい創造であるということになろう。この闇における輝きということは，新しい人間の創造と受け取ってしかるべきである（IIコリント5,17参照）。

以上が，ヨハネ福音書における受肉と新しい創造の関係であるが，こ

第6章 イエスの処女降誕について

こではヨハネ福音書とマタイ，およびルカ福音書の降誕物語との関連を調べて見たいと思う。後者の二つの福音書の物語は相互に大きくことなっているが，この両者の中核は，マリアの処女懐胎とイエスのベトレヘムでの誕生という伝承であると思われる。これらは一般に言われるように，この二つの福音書以外にはどこにも述べられていない。しかしそのことは，この両福音書より10年くらい遅く90年頃書かれたというヨハネ福音書になんの痕跡も残してはいないのであろうか。聖書学者たちの意見は一致せず，一般には否定的である。しかしこの際注意すべきことは，ヨハネ福音書記者の固有の書き方であって，それは，すでに当時の教会内で一般に知られていることを前提するという仕方を，その福音書全般になしているということである。今一つずつの典拠を挙げることは省略する。

まず降誕についての箇所から取り上げていくことにする。その際ここでは詳しくは立ち入れないが，この福音書におけるユダヤ人の特殊性ということも考えられなければならない。この福音書が書かれたのは，第一次ユダヤ戦争におけるローマによるエルサレム陥落より約20年もあとで，ここでのユダヤ人とは実際にはファリサイ人のことであり，ヨハネ福音書の物語はイエスの時代ではなくこのヨハネの時代が背景になっているということである。そしてヨハネ福音書記者はユダヤ人を現実としてよりも，むしろ神の敵対者として構成しているという事実がある。ヨハネ福音書の記者は，このユダヤ人の口から，当時のキリスト者に知られていることとは逆のことを言わせ，彼らを無知なイエスの反対者，すなわち当時のキリスト教徒の反対者とするということである。そうするとユダヤ人の言っていること，主張することの正反対が真実であるということになり，真実を告げるために，ユダヤ人にわざわざ逆のことを言わせるという手法が取られているように思われる。すなわち当時の読者にはキリスト教徒の間ですでに知られていることから，しばしば彼らが無知であるか，嘘をついているかが分かるような仕組みで書かれているのである。言い換えれば，ユダヤ人たちは間接的に逆の意味で真実を述べていることになる。このような役割をユダヤ人が果たしていることに，読者は注意してその言っていることを細心の注意を持って聞き，解釈していかねばならない。

まず最初に，マリアの処女降誕のことであるが，8章にイエスとユダヤ人たちの大論争があり，そこでユダヤ人たちはイエスを非難して，自分達はアブラハムの子孫であって，「わたし達は姦淫によって生まれたのではありません。わたしたちにはただ一人の父がいます。それは神です。」(8,41)と言う。これを逆に読むと，イエスは姦淫によって生まれたのではない，と言い，さらに続く「私たちにはただ一人の父がいます。それは神です」は，イエスにはただ一人の父がいて，それはイエスが「私の神」(5,17)と呼ぶ神に他ならない，というイエスについての真実を，自分たちでイエスを否定しながら，述べていることになる。ここには，マリアは姦淫を行って，イエスはその子であるという，後のユダヤ人の反論(Origenes, Contra Celsum 1,28)に似たものが読み取れるであろう。この言葉は，悪魔の子であって真理を言わず，虚偽を言うものの言葉としてイエスによって否定されているのであるが，イエスがそう言うことだけでなく，上述したようなユダヤ人の特性の実際の例が示されている，と取ってもよいであろう。ユダヤ人たちの8,41の言葉について学者の意見は分かれていて，一般にはこの関連には否定的であるが，筆者にはほとんど疑いの余地のないことと考えられる。この点でなぜすべての解釈者が否定的であるのか，筆者には解せないが，それはマリアの処女懐胎を初めから神話的伝承と見ていることに由来するのではないだろうか。

　次にメシアの誕生の地（ミカ5,1）とされているベトレヘムでのイエスの誕生であるが，これもマタイとルカ福音書にしかみられないことなのである。これに対してヨハネ福音書ではどうであろうか。ちなみにイエスのベトレヘムでの誕生ということは，多くの聖書学者によって否定されている。しかしヨハネ福音書を読んでみると，筆者にはこのこともヨハネ福音書に明らかに言われていると考えざるを得ないのである。問題になる箇所は7,42である。ここでの言葉は，イエスがエルサレムに上って神殿で群衆の騒ぎが起きたところで出てくる。群集の中のあるものが，「「この人はキリスト（メシア）だ」，と言う者がいたが，次のように言う者もいた」，と書かれている。「キリスト（メシア）はガリラヤから出るだろうか。キリスト（メシア）はダヴィデの子孫で，ダヴィデのいた村ベトレヘムから出ると，聖書に書いてあるではないか。」こうし

第6章　イエスの処女降誕について

てイエスのことで群集の中に対立が生じた，と書かれているのである。前に述べたように，このことについて，聖書学者の間に意見の対立があり，ヨハネ福音書は，イエスのベトレヘムでの誕生を知らないという意見が大勢をしめているように思われる。だが筆者の意見ではヨハネ福音書の性格からして，これはやはり暗示であると考えられる。というのは，ユダヤ人はここで同じように，イエスがナザレの出身であり（1,46），ナザレのイエスと言われていることから，「しかしわたしたちはこの人がどこの出身か知っている。キリスト（メシア）が来られるときは，どこから来られるのか，だれも知らないはずだ」，と言う（7,26以下）。それに対しイエスは，「あなたたちは私のことを知っており，またどこの出身かも知っている」（7,28）と言う。しかしイエスは実際には，「あなたたちは，わたしがどこから来てどこへ行くか，知らない。」（8,14）と言っている[17]。この福音書で「ダヴィデの子」という名称が欠けていること（12,13）がこれに反対の根拠をなすであろうが[18]，少なくともその住んでいるところ（patris）についてはマタイ福音書でも，アルケラオスを恐れてガリラヤのナザレへと移住したのである（2,22）。そしてベトレヘム誕生の理由は書かれていない。

以上のことから，ここではヨハネ福音書が，イエスの処女降誕とベトレヘム伝承を知っていたということを推定したい。それもこのことは，ヨハネ福音書の読者にとって，このことがすでに広く知られていた，ということを前提としているのである。

最後にマルコ福音書について述べたい。そこでは，福音書物語はイエスの洗礼から始まる。洗礼者ヨハネは荒れ野で「罪の赦しを得させるための悔い改めの洗礼を宣べ伝えた」（1,4）。そこへイエスが赴くのである（1,9）（ただし1,8も参照）。このイエスが「罪の赦しを得させるため

---

[17] これについて，H. Hoskyns, The Fourth Gospel, London 1961, 324 は次の如く書いている。"The Objection is answered in the first and third (Mt2, 1, LK2, 4), but the author of Gospel leaves it mysteriously unanswered. He supposes the reader to know the answer, and if he presumes a knowledge of the Virgine Birth, he knows also that it is open to an even graver objection (8, 41) ..."

[18] Chr. Burger, Jesus als Davidssohn, Göttingen 1970 参照。

の……洗礼」に赴くということについて原始教会が頭を痛めたことは，マタイ福音書の3,14以下のヨハネとイエスの対話にはっきりと表われている。またルカ福音書はこのイエスの洗礼の後に，神にまで遡るイエスの系図を置いた。マタイ福音書は「罪の赦し云々」は消失している。最後にヨハネ福音書はイエスの洗礼自体を消してしまった。洗礼者ヨハネは証言者ヨハネになったのである。さてマルコ福音書にのみ表われる，上述の罪の赦しを得させる洗礼にイエスが赴くのは，どのような理由からなのか。私は，イエスが罪人たる人間を代表して，その罪をすでに身に負って行くのであると解釈したい。しかしこの話のクライマックスは洗礼自体ではなく，イエスが水から上がったときの出来事である。それは公現（エピファニー）と言われているように，イエスが誰であるかが啓示される出来事なのである。そこには「水の中から上がるとすぐ天が裂けて，霊が鳩のようにご自分に降って来るのをご覧になった。すると『あなたは私の愛する子，わたしの心に適う者』という声が，天から聞こえた」（マルコ1,10以下；9,7も参照）と書かれている。この出来事の背景には創世記1章の「地は混沌であって，闇が深淵の面にあり，神の霊が水の面を動いていた」（1,2）という記事があって，ヨルダンの水の中から上がったイエスの上に霊が下るのである。鳩はユダヤ教での霊のシンボルである。マルコはそれに続いて創世記3章の人祖の堕罪と鋭い対照をなすイエスの誘惑に対する勝利を告げる。（原罪に関してだが，不思議なことにこの堕罪の記事の後にすぐ，「アダムは妻エバを知った」[4,1]と記されている。）とにかく大切なことは，洗礼そのものではなく，この天からの啓示であり，イエスが誰かが示されたということであろう。この「公現」と呼ばれることは，イエスの誕生の時に起こった事がここで顕わにされたのである。とすればやはり聖霊が下ったことがイエスの誕生と考えるより他にないであろう。一体決定的な箇所に「神の子」という名称を配しているマルコ福音書が（1,1[3,11；5,7]，15,39；9,7も参照），マリアの聖霊による懐胎に反対して，原罪のうちの誕生を考えるなどということは滑稽に思えるのである。くり返しになるが，教会の伝統では，イエスの洗礼のさいの霊の降臨と天からの声は，イエスの誕生に妥当することであり，これはエピファニーとして典礼で祝われていることなのである。

第6章　イエスの処女降誕について　　　　　　　159

　このように見てくると，非常な努力を伴うことではあるが，処女降誕ということは地下水の伏流の流れのように，新約聖書の文書の下に存在したと言えないであろうか。ついでに付け加えておくと，ヨハネ福音書記者は，直接にはマタイ・ルカ福音書を知らず，その宣教していることを部分的に知っていた，という結論が出るであろう。

　最後に，以上述べてきたことをよりよく，しかも決定的に理解するために最も古い古ローマ信条を見てみる必要があろう。そこには，イエス・キリストについて[19]

　　qui natus est de Spiritu Sancto ex Maria Virgine
　　crucifixus sub Pontio Pilato et sepultus
　　tertia die resurrexit a mortuis（D 2）
　　（(われらの主イエス・キリスト）彼は聖霊によって宿り，おとめマリアより生まれ，ポンティオ・ピラトのもとで十字架にかけられ，死して葬られ，三日目に死者のうちからよみがえられた)

と，マリアからの聖霊による降誕と十字架の死と復活の三つの出来事は，地上のイエスの事跡が全く抜け落ちるという形で，すなわち，一つの救いの出来事として数え上げられている。マリアからの聖霊によるイエスの降誕だけをここから抜き取ることはできない。これを信じない者は，原罪ということがある限り，罪なき者が罪人のために死んだという，救いとしての十字架の出来事を信じることも不可能となってしまうのである。すなわち，イエスの処女降誕という出来事は，十字架と復活から切り離されて取り上げられるべき出来事ではないのである。このことがもっと一般に強調され，この視野からマリアの処女懐胎が見られることが，絶対に欠かされないことなのである。

---

　19) J. N. D. Kelly, Altchristliche Glaubensbekenntnisse, Geschichte und Theologie, Göttingen 1972 参照。

第7章

ヘブル書についての一考察

　まずこの書について簡単な説明をする。

　表題のヘブル人とはユダヤ人キリスト者と理解されるので，当然旧約聖書の理解が前提とされるであろう。ボルンカムはこの書について，「ヨハネ黙示録を含めての全新約文書中この手紙は今日の読者にとって恐らく最も異質で，最も近づきがたい文書であろう」（『新約聖書』22頁）と述べている。この書は東では，早くカノンに属するという承認を受けたが，西ではあまり重んじられなかった。ちなみにミラノの図書館の8世紀の写本（codex）の間にはさまっていてムラトリ（Muratori [1672-1750]）によって1740年に発見された，有名ないわゆるムラトリ断片（パピルス）にこの書の名はない。4世紀末東でヨハネ黙示録がカノンに数え入れられるころ，同時に西でも認められ，Corpus paulinum の最後のピレモン書の後におかれた（pauli apostoli epistolae quattuordecim）。背景はアレクサンドリアのギリシャ語世界と考えられている。もちろんその著者はパウロとのある類似性はあってもパウロではない。そのギリシャ語は新約文書のうちもっともエレガントなものである（その性格は詳しくは，岩隈直『新約ギリシャ語辞典』535頁参照）。時代はその内容からドミティアヌス帝による迫害の背景が推察されている。

　そのテーマはイエス・キリストの大祭司論といっても間違いはないであろう。

　この手紙の文頭1節と2節にパラレリスムス・メンブロルムの形で書かれていることを見ればわかるとおり（本書4章），この手紙全体を

通じて旧約と新約の間の絶対的亀裂がその底を走っていることが確認される。それについては1,1-2に対応するこれまでの話のくくりとしての4,12-13に「神の言葉は生きていて活力があり，あらゆる両刃の剣にまさって切れ味があり，魂と霊を，関節と骨髄を切り分けるほどに刺し貫くものであり……」とあることに注意を向ける必要があろう。これは通常なされる第一区分1,1-4,13のまとめの句に属する。この「切り分ける」ということを，旧約と新約に妥当するものと考えたい。もちろん両者の間に関係がないと考えれば，マルチオンその他の異端になってしまうことも確かであろう。さて話は変わるがここで一言付け加えたい。ロマ書10,4の共同訳の誤訳のことである。共同訳では「キリストは律法の目標（telos）である」となっているが，正しくは協会訳の「キリストは律法の終わりである」ということである。何故改悪が行われたのかその詳細を筆者は知らない。このことはヘブル書の律法理解にも関わることなので，ここに付け加えておく。本家本元（パウロ）に誤解があってはヘブル書の理解はいよいよ困難になってしまう。

　さて冒頭に述べた新約は，大祭司イエス・キリストによって可能とされるが，それはエレミア31,31-34が8,38以下に引用されている。「主が言われる。見よ，私が新しい契約を，イスラエルの家の上に，そしてユダの家の上に成し遂げることになる日々が来る。わたしは自分の律法を彼らの思いの中にあたえることにより，彼らの心の上にもそれを書きつけることになる。そして私は彼らにとって神となり，彼らは私にとって民となるであろう。……私が彼らの不義に対して慈愛深い者となり，彼らの罪をもう決して思い起こすことがないからである」。
　ここからヘブル書の大祭司キリスト論に立ち入っていきたいが，さしあたって当論文では5章までに限って理解を吟味していきたい。なお，「私が……慈悲深い者となり」という言葉はこの手紙で最初に2,17に「憐み深い忠実な大祭司」として出る。本論でも，この部分2,14-15の理解を中心として追っていきたい。ただしその前に，後続して出る「大祭司」について先に述べていきたい。その箇所は3,1；4,14；5,6.10である。5,11を読むと，ここまでで一応イエスの大祭司についての説明がなされたという印象を受ける。そして読者の未熟さについての叱責がなさ

れる。蛇足ながら付け加えると，筆者はヨハネ福音書を研究していたので，そしてそこではイエスの復活が宣教されていたので，ヘブル書では復活が背後にされるべき初歩的な教えとして数え上げられている (6,2) ということに，多少の違和感を感じた。グノーシス的であるかもしれないという感じは拭いきれなかったが，要はキリスト論の理解の枠組みの違いであろう。ヘブル書はピリピ2,6以下の賛歌の枠組みで思考しているのでないかと思われる。また，このヘブル書では，イエスの復活について一度 (13,20) しか言及されていないという Schierse のコメント (147) を挙げておく。

本題に入る前に3,1その他に言及したい。3,1ではホモロギアの対象として，大祭司イエスがあげられる。ホモロギアはヘブル書で決定的な役割を担っているが，ここではくわしいことは Bornkamm の論文にゆずる。この「わたしたちが信仰告白（ホモロギア）している使徒また大祭司であるイエスを見据えなさい」のイエスの「使徒」名称は新約聖書では一回的である。ただヨハネ福音書で apostellein はイエスについてしばしば使われている (3,16) のでイエスを Apostel と呼ぶことは正当である。ここに使徒の源泉があるのである。ただこの「使徒または大司祭イエス」がいわゆる Akklamation（呼称の叫び）であったかどうかは証明できない (Kramer, 69)。むしろ Proklamation（公言）と呼ぶべきではないだろうか。

次にここでは4,14f へ移る。4,14-10,31はいわゆる第2部と分類される。4,14の説明は，後に高挙との関連で見る必要があると思われるので，4,14f は決定的に重要だと思われるが，今説明の都合で通過させていただき，5,6-10に移りたい。

5,6では，イエスがメルキセデクの位の祭司であると，詩篇110 (109), 4が引用される (su ei hiereus eis ton aiōna kata tēn taxin Melchisedek)「あなたはメルキセデクの位に従っての永遠の祭司である」。この5,6は5,10に「神によりメルキセデクの位の大祭司と名付けられたからである」とくり返される。これはいわゆる inclusio であり，したがってこの間にはさまれたことがメルキセデクの位の（大）祭司の内容であると受け取ってよいであろう。すなわち大祭司は旧約にもいたのであるから，

ここでイエスの大祭司の命名が行われなければならないのである（もちろん4,15で「この」大祭司という指示が見られる）。しかし固有名としては「メルキセデクの位に等しい大祭司」ではないだろうか。

5,7-8を引用してみると、「彼は肉なる人として生きた彼の日々、自分を死から救う方に向かって、力ある叫びと涙を持って願いと嘆願を捧げ、畏敬のゆえに聞き入れられたのであって、子であるにもかかわらず忍んだ苦しみから従順を学んだのである」。さしあたってここでのわれわれのキーワードはイエスの学んだ従順（hupakoē: obedientia）である。後の説明のために、このことにはっきり注意をとどめる必要がある。

さて過去において、ここに賛歌が含まれていなかったかどうかが問題とされた。これについては決定的な解答が出ていない。ここで「彼は」と訳した部分は hos（qui in diebus carnis）として先行の「メルキセデクの位に等しい大祭司」にかかる。フィリピ2,6；コロサイ1,15；ヘブル1,3などの賛歌はすべて hos という関係代名詞で始まっている。すなわち先行のイエスという名にかかるのである（詳しくは、伊吹『ヨハネ福音書注解Ⅰ』28頁参照）。例えば典礼では per Dominunm nostrum Iesum Christum, qui tecum vivit et regnat in unitate spiritu sancti per omnia saecula saeculorum, amen（聖霊とともに世々に至るまであなたとともに生き、かつ治めている、われらの主イエス・キリストによって、アーメン）というような句に、われわれは慣れている。しかし賛歌というようなものには典礼の中の位置づけが必要であろう。すべてを洗礼の場に帰することはできないであろうと思われる。ただ13,15「彼を通して、賛美の生贄、つまり賛美の名を告白する唇の実をいつも神にささげていよう」などという句は参考になるのではないか。具体的には G. Schille や G. Friedrich によってなされたものがあり、ここでは参考までに後者のみを挙げておく。

    Ⅰ. Welcher Bitten und Flehen
        zu dem, der ihn aus dem Tode retten konnte,
        mit starkem Geschrei und Traenen darbrachte,
        （その者は願いと嘆願をもって、自分を死から救うことのできる方に向かって、力ある叫びと涙をささげた）

第7章　ヘブル書についての一考察

II. und er wurde auf Grund seiner Gottesfurcht erhoert
Und vollendet wurde er Urheber ewigen Heils,
ernannt von Gott zum Hohen Priester.
（そして，彼が彼の神への畏敬のゆえに聞きいれられた，そして，彼は永遠の救いの創始者として完成され，神から大祭司と名づけられた）

すなわち3行ずつの2番からなる構成である（以上 Zimmermann, Bekenntnis, 64参照）。

これはごく参考までに挙げたのみである。いろいろ批判もあるが，ただいずこを見ても「死」（thanatos）ということが問題になっていることに注意を向けておきたい（2,9.14.15；5,7）。これは後に問題になるからである。

さて，いよいよわれわれの探究は，ここでイエスについて「大祭司」という言葉が最初に出る「忠実な大祭司」という2,17をめぐるテキスト2,14以下に帰りたい。

ただここでもその前に2,9に注意を向ける必要があろう。そこには「救いの導き手」（archēgon tēs sōtērias：2,10）という名称が出るがそれはなぜか。悪魔は死の力を持つ者（2,14）とされるが，イエスは「すべての人のために死を味わわれた（huper pantos geusētai thanatou）」のである。そして死の苦しみのゆえに，栄光と誉を冠として与えられたのである（thanatos：2,9.14.15；5,7；7,23；9,15.16；11,5：全部で10回，新約聖書に120回）。これが救いの導き手なのである。「多くの子らを栄光に導くに当たり，彼らの救いの導き手を多くの苦難を通して成就させたことは，すべてのものがその方のためにあり，その方を介してすべてのものがある，その方にふさわしいことであった（eprepen gar autō）」（2,10）とある。「ここに初めてこの手紙を決定的に定めているテーマが立ち上げられる」（Zimmermann, 24）。

さて本論の主題に入り，2,14fを引用する。「子供たちは血と肉にあずかっていたから，彼も同様にそれらを共有した。死の力を持つ者，つ

まり悪魔を死を通して滅ぼすためであり，また死の恐れのために一生涯にわたって悪魔に隷属していた人々を解き放つためであった」。

ここではじかにイエスの死に関して，人間の犯した罪については一言も語られていない（Backhaus, Kom 127）。確かにそうではあるが，2,17には「それで，彼はすべてにわたって兄弟たちと同じようなものにならねばならなかった。それは神の御前で，民の諸々の罪を贖うため（eis to hilaskesthai tās hamartiās tou laou），憐み深い忠実な大祭司となるためであった」と書かれている。ここでの贖う，贖い（hilasmos），さらに贖い金（lutron；マルコ10,45；マタイ20,28），また（antilutron；Ⅰテモテ2,6），（lutrosis；ルカ1,68；2,38；ヘブル9,12），さらに（apolutrosis；ヘブル9,15；11,35），などへと，さらに進めてそれらの考えについて考慮されるべきではないだろうか。ここでは，イエスが「わたしたちの罪のために死んだ（Ⅰコリント15,3）」，といういわゆる pro nobis（われわれのために）は，悪魔の支配からの解放という線で，深く理解されているのではないだろうか。ここでいわゆる「請けだし」について考慮される必要があろう（Friedrich, 91以下参照）。ただしここではイエスの犠牲死については（7,27；9,14）立ち入らない。

さて悪魔（diabolos）はいわゆるサタンである。ここでサタンについて若干考察する。

ヘブル書では悪魔はここだけ（2,14）に出る。新約聖書では diabolos は37回，satan は36回，旧約聖書も入れると100回くらいではないだろうか。サタンはそもそもユダヤ教では裁判の際の告訴人であるが，後期ユダヤ教になり，堕落した天使という考えが出てくる。このサタンの考えは初期ユダヤ教にはなかった。ダイモンはサタンから独立してその存在が考えられていたという。天使の堕落という考えは後期ユダヤ教に発生する。サタンは神と人間，なかんずくイスラエルとの間を破壊する。とにかく最後の目的は人間を誘惑し滅ぼすことにある。このような悪い力が強調されればされるほど，思考は二元論に近くなっていってしまう。誘惑の最後の目的は上述のごとく人間を滅ぼすことである。つまりサタンと誘惑は切っても切れない縁にある。誘惑は善なる者の決意によって退けられうる。これは後期ユダヤ教であるが，新約思想ではアダム以来 de facto（事実上）不可能とされているという（ロマ5,12；3,12参照）。こ

第7章　ヘブル書についての一考察

のことからキリストによる救いの必然性が説かれる（ThWbNT II; v. Rad; Förster, 71ff）。（ヨハネ12,31；14,30；16,11）。

　さてここで語られることは一般的ではないが，2,14以下では罪の贖いということの解釈のもっとも根源的な様相を示しているのではないだろうか。罪も含めて悪魔に隷属している状態からの解放が問題となっている。悪魔についてはヨハネ8,44に究極的なイエスの叙述がある。悪魔とは神から与えられた存在を，端緒から自分のものと解釈するもののことであろう。

　またここに述べられていることに関して，特に2,15「死の恐れのために一生涯にわたって悪魔に隷属していた人々」ということについて，もちろん「そんなことはない」という異議がなされる可能性があるであろう。例えばここで言う死の恐れはグノーシス思想で解消することはありうるかもしれない，ともかくそれに対してここで反論することは，このテキストの解釈者の使命ではないと思う。その使命はテキストが述べていることを説明することだからである。ちなみにグノーシス思想との関係では，H. Jonas（Gnosis und spätantiker Geist 1-2 1934-1954）が述べていたように記憶するが，そのような死の恐れは，この時代の，いわゆる世にあることの実存的不安という理解である。（後期古代の実存理解についてはWeiss, Kom 218参照。）ヨナスの言う不安がグノーシス思想の発生に関して正確なことではないかもしれない。さらに当時のユダヤ教思想でもフィロによってもここにあるようなことは言えないと主張される（詳しくはM. Karrer, Kom 179f参照）。さらなる解釈は，Käsemann, Gottesvolk, 99以下参照。

　しかし新約思想，特にパウロの理解では，ここでの死についての思索は間違ったことであるとは言えないと思う（ロマ6,6など）。ここでは，死は罪の力の体の全的支配であろう。「最後の敵は死である」（Iコリント15,26，詳しくは，Schlier, Grundzüge, Der Tod, 107ff）。

　しかしわれわれがここで問いたいのは，「死の力を持つ者，つまり悪魔を死によって滅ぼす（hina dia tou thanatou katargēsē）」（2,14）ということである。いかにしてそれがなされたのかは書かれていない，とMichelは述べている（Kom 85）。しかし一番大切なのはそのことではな

いだろうか。そこで先に5,8でわれわれに得られたキー・ワード「従順」ということがここでもっとも重要なこととなろう。ちなみにピリピ2,8「キリストは……己れ自身を低くした，死に至るまで従順になりつつ……」を挙げておく。これに続く「それゆえ（diokai）」はヘブル2,7にきわめて近いように思われる。

　それはそうとして，悪魔の特徴は「不従順」なのである。人間（アダム）のそれについては，ロマ5,19に述べられている。ここでは従順というイエスの死が，あらゆる不従順に勝利しこれを絶滅させたと考えられるのではなかろうか。悪魔は天使の不従順に帰されるが，これはそもそもユダ6,2；2ペトロ2,4などに暗示されている。あるいはヘブル1,6「神の御使いたちは皆彼の前に膝をかがめよ」というようなことに関わりがあるのかもしれない。天使の堕落については，教義上では二元論，マニケイズムに対決して1215年に「第二ラテラノ公会議」（2. Laterankonzil）にドグマとされている。

　ここでは主の愛ということはそれほど表面に出てこないようにみえる（12,6など参照）。

　ただし以上のザッヘを適切な言葉で説明しているのはSchlierであるように思われる。彼はイエスの従順は愛に由来すると考え，次のように述べている。意に叶うものではないが，一応訳出してみる。「イエスにおいて悪霊すらをも無力化する，神に服従する愛の力が果たされる。彼において，すなわち，悪霊によって，そして彼らに身をゆだねている人間たちによってイエス・キリストにそなえられた苦難と死において，イエスの従順なる愛において耐え通されたサタンの自我の力は，無力のうちに沈んでしまう。イエス・キリストの十字架上で死にゆく体において，すべての人間の自己の義と，人間を所有する自己の光栄化の精神は死にもたらされる。イエスの十字架において諸権勢の力は，破壊されない愛の力によって破壊される。というのは，この愛が死によって破壊されなかったということを，愛に己れをゆだねたイエス・キリストの死者からの復活が証示する。彼はそのようにして諸力と諸暴力の上に挙げられたからである。……従順なる愛はそれが死，まさに死を受苦する時，──そしていつそれが死を受苦しないというのか……，死より強いのみならず，己れに死し神によって生きつつ，己れから生きるすべてのものを無

第7章　ヘブル書についての一考察

とするのである」(Mächte und Gewalten, 42f)。ここで述べられる復活は，ヘブル書では高挙と読めばよいと思う (2,9)。ここで強調されているのは愛において耐え通された，愛を根拠とする従順という意味である。「イエスの死は，神の怒りを和らげるためのものではなく，想像を絶した，把握不可能な愛の表現なのである。神はその子を惜しむことなく，我らすべてのために死に渡した。『我らがまだ罪人であった時，我らのためにキリストが死んだことによって，神は我らに対する愛を示した』(ロマ5,8)。イエスの死は，怒った神が人間に下す裁きの罰ではなく，愛する神の救いの行為なのである」(フリートリッヒ『イエスの死』96頁)。なお自我の力については，Ⅰコリント4,7「あなたの持っているもので，もらっていないものがあるのか。もしもらっているなら，なぜもらっていない者のように誇るのか」参照。

　これによってイエスの血の意味は，旧約の供犠の意味とはかけ離れたものとして受け取られる。供犠についてはレビ記1～3章参照。同17,11には，「肉の命は血のなかにある。……命として贖いをするのは血である」とあるが，ヘブル書でのイエスの血という場合，血の意味に変化がある。血はここで（愛にもとづく）従順という意味に変化していると考えられる。十字架において流されたイエスの血の意味はこれである。「イエスの血による」という表現はヘブル書では，9,12.14；10,19.29；12,24；13,12.20で7回もくり返され，古い契約による血：9,7；山羊や雄牛の血：9,13.18.22.25；10,4；11,28；13,11と厳密に対比されている。一体「血を流すことなしに罪の許しはあり得ない」(9,22)「この陳述を厳密に考えすぎるのは間違いだろう」というロング (88) は間違いであろう。彼は「高価な犠牲なくして許しはない」という意味にとっている (195)。この言葉は古い契約と新しい契約に共通のようでありながら，まったく違った意味である。古い契約は上記レビ記17,11のような意味であるが，そしてイエスの血はもちろん命でもあるが，その真の意味は，愛に基づく神への従順という意味で，イエスはそれに基づいて命を捧げた，と解される。その意味で旧約と新約で隔絶した差があると考えられる。いかなる連続性も見いだせないのである。「血」はこのようなパラダイム変換の上で見られるべきで，旧約における「血」は「イエスの血」の単なる影を宿すにすぎないのであり (8,5；10,1)，まったく

異質なものなのである。「新しい，と言うことによって最初のものを古びたと宣告しているのである。古びつつ有るもの，老衰しているものは消滅が近い」(8,13)。「キリストは律法の終わりなのである」(ロマ10,4)。このようなサタンの絶滅というイエスの十字架の死の意味は，この後期に属するヘブル書においてもっともはっきりと表現されている（その他たとえばフリートリッヒ『イエスの死』94頁以下参照）。供犠そのものについては，10,8に10,5.6を受けて「いけにえと捧げもの，燔祭と罪のための犠牲を，あなたは望まず意に叶わなかった」と言われている。それは，「律法は将来善いものの影であって」と解釈されている。

ヘブル書で強調されるイエスの死の一回性 ephapax (7,27；9,12；10,10) ということについて，フリートリッヒは次のごとく述べる。「この一回性ということは，ヘブル人への手紙の犠牲についての言表においても本質的である。これらの言表は，祭司と犠牲が一つに合わせて見られる時，凌駕されてしまうのであり，そのため，神殿における元来の供犠の次第とは，最早ほとんど何の接触点も残らなくなってしまうのである」(166)。

さて罪には悪魔の誘惑（tentatio seduktionis）ということが考えられている。エフェソ6,11以下を引用する。「悪魔の奸計に抗して踏み留まることができるよう神の武具を身に着けなさい。わたしたちの戦いは血と肉に対するものではなく，もろもろの支配に，もろもろの権勢に，この闇のもろもろの宇宙的支配者に，悪の天上にいるもろもろの霊的勢力に対するものなのだから」。さらにⅠペトロ5,8「自制し，目覚めなさい。あなた方に対する告訴人である悪魔が吠える獅子のように呑みこもうと求めて歩き回っている」など参照。

さてこの「サタンを滅ぼす」（ヘブル2,15）ということから「高挙」の意味が初めてはっきりと理解されるのである。それはカトリックの信仰告白にある，単にイエスの天への帰還，すなわち ascendit ad caelos, sedetad dextram Dei patris（天へ上がり，父なる神の右に座す）として声明されることが何を意味するか，である。それはエフェソ1,20「神は……キリストを死人たちの中から起こし，天上において自らの右に座を占めさせた，あらゆる権威，権勢，勢力，主権，この世においてだけではなく，来るべき世において呼ばれるどの名より上に。そしてすべての

ものを彼の足下に服従させ……」，と言われる事態なのである。Schlier は，「復活はここでは単に高挙の前提でありそれへの移行である」(Eph Kom, 86)，と書いている。(これはヘブル書の見解に相似するものかもしれない。)悪魔はかくも多くの名を持つものである。Ⅰコリント15,24によれば「次いで世の終わりが来る。その時キリストは，すべての支配，すべての権威や勢力を滅ぼし，父である神に国を引き渡される。キリストはすべての敵を自分の足の下に置くまで支配することになっているからである。最後の敵として死が滅ぼされる」。コロサイ2,15には，「そして諸々の支配と権威との武装を解除し，キリストにあって凱旋し」とある。コロサイ1,16には，「万物は天にあるものも地にあるものも，見えるものも見えないものも，位も主権も，支配も権威もみな子において造られたものだからである」とある。

ここで一度目を向けたいのは黙示録12,7以下である。そこには「それから天上に戦いが起こった。ミカエルと彼の天使たちとが竜と戦うためであった。竜とその使いたちも戦った。しかし竜は勝つことができず，彼らの居場所も，もはや天上には見いだせなかった。この巨大な竜は投げ落とされた。この太古の蛇，悪魔とかサタンと呼ばれる者，全世界を惑わす者，この者が地上に投げ落とされ，また彼の天使たちも，彼もろとも投げ落とされた」。これは Osten-Sacken によれば「十字架および信仰によって生起する救済の出来事の視覚化」とされているという（佐竹明『ヨハネの黙示録 下巻』146,85頁）。いわゆる大天使ミカエルがここで決定的な役割を演じている。すなわち新約聖書における天使の役割である。悪魔もまたそれに従って，もとは天使なのである。

以上話が飛ぶようであるが，要は新約聖書における天使の役割である。もし Bultmann が『新約聖書と神話論』において主張したようにこの科学の時代に云々と，非神話論化が主張されたとすれば，天使なぞという者は消え，したがって悪魔も消えてしまうであろう。ここで考えたいのは世に悪い力というものは存在しないのかということである。悪ということは人間の行為として，その人の性格や欲求や生活環境その他に還元できるのであろうか。悪い力というものが存在することは誰もが否定できないのではないか。教義学では自然現象である地震や津波でさえも悪い力との関連で考えている (Ott, Infestatio, 147)。さて天使 (aggelos)

のことであるが新約聖書では全部で175回，ヘブル書では13回，特に多いのがヨハネ黙示録であり67回出る。ヘブル，12,22には「10万もの天使」（muriasin aggelōn）という記述がある。またイエスの地上の活動が悪霊の駆逐にあったことも否定しがたいことであろう。以上がヘブル書によるイエスの救いの出来事である。

　次に供犠の問題について若干述べる。10,1に「律法は将来の良いものの影を有しているのであって，そのものの実体ではない」とあり，10,5以下に「いけにえと捧げものをあなたは望まず」「燔祭と罪のための犠牲はあなたの意に叶わなかった」とあり，これは10,8にくり返されている。すなわち供犠の時代は旧約をもって終わったのである。一回的なイエスの血による従順を持って新約が到来したのである（9,28）。これを表わすために「一回的（hapax, ephapax）」（7,27；9,12.26ff；10,10）という語が重要である。9,26以下を引用する。「だが実際には世々の終わりにただ一度罪の取り消しのために自分といういけにえを通して姿を表わしているのである」。「そのようにキリストも一度多くの人の罪を担うために献げられた後は，二度目に罪とかかわりなく，救いをもたらすため，自分を待ち望む人々に現れることになっている」（10,10参照）。律法には影があるばかりで実体はない（10,1）「肉の規定」にすぎない（9,10）。「……キリストは多くの罪のために一つの永遠のいけにえを捧げた後，神の右に座し，それから敵をその足台とするときまで待っている」。このことの「聖霊の証し」として8章に述べられたエレミアの預言の一部がもう一度10,15以下でくり返されているのではないだろうか。「これらの者の許しがあるところ，罪のための捧げものはもはやあり得ない」（10,22）。7,27；9,26；10,12などの「いけにえ」（thusia）という語は旧約に使われるそれと徹底的に区別されなければならない。さてヘブル書以降のキリスト教が供犠的キリスト教であるというのは全く的はずれなものであろう。「新約聖書のヘブライ人の手紙以降のキリスト教は，父なる神がそのような供犠として自分に一番親しい子なる神の血を求める『供犠的キリスト教』であり，その特徴は人間の暴力ではなく神の暴力である。イエスの受難を贖罪のための供犠とみなしてきたこと，それこそが歴史的に見たキリスト教が迫害者的性格のものであり続けて来た原因だとジラールは言う」（大貫隆『図書』岩波書店，2010年10月号，4頁）。

第7章　ヘブル書についての一考察

わたくしの読んだジラールの言うことの印象はまた違うものであったが，それはともかく「神の暴力」について語ることは神を悪魔とすることであろう。悪魔と言える「暴力」の複数（exousiai: Gewalten）はまさにそれを指しているからである（エフェソ6,12；コロサイ1,6；2,10。15；Ⅰペトロ3,22）。すなわちこのような読み方は正しくはない。供犠というものはキリストにより旧約をもって終わったのである。

　以下とりまとめて，フリートリッヒによる新約聖書のイエスの犠牲死についての結論を紹介したい（以下フリートリッヒ『イエスの死』84頁）。「イエスの死についての新約聖書中の論述を鳥瞰すれば，既に示唆したように，ヘブル人への手紙以外にはほとんどイエスの犠牲死について語るところがないという認識に到達する。純粋に統計的に見ても，θυσία〔犠牲〕という語はパウロにおいて四回しか現われず，それら四箇所はキリストのことを扱ったものではない。θύω〔殺す〕という動詞の場合も同様である。単にⅠコリント，五・七の過越の子羊への暗示に際してのみ，キリストに適用されているに過ぎない。それ以外にも，イエスの死の意味を明確にするための犠牲祭儀行為が引き合いに出されることはほとんどない。パウロは一度たりとも，イエスの死を明瞭に犠牲の死として語ってはいない。犠牲の思想は，キリスト論的諸発言の中で何らの重点も持つものではない。こうした断定は，決して聖書の発言をプロテスタント的に狭隘化した結果ではない。反カトリック感情のなせる業などと解すべきではない。事実，カトリックの研究者たちも同一の結果に到達するのである。P.ノイエンツァイトは言う。『従って，旧約聖書に既に与えられているいかなる範例も，イエスの死を犠牲死と理解するよう強要するものではない。』」

　最後にヘブル書の教会論について短いメモを付け加えたい。この見地の出発点は3,7-4,13に見いだされよう。そこでは詩篇95,7-11が導入され，教会は，聖霊に言われたように，荒れ野を旅するイスラエルに譬えられる。「キリスト教的実存の可能性はこのような荒れ野を旅するタイプから認識可能となる」（Käsemann, Das wandernde Gottesvolk, 5）。すなわち前へ向かって前進する民である。それはもちろんイエス・キリストという先に立つ指導者（archēgos：2,10；12,2；使徒行伝3,15；5,

31) を持つ（詳しくは，フリートリッヒ『イエスの死』180頁以下参照）。2,10では「救いの指導者」12,2では「信仰の指導者または完成者」と言われている。民はこの指導者に従って前進する。目指すのは神の安息（katapausis：3,11.18；4,1.3(2x).5.10.11）である。これは終末的な旅の終わりである。それは人間の救いの目標と言えよう。だが決定的なことは毎日毎日を神に向かって歩いているという信仰であり，彼らは互いに兄弟たち（2,11f）である。ここでまず時間了解というものが決定的であると考えられる。前を向き，それへ向かって旅するということは，座して死を待つことの正反対であり，ここでは等質の1秒1秒という時を刻む時間ではなく，その本質は「近づく」，すなわち神に近づく（proserchesthai：4,16；17,25；10,1.22；11,6；12,18.22）ということであり，ここで「時は近づく」として現前しているのである。この時が近づくとして現れることは，同時にわれわれが救いに向かって前進していることなのである。それは希望なのであり，「この希望をわたしたちは魂の錨として持っている」（6,19）。したがって進むことへとヘブル書は飽きることなく勧める。「それゆえ……わたしたちの前におかれた競争を忍耐を持って走り続けようではないか」（12,1）。「それゆえ萎えた両手と弱くなった両膝をまっすぐにしなさい」（12,22）。「真実な心をもって信仰の確かさのうちに進みでよう」（10,22）。このことは時間を，救いへ近づくことと解し，信仰と確信（parrēsia：3,6；4,16；10,19.35）をもって前へ進んで行くことである。この信仰は希望している事の実体，見えないものの証明であるが（11,1），信仰に関して誘惑となるのは，その見えないことであるだろう。信仰は，希望であり，希望されたものを希望において前方に見るまなざしである。そしてまた信仰は忍耐と連携する（6,12）。信仰という言葉は新約聖書ではロマ書の40回に次ぎ32回も出るが，それはまさに希望（3,6；6,11.18；7,19；10,23）なのであり，前へと見るまなざしである。くり返すと信仰は神の約束を信じつつ，忍耐をもって苦しみを通して前進することである（12,1）。死もまた信仰を抱いて死ぬことである（11,13）。イエスはこのことの模範を示している（12,2）。前進とは不屈であり（10,36），信仰と忍耐において果たされるが，そのさい確信（parrēsia）はまた確信を呼ぶであろう。ここで信じる者はみな不屈な顔つきをしているのである。

後記　高挙と聖霊降臨について

　このヘブル書についての論文の中心はイエスの高挙である。ヘブル書では高挙はメルキセデクの位の大祭司になることである。そしてそれによる悪の力の Vernichtung（壊滅）である。それにも拘わらず、高挙の結果たる聖霊降臨のことについてはあまり述べなかったので補筆する必要を感じたのでここで補足しておきたい（なお、拙著『ヨハネ福音書注解』において高挙と聖霊降臨のことは再三再四強調したので参照していただきたい[*]）。ヘブル書の聖霊については特に3章7節が重要であろう（他に、4,12；6,4（9,8）；9,14；10,15.29；12,9などを参照）。しかし私考によれば、高挙と聖霊降臨が非常に強く強調されているようには思えない。そこでここでは使徒行伝2章を取り上げ、短い注釈を加えたい。しかしこれは創世記11章のバベルの塔の話と密接な関係にある。「全地は同じ発音、同じ言葉であった」（11,1）。しかし人間は「さあ、町と塔を建てて、その頂きを天に届かせよう」という傲慢（Überhebung）に陥る。それ以降のことはテキストを読めば明瞭である。「さあ、われわれは下って彼らの言葉を乱し、互いに通じないようにしよう」（11,7）。このことが恢復されるのが使徒行伝2章である。なおその前に、1,22以下が非常に大切で決定的である（注解書Ⅱ、15頁）。2,3f には「舌のようなものが炎のように分かれて現れ、一人一人の上に留まった。すると一同は聖霊に満たされ、御霊が語らせるままにいろいろの他国の言葉で語りだした」。2,6には「この物音に大勢の人が集まって来て、彼らの生まれ故郷の国語で使徒たちが話しているのをだれもかれも聞いてあっけにとられた……あの人たちがわたしたちの国語で、神の大きな働きを述べるのを聞くとは、どうしたことか」。ここに人間の高慢が除かれ霊においてケーリュグマの言語が成立したのである。従ってイエスの高挙の結果たる聖霊の降臨なくしてはケーリュグマは成立しない。この意味でも聖霊降臨は最重要な出来事なのである。以上欠くべからざることとして補筆しておく。

　[*]　ヨハネ福音書では「高挙」は十字架と復活が一つの出来事として見られ

ている点で「栄光化」としても言い表わされる事態である。両者は復活を軸にして見れば、それぞれ十字架―高挙、栄光化―神の栄光を顕わすという局面を表わし、意味合いが異なるが、同じ事態としてみなされる（ヨハネの註解書II，237-239頁，III，342-346頁参照）。このことを考慮すれば，ヨハネの註解書ではじつに多くの箇所で高挙のことが論じられている（注解書I，14-20, 167頁, II,5-6, 17頁, III,44, 89-90, 235, 252-254, 260, 270, 377頁）。聖霊降臨にかかわるヨハネの話としては14-16章の「別れの説話」の「パラクレートス」（助け手・慰め主・弁護者）としての聖霊の話が重要である（III,22-29, 109, 112, 128-133, 174-175, 188-191, 202-206, 224頁）。本書第二章も参照。）

参考文献

Bornkamm, G., Das Bekenntnis im Hebräerbrief, in: Studien zu Antike und Urchristentum, München 1963.
ボルンカム, G,『新約聖書』佐竹明訳，新教出版社，1972年
Backhaus, K. Der Hebräerbrief, Regensburg 1966.
カルヴァン『新約聖書注解VIII』久米あつみ訳，新教出版社，1975年
Deichgräber, R., Gotteshymnus und Christushymnus, Göttingen 1967.
フリートリッヒ『イエスの死』佐藤研訳，日本基督教団出版局，1987年
伊吹雄「新約聖書の言語(1)」『聖心女子大論叢』第90集，1998年（本書第四章に収録）
伊吹雄『ヨハネ福音書注解I』知泉書館，2004年
岩隈直『新ギリシャ語辞典』山本書店，1989年
Käsemann, E, Das wandernde Gottesvolk, Göttingen 1961.
Karrer, M., Der Brief an die Hebräer I, 2002; II, 2008, Gütersloh.
川村輝典『新共同訳新約聖書注解II』日本基督教団出版局，1992年
川村輝典『ヘブル書の研究』日本基督教団出版局，1993年
Kramer, W., Christos, Kyrios, Gottessohn, Zürich-Stuttgart 1963.
Klappert, B., Die Eschatologie des Hebräerbriefes, München 1969.
ロング, Th. G.,『ヘブライ人への手紙』笠原義久訳，日本基督教団出版局，2002年
Michel, O., Der Brief an die Hebräer, Göttingen 1966.
Ott, L., Grundriss der katholischen Dogmatik, Freiburg I. Br. 1959.
Riggenbach, E., Der Brief an die Hebräer, Leipzig/Erlangen 1922.
佐竹明『ヨハネの黙示録 下巻』新教出版社，1989年
Schierse, F. J., Der Brief an die Hebräer, Düsseldorf 1968.
Schlier, H., Der Brief an die Epheser, Düsseldorf 1962.
Schlier, H., Mächte und Gewalten im Neuen Testament, Freiburg i. Br. 1958.
Schlier, H., Mächte und Gewalten nach dem Neuen Testament, in: Besinnung auf das Neue Testament, Freiburg i. Br. 1964.

Schlier, H., Zur Christologie des Hebräerbriefes, in: Geist und Kirche, Freiburg i. Br. 1980.
Schlier, H., Grundzüge einer paulinischen Theologie, Freiburg i. Br. 1978.
『新約聖書』新約聖書翻訳委員会訳, 岩波書店, 2004年
Weiss H. F., Der Brief an die Hebräer, Göttingen 1991.
Zimmermann, H., Bekenntnis der Hoffnung, Köln 1977. など

解説 I

ヨハネ福音書入門
――伊吹雄著『ヨハネ福音書注解』I―III（全三巻）について――

甲 斐 博 見

　ヨハネ福音書（以下 *Jn* と略記する）を註解することは至難の業であろう。それはエベレストのように容易に近づけず，いざ登攀を始めても思いがけないところにクレバスあり，悪天候あり，空気が薄くなっていくだけでなく，そもそも冒頭に「初めにロゴスがあった」という言葉がスフィンクスのようにたちはだかっているからである。註解の焦点はこの冒頭の言葉が本当に理解できるか，という一点に集約されるとも言うことができる（注解 II, 8）が，しかし註解の困難さはそれほど単純化して言い表されるものではないと言わねばならない。評者は伊吹雄教授の全三巻（以下では，それぞれの巻を注解 I，注解 II，注解 III と表記し，引用する場合は I，II，III と記す）からなるこの *Jn* の註解書（注解 I の草稿の一部も含む）を使ってほぼ 9 年間かけて勤務先の大学の演習で読み通すことができたのであるが，そこから得られた感想は二つに絞られる。

　一つは，著者の思索が逸れることもなく緩むこともなく持続的にテキストの読解に集中していることへの驚きである。というのは，著者は真正面から *Jn* と格闘して，最初の一歩からそのつど手がかりを見出しながら前進していき，その全体から細部に至るまでの意味を各局面ごとに委曲を尽くして明らかにしていくという，気の遠くなるような思索を最後まで行なっているからである。それはまさにエベレスト登山のような労苦に満ちた作業であると言えよう。それは出発点の自覚を欠いたままに言葉の表層にしたがった読解や全体への確かな見通しをもたない部分的解釈や細部にまで届かない概観的解説，あるいは他の研究者の説の紹

介と比較や背景となる同時代の思想や聖書の歴史の知識の披瀝などで分量ばかり増えた注釈書ではないのである。

　もう一つは，この注釈書を使ってJnを読み進めていくにしたがって分かってきたことであるが，この福音書が途方もない言葉のエネルギーに満ちていることへの驚きである。Jnでは言葉が外から見れば想像もできない内部エネルギーをもち，そのエネルギーが容易に歯の立たない言葉となって発現している，ということが分かるようにならなければ，この福音書が表わす神の言葉によって本当に生きている人たちの世界，すなわち，この世界を開く栄光化されたイエスの現前（ロゴスの受肉）とそれとともに開かれる「霊の次元」（II, 6）とそこに生きるヨハネ信仰共同体の人々の信仰の深さとヨハネ福音書記者の透徹した洞察が，そして最後には現在を生きるわれわれにも彼らと同じようにその前に立つことが要求されていることが見えてこないということである。

　実際のところ一読したぐらいでは，Jnはそこにちりばめられたいくつもの有名な言葉，たとえば「神はその独り子を与えるほどに世を愛した」（3, 16）とか，「わたしは世の光である」（8：12）*)など，ところどころに印象深い言葉やラザロの甦りといった途方もない奇跡の話（12章）が見つけられるだけで，全体としては似たような内容が繰り返し語られているように見え，むしろ平板な感じさえするであろう。さらにまた，共観福音書がそれぞれ固有の観点と個性をもってイエスという比類のない人間の言動を歴史的現実のなかにおいて時間的順序にしたがってダイナミックに物語るのに対して，Jnの方はイエスが最初から受肉したロゴスとして神の子の威厳をもって現前してきて，その神学的主張を一方的にするという，現実味に薄く観念的な感じさえ与えるであろう。評者は以下でこれら両面の感想を手がかりにすることによって伊吹教授のヨハネ福音書の註解に対する書評（解説）を試みてみたいと思う。

　*) Jnの日本語訳は著者の註解書の訳文を使わせていただくことにする。

伊吹雄教授のヨハネ福音書注解の特徴

この註解書は全三巻で1180頁にも及ぶ分量であるが、当然短時日で出来上がったものではない。著者は1972年40歳のときに *Die Wahrheit im Johannesevangelium*, Bonner Biblische Beiträge 39（366頁＋目次・序・文献表22頁）として出版される学位論文でボン大学より神学博士号を取得し、その後も *Jn* について多くの論文（そのいくつかは『ヨハネ福音書と新約思想』創文社、1994年、に収録されている）を書き、研究の厚みと深化を続けているので、この註解書はその長年の研究の成果として言葉の本来の意味で著者のライフワークであると言うことができる。とはいえ、この註解書はこれまでの成果をただまとめただけのものではない。著者は65歳ごろから心を新たにしてあらためて一からヨハネ福音書のテキストに向き合い、その正面玄関にして最後の到達点（II.8）、つまり「初めにロゴスがあった」という一文から注釈を書き始めており、その後一歩一歩注釈を進めていき、エベレストに登るようにして最後まで注釈を成し遂げたのである。それは著者77歳のときであった。全三巻の出版年を見ると第Ⅰ巻（268頁）2004年、第Ⅱ巻（416頁）2007年、第Ⅲ巻（495頁）2009年となっているが、最初の巻には7年、つぎの巻は3年、最後の巻は2年でというように、執筆はしだいにスピードアップしている。これは分量と内容を考えれば驚異的なスピードアップといってよい。著者は文字通り命を削って精魂こめて注釈を書き進めているのである。

I　ヨハネ福音書の構成の問題

著者による *Jn* の構成は次のようになっている。

① プロローグ、第1章1—18
② 第一部前半、第1章19—第6章、主にガリラヤにおけるイエスの活動

③　第一部後半，第7章―第12章（7,53-8,11を除く），エルサレムにおける世の人々の前でのイエスの活動，ユダヤ人との対決
④　第二部前半，第13章―第17章，弟子に対するイエスの別れの説話と大祭司としての祈り
⑤　第二部後半，第18章―第21章，受難復活物語*）

*）　以上の構成に対して注解ⅠとⅡは対応していない。注解Ⅰはプロローグから第4章まで，注解Ⅱは5章から12章まで，注解Ⅲは13章から21章までを扱っている。注解Ⅰが4章までとなっているのは，プロローグの解釈に大きな比重が置かれていることと2章のガリラヤのカナでの婚礼の奇蹟（「しるしの初め」(2,11)から4章のガリラヤでの王官の子の癒し（「第二のしるし」(4,54)までがひとまとまりの話として理解されるからである。また，注解Ⅱが5章から始められるのは，プロローグの「ロゴスの受肉」(1,14)→3章の「神はその独り子を（世に）与えた」(3,16)→「神はその子を（世に）遣わした（派遣定式）」(3,17)という主稜線がいよいよ5章で派遣の問題として本格的に主題化されるので，派遣論というJnに固有のキリスト論的-救済論的文脈に即して見れば，これまた一理あると言える（Ⅰ,171-4,Ⅱ,31-3,36,47-8,53,63）。以上のことを考慮すると，註解書の区分にも相当な理由があるように思われる。

　*Jn*の構成については大きな問題が含まれている。著者は大雑把な区分として第一部の前半と後半を活動場所（ガリラヤとエルサレム）で分けたのであるが，前半のイエスの活動は複雑であり，ガリラヤ―エルサレム―ユダヤ―サマリア―ガリラヤ―エルサレム―ガリラヤとなっている。2章前半のガリラヤのカナの婚礼の奇蹟の後，すぐにその後半でエルサレムにイエスは上り神殿の清めを行ない，続く3章前半ではニコデモと霊についての対話を行なうが，3章後半では一転してエルサレムから「ユダヤの地」（地名を欠く）に来て，滞在し，洗礼を授けている。4章ではその地からサマリアを通ってガリラヤに戻り，王官の子を癒す。ところが，5章になるとまたもやイエスはエルサレムに上り，安息日にもかかわらず病人の癒しの奇蹟を行ない，「派遣の説話」（イエスの啓示）をするが，6章では再びガリラヤに帰り，パンの奇蹟と水上の歩行と「パンの説話」（イエスの啓示）を行なう。しかしよく見れば，第一部前半のイエスの活動はガリラヤから始まりガリラヤで閉じている。すなわち，ガリラヤで括られるのである（Ⅱ,81）。これに対して，第一部後半

の7章以下ではガリラヤにいたイエスはエルサレムに上り，もはやガリラヤに帰ることなくエルサレムで活動し，最後に十字架にかけられるが，復活しマグダラのマリアと弟子たちに現われる。ただし，後から Jn に付加されたとみなされる21章では復活したイエスがガリラヤのティベリアス湖畔で弟子たちに現われ，弟子たちに最後の説話をする。すなわち，Jn の全体もガリラヤで括られるようにしているのである。

こうしてみると第一部前半のイエスの活動は行き来が激しすぎてかなり異常に見える。共観福音書はガリラヤからエルサレムへという一方向でイエスの活動を時間順序で物語っている*)のに，Jn だけがどうしてこのような不自然に見える行き来の叙述をしているのか。ここには構成上の問題があるように見える。この構成上の問題は古くから指摘され，とくに5章と6章の順序が逆なのではないかと主張されてきたが，この順序の入れ替えがブルトマンによって主張されて以来確定的な意見として定着した。しかしじつは，筆者によればここに大きなクレバスがある。そもそもこの置き換えは「すべての写本に反する」(Ⅱ,80) し，このような通常の時間順序や空間関係をもちこんで解釈することは Jn を最初から見失うことになるのである。この構成上の問題に対する著者の綿密な検討の内容 (Ⅱ,79-84) の紹介はここではできないが，著者の立場は Jn が霊によるアナムネーシス（想起）によって書かれていると見れば，しかもその霊によるアナムネーシスのなかで Jn の全体の神学的構成がなされているとすれば，構成上の問題は解決するというものである (Ⅱ,82-4)。しかし，ここで断っておかなければならないが，この筆者の捉え方は所詮著者の仮説であるとか方法的視座でしかないといった軽いものではない。そうではなくて，「このアナムネーシスこそが真の信仰」(Ⅰ,134) であり，その霊によるアナムネーシス（真の信仰）によってかのエネルギーに満ちた Jn の言葉の全体と細部が書き記されているのだ，という著者の Jn 研究を支えているそうした霊による信仰から生まれた洞察にもとづくまさに突破口なのである。この「霊によって書かれた」という点について著者はすべての新約聖書の成り立ちそのものが歴然とした証拠である (Ⅱ,15) というが，この点はまたあとで触れたい。それでは冒頭の問題に立ち返ってみよう。Jn の本当の入り口はどこにあるのか。

*）ただし，復活後にイエスがガリラヤで再び弟子たちに現われる（Mt, 28, 16-20），あるいは復活後ガリラヤへ弟子たちより先に行くことを予告する（Mk, 14, 28）ことを考慮すると，これらの福音書もガリラヤで括られていることになる。

II　ヨハネ福音書の核心をなすもの，「初めにロゴスがあった」という冒頭の一文

Jn の玄関には鍵がかかっていて中に入れないで長い間悪戦苦闘したと著者は評者に見せてくれた草稿のなかで書いている（I, vi）。*Jn* の冒頭は正確には短い三つの文からなり「初めにロゴスがあった。ロゴスは神のもとにあった。ロゴスは神であった。」(1, 1) と書かれている。著者の註解書を手引きにして *Jn* を全部読み通した後で，今あらためてこの三つの文を読んで，評者はなぜ *Jn* がそれらの文から始められたのかをはっきりと理解できる気がする。*Jn* の入り口として最初の文が決定的に重要であるのは当然であるが，それは1, 14の「そしてロゴスは肉となった，そしてわれわれの許に宿り住んだ，そしてわれわれは彼の栄光を見た，父からの，独り子の栄光を。（それは）恵みと真理に満ちていた。」という信仰告白の文から見られたイエスの存在の本質を言い表した文だからである*）。

*）著者は註解を終えた最後の「成果と展望」のなかで *Jn* が1, 1から始められることの必然性を説明している。ロゴスが初めにあったものとする場合にのみ，その後の展開が必然の順序でなされうるのである。1, 1bに至って，愛（アガペー）について語られ，1, 1cに至ってロゴスが神（冠詞なし）であると語られ，1, 3で「それによってすべては成った」，つまりロゴスであるイエスの創造のわざが語られるということである（III, 463）。これは著者が註解をした後ではっきりと分かったこととして記したものであろう。

そこでまず，1, 14から見てみよう。「われわれ」が肉となったロゴスの栄光（ドクサ）を見たと言われるのは，十字架に高挙されたイエス・キリストをそのようなものとして見たということである。というのは，当然のこととして *Jn* は「彼（ロゴス）の栄光」を「父からの，（イエスを示す）独り子の栄光」というふうに言い換えているからである。1, 17では1, 14の「恵みと真理」をもたらしたのははっきりとイエス・キリス

トであると言われる。

　つぎに，この位置から1,1を見てみるとつぎのことが分かる。それは，ロゴスが受肉してイエス・キリストになったのではない。ロゴスがロゴスのままイエス・キリストであり，それ以外の何者でもないということである。先在のロゴスということが言われるけれど，それはロゴスがイエス・キリスト（受肉したロゴス）に時間的に先行して存在していたという意味ではない。ロゴスはロゴスのまま肉となって，「われわれの許に宿り住んだ」のであり，「われわれ」がその彼の栄光を見る前に，そこを離れたどこかで神の許にいるわけではない。先在のロゴスと言われるなら，それはつぎのような意味においてである。「われわれは彼の栄光を見た」，そこにロゴスは現前しているのだが，「われわれの見た」と「ロゴスの現前」は相互的な関係ではない。その関係は一方的である。ロゴスが栄光（ドクサ）とともに「われわれ」のために現前してくれたがゆえに，「われわれ」はその彼の栄光を見る「恵み」に与り，「真理」が分かることができたのである。著者はこの事態を praesentia quoad nos（われわれへの現前）と言い表している（I,9.11）。「肉となった」とか「宿り住んだ」という言い方に含まれるロゴスの先在とは「われわれ」に対するこの「恵みと真理」としてのロゴスの絶対的なプライオリティーを言い表しているのである（III,427-8）。

　以上のことに加えて，1,1についてさらに二つのことが理解される。一つは，Jn は最初からイエス・キリスト以外の何者でもないロゴスのことを話題にしており，そのイエス・キリストであるロゴスがすべての「初め」であったと言い，そのうえで彼の存在がどのようにあるか，すなわち「神の許にあり，神であった」と言っているのである。もう一つは，プロローグにおいて神が話題にされているわけではない。神から話が始まっているのではなく，神はその独り子イエスの父としてやはりロゴスであるイエス・キリストから理解されているということである。「(ロゴスは) 神の許にあり，神であった」はプロローグの最後の文（1,18）でイエス・キリストに言い換えられて，「いまだかつて神を見たものはいない。独り子（なる神），父のふところにいる者，かの者が現わしたのである。」と言われる。神とイエスは父と子の間柄として捉えられ，Jn の派遣論の主稜線をつくる。すでに指摘したことにつなげて言

えば，1,1→1,14→1,18→3,16-17→5,19-24→5,36-37となり，5章で派遣の問題として主題化され，それ以後の父から全権委任された子（イエス）のエゴ・エイミ（私は有る）論として展開されることになる。派遣の問題とはイエスが神から派遣された者として父なる神の子としておのれのドクサを無にして父のドクサを「世（コスモス）」に輝かしめる存在であることを明らかにすることである（II,序文3-6）が，この派遣論に属すイエスのエゴ・エイミ論こそがヨハネの神学，ヨハネのキリスト論の中核を担っているのである。これが論じられるのは著者の注解II（*Jn* の5章—12章）であるが，この議論のテーマはわれわれが「永遠の命」を得るために，と言うことができるだろう。

III 霊におけるイエスのアナムネーシスとケーリュグマ

註解IIの序文は著者がこの註解をどのような方法で書いているのかを知るうえで非常に重要なことが説明されている。最初が今うえで述べた「1 ヨハネ福音書のキリスト論について」であり，「2 方法論について」，「3 聖霊によるアナムネーシスにおけるイエスの現前」，「4 奇蹟について」，「5 地上におけるイエスとケーリュグマおよびドクサについて」となっている。これらの問題で何よりもまず注目すべきは霊（聖霊）であり，この霊の働きによって「霊の次元」（II,6）が開かれるということである。著者によれば，この霊の次元はハイデガーの「思考に出会われる場所（Gegend）」に対応するものとして理解される（2. 方法論，II,6）。ハイデガーの場合，この「場所」は，人間の側から見れば「思考（Denken）」がその「場所」に「道（Weg）」を拓く「運動（Be-wägung）」によってその「場所」のなかのさまざまな「道程（Unterwegs）」を歩みつつ，そのなかに住みつくところと言われる（Heidegger, Das Wesen der Sprache, in *Unterwegs zur Sprache*, Bd. 12, 167-171, 186-188）。しかし，ハイデガーにとって，そもそもこの思考の「場所」は「言葉が自分自身を言葉へもたらす」ところであり，端的にいえば，「言葉が話す（die Sprache spricht）」（Heidegger, ibid., 10-14）ところなのである。われわれ人間の方は思考（と詩作）において「言葉

からの呼びかけに応え、それに従いつつ、もっぱらその要求に関わってゆく」(Heidegger, ibid., 149-151, 10-14) ことになるけれど、その関わりは言葉の方から「適切な語（Wort）を贈ってくれるか、それとも贈るのを控えるか、の一事」に懸かっていて、人間の側からはどうすることもできないのである (ibid., 151-2)。

著者がこのようなハイデガーの「言葉の本質（das Wesen der Sprache)」について行なった一つの「講演」に言及しておのれのヨハネ理解の根幹とみなす霊と霊の次元を説明しようと試みていることは、その註解書の特徴を知るうえで非常に大事なことであるように思われる。というのは、人は「霊（プネウマ）」とか「聖霊（プネウマ　ハギオン)」という言葉を聞いただけで、キリスト教に特有の何か神秘的で特殊な世界に誘われているように思うかもしれないが、著者にとっては霊・聖霊はハイデガーの言う「言葉の本質」から考えられるべきことだからである。もちろんヨハネ神学はハイデガーの哲学ではない。ヨハネ神学は完全に限定された「言葉の本質」の捉え方をする。ヨハネ神学にとってこの「言葉の本質」は神の言葉の本質である。それは神がそのようにして自己開示するという意味での神からの語りかけとして「言葉が話す (die Sprache spricht)」こと、そうした言葉は、パウロ的な言い方になるが、「神の深みを極めた」（Ⅰコリント, 2, 10）霊の働きとしてあると言われるわけだが、究極的には非常に明白なかたちをとってイエスがわれわれに語りかける愛の言葉から考えられねばならないのである。

さて、著者はこのハイデガーの思索の鍵となる「言葉が話す」という文脈を背景にしてこの註解書のキーワードであるケーリュグマとアナムネーシスという言葉を説明する。それはおよそつぎのような言い方で言われる。「ケーリュグマとは言葉が原初的に話すということを捉えた経験」、「言葉が話すという原事実」（Ⅱ, 7）における出来事である、と。*Jn* の文脈に置き直せば、ケーリュグマとはロゴス（言葉）の受肉のこと（ロゴスがイエスという存在になること、そしてそのイエスが言葉を話すこと）であり、*Jn* に固有なその典型的な一場面（*Jn* の第3章）に注目して言えば、「霊におけるイエスの声」（Ⅰ, 164）が響き渡る、イエスの呼びかけの言葉が話されるということである。そしてこれによって、ハイデガーの「場所」に相当する *Jn* の霊の次元が拓かれるのである。これに

対して，アナムネーシスは序論の3の「時間論」のなかで「現前（Anwesen）」の問題の文脈において論じられる。これもまたハイデガーの『時間と存在』からの引用によって説明される。現前は「前後時間（nacheinander）」に属さず，現在としてある時の時熟であり，アスペクトとしての現在に属す。これまた Jn の文脈に置き直せば，「さて「現前」とは聖霊の働きによって，過去ないし未来が（それらが消去された形で），現在のこととして顕れてくることを言うのである」（Ⅱ,11）。現前もまたケーリュグマの時間的な側面であると言うことができる。換言すれば，現前はケーリュグマ的な言葉が話すことに属している。現前としての現在が生まれるところは言葉が発せられるところ，つまりケーリュグマにおいてである。それではこのケーリュグマ的言葉・現前とアナムネーシスとの関係はどのように理解されるか。それはイエスの霊によるケーリュグマ的現前のなかで，「われわれ」はその霊の働きによるアナムネーシスによって「父からの独り子の栄光」を見て，その父からの独り子なるイエスを「恵みと真理に満ちていた」と賛美する（神の言葉の呼びかけに呼応する言葉を発する）と言うことができるのである（ケーリュグマについてはⅤ節を参照）。

Ⅳ　奇跡について

さきに，Ⅰ節の最後で，Jn は霊によるアナムネーシスによって書かれているといったが，それは奇跡において顕著である。奇跡の話では著者の霊についての考え方が非常に率直に言い表されているので，ほぼ忠実にその考え方を紹介したい。著者は言う。「ヨハネ福音書の神学は，イエスの奇跡がなければ崩れてしまう。福音書記者はイエスの奇跡を大きなものだけ七つに限定し，しかもその事実性については信じるという意味で確実性を所有していた」（Ⅱ,13）。ここで言われる「奇跡の事実性を信じるという意味での確実性」ということはさらに説明されて，「中世のカテドラルのステンドグラスや Armenbibel（中世に用いられた主として字の読めない人のための聖書絵本）で，キリスト者は奇跡を信じて来たのである。Beati pauperes spiritu! もちろんイエスの復活が神の力の

介入への希望の源泉であり，そこから*⁾奇跡の確実性への確信も成立している。それは奇跡の霊における「Anwesen」（現前）なのである。」（Ⅱ,13）と言われる。当たり前のことが言われているように見えるがそうではない。中世のキリスト者が奇跡の事実性を信じていたのは彼らが自然的事実や前後関係のある時間を知らなかったからではない。それどころか，それらのことについての彼らの理解力は何ら普通の人と変らないであろう。彼らの奇跡を信じたのは，彼らが「力 (dunamis)」（Ⅱ,18）をもって介入した神の言葉によって生きた（Ⅰ,120-1）からであり，神の言葉が開く霊の次元に身を置いて生きた，つまり神の言葉であるイエスを信じて生きたからである。

　　*）「そこから」は「イエスの復活」を指している。筆者は「神の力の介入への希望」という言い方をしているが，希望の話は彼らの現実の信仰生活の問題のレヴェルに属すと思われるので，この文脈では信仰者の希望の話はしない方がいいように思われる。著者もどこかで言っているように，イエスの起こす奇跡は「しるし（セーメイア）」としてイエスが神の栄光を表した，イエスを通して神の栄光が現われたことを意味する。（Ⅰ,118-24, 244-50, Ⅱ,25-33, 101-5, 347-8）。ただし，ラザロの復活の場合とイエス自身の復活の場合はもはや狭義の「しるし」とは呼ばれない。それらは神が「光あれよ」と言うと光があった，と同じレヴェルの言葉による命の創造という出来事の生起であり，前者がイエスの言葉によって死者のなかからラザロが甦らされるのに対して，後者は当のイエス自身が神によって死者のなかから甦らされ，「現われた」という復活の言葉となって霊の次元を開くのである。（Ⅱ,361-2, 369, Ⅲ,375-95）。

著者は奇跡に対するブルトマンやケーゼマンの曖昧な説明を「このような議論ははっきり言って無意味である」（Ⅱ,14）と言い切り，奇跡の現前をつぎのように説明する。「奇跡の行為者たるイエスがまず霊において現前する。するとその行為はもちろんその背景も，過去を「退去」して，イエスと共に現前へと引きつけられる。それはイエスの現前のあり方であり，現前者［イエス］の行為であり，またその現前するイエスの背景だからである。……信じられるべきは，霊であり，イエスの現前なのである。「見ないで信じる者は幸いである」（*Jn*, 20：29）。信じる者は霊を受ける。「聖霊を受けよ」（*Jn*, 20：22）」（14）。奇跡は神の言葉が発せられるところで，すなわち霊において現前するイエスが開く霊の次元でしかリアリティーをもたない。信仰者とはその言葉に聞き従う者であ

り，信仰者の生はその言葉の端的な受容と従順によって成り立つ。著者がこの文脈でごく自然にイエスの「見ないで信じる者は幸いである」と「聖霊を受けよ」という言葉を引きえたのは，著者の理解が Jn に正しく波長が合っているからである。

　さらにまた，以上の話は Jn だけに特殊なことではないと著者は言う。どの福音書であれ「福音書に現われるイエスは……霊によって栄光化されたアナムネーシスのイエスなのである」（Ⅱ, 15）「聖書はパウロを除いて，すべてセカンド・ジェネレーションによって書かれたものであり，そのパウロも生前のイエスを知らない。それゆえイエスは，彼らにとってもわれわれにとっても，同じ現前するイエスなのである。」(15) 著者は福音書におけるイエスの praesentia quoad nos を強調する。長くなるが著者の言葉をそのまま引用する。

　「私の言いたかったことは，このイエスが栄光化をへて，アナムネーシスを通して現在の者として立ち現われる時のみ，信仰が可能となることなのである。だから聖書の著者で霊抜きのイエスの直接の証人はいない。くり返すが，パウロは復活の直接の証人だが地上のイエスを知らない。イエスは聖霊を通じてのみ己れを証言させるのであり，生前のイエスの，霊を通さない直接の，いわば歴史的アプローチはないのである。ここで人は注意深く使1,22を解読しなければならない。なぜすべての福音書は基本的に洗礼者ヨハネの登場で始まっているのだろうか。それはイエスの上に下る霊のためである。そしてそれに先立つ幼児福音も霊によって貫かれている（マルコ1, 10；マタイ1, 18.20；ルカ1, 15.17.35.41.47.67.80；2, 25.26.27）。いずれにしても奇跡は霊においてのみ信じられうる。」(Ⅱ, 15)。

　このイエスの霊における現前に応じて，「われわれは神からの独り子の栄光を見た」（Jn, 1, 14）というときの「われわれ」もまた歴史的なヨハネ信仰共同体の信仰者ではなくて，誰であれその現前に立ち会って現在を生きている「われわれ」信仰者ということになる。もちろん，この「われわれ」の生きる現在は前後時間（nacheinander）の今ではなくて，むしろその今を超越しつつ，包み込む，永遠が開示される「時の終わり

（エスカトン）」であり，永遠の今である。翻って言えば，永遠とはこの「終わりから明るみに出される」「初め（プロートン）」であり，「はじめにロゴスがあった」ところである。この永遠について著者は「神のアガペー（1,1b；1,18）の次元」であると言う（Ⅰ,23）。著者のヨハネ神学の根幹は以上のごとく霊における言葉・時・愛の三者によって成り立っているのである。

以上のところまで注解Ⅱの序文についてほぼ忠実に解説したが，同じように注解Ⅰや注解Ⅲにも序文に相当する部分があり，それらの解説をするだけでも相当な紙数を必要とするであろう。まして本文注釈の箇所まで解説しようとすれば，その数倍の紙数が必要になるだろう。それくらい，著者の膨大な量の思索が行なわれているのである。この解説では，それは無理なので，「愛の福音書」と言われるヨハネ福音書の意味を明らかにするところまでを序の箇所を中心に見ることによって解説したい。

Ⅴ　ケーリュグマについて

著者は注解書Ⅲの「序言」であらためてケーリュグマという言葉について説明している（Ⅲ,29-36）。それは注解書Ⅱの「序文」の時のように神学的な説明ではなくて，その語義にしたがって具体的になされる，人々（われわれ）に呼びかけてくる人（kērux）とその声の説明である。通常「宣教」と訳されているケーリュグマ（kērugma）の動詞形の「kērussein は kērux のすることである。例えば共観福音書のイエスは kērux と言える」(29)。「ケーリュグマは本来これをもたらすケーリュックス（kērux）に由来する。この言葉は，新約聖書では，すべてケーリュグマを運んで来て告げる人を意味していると言ってよいであろう。ただしこの kērux という語は，新約聖書ではひどく後退して背景に引っ込んでしまう。……[そのために]，宣教の根源的意味が霞んでしまったのではないか。」(30) というきわめて重要な指摘がなされる。というのは，この言葉は新約聖書の後期に属すⅠテモテ，Ⅱテモテ，Ⅱペトロのなかで全部で3回，ごく普通に宣教者，使徒，教師の意味で用いられているだけだからである (30)。こういう事情を踏まえて著者は kērux

の本来のあり方に立ち返り，そこからあらためてケーリュグマの意味を再考しようとする。結論から言うと，kērugma においては kērux（人）の存在が何よりも重要であり，kērux が kērussein することが kērugma であり，この kērux の行なう kērugma において福音（euaggelion）の宣教がなされるのであり，ここに「宣教の根源的意味」があるということである*)。裏から言えば，福音がまずあって，そこからそれを宣教すること（kērussein）が生じ，その福音の宣教（kērugma）を告知する人が出て来て kērux になるのではないということである。いちばん大事なことは人から人へしか伝わらないし，神の言葉もこの道をとおって届けられるのである。

 *) kērugma に焦点を置いたほぼ同じ洞察が H. シュリーアによってもだいぶ異なった文脈ではあるが提示されている。Vgl. Heinlich Schlier, Keryugma und Sophia, in: *Die Zeit der Kirche*, Freiburg i. Br.1955. この論文に対する著者が示す関心はシュリーアのケーリュグマの論述のなかでもそのもっとも重要な一局面で問題にされる paradosis（引渡し）という言葉である。この言葉は福音書では「人の子は罪人たちに引き渡される」（Mk, 14, 41）で登場するが，シュリーアと伊吹は，それは「イエスが己を言葉へと引き渡した」（Schlier, ibid., 215, III, 464）のだと理解する。その意味は「ケーリュグマにおいてこの出来事が言葉として生起（Ereignis）するということである」（464）と捉えられる。これは著者の註解書の最後に記されている「成果と展望」のなかで記されている問題である。

著者によれば，この kērux の存在は新約聖書に特殊なことではなく，むしろギリシャ世界において一般的に認められることである。ホメロスでは「この語[kērux]は kērussein より際立って重要である」(30)。領主はしばしば何人もの kērux を抱えているが，「その役目はいわば御触れを出すことである。これはドイツ語でいうと Herold（英語：herald）である。その意味はもともと，政治的かつ宗教的であり，王侯の使者，伝令官，重要な知らせの告知者，または先触れを意味する」(30)。そして kērux は村々を駆け抜けながら，領主の公の命令やプライベートな知らせを人々にはっきり聞こえるように「澄んだ高い，透き通るような」(31) 大きな声で告知して回るのである。

この準備的な説明の後で著者は聖書に返ってヨナの話から始める。ヨナの kērugma が話題になり，「ニネベの人々はヨナの宣教によって悔

い改めた。しかし見よ、ヨナに勝る者がここにいる。……イエスはヨナに勝る kērux である」と説明される（31）。イエスから見ると、ヨナはイエスの先触れの kērux になるが、いまや時代遅れの kērux であり、どの福音書にもかならず登場する、荒野で叫ぶ（krazein）洗礼者ヨハネ、*Jn* ではイエスが何者かを証しする証言者ヨハネがイエスの先触れの kērux なのである（Ⅲ,31，Ⅰ,60-1）。*Jn* ではイエス自身が kērux と呼ばれることはないが、「神から遣わされた者」がそれに相当する（32）。かくして、さきに見てきた神から派遣された者イエスの霊における praesentia quoad nos とは、ケーリュグマの観点から言えば、霊的次元で響き渡る kērux としてのイエスの声に他ならないということである。そして、このイエスの声がそのまま「心の最も深いところに到達した時、そしてそこに留まる時、人間はそれによって生きる」（Ⅲ,150）のであり、その者もまた kērux（宣教者、例えばパウロ）になるのである。

Ⅵ　呼びかけとしての言葉と証しとしてのわざについて

ところで、著者のケーリュグマについての考察はこれだけで終わらない。著者の思索は *Jn* にただ密着しただけの注釈を越え出て、その解釈の基盤となる大事なアイデアをつぎつぎと提起し、それを説得的に論じているので、それを抜かすわけには行かない評者の解説も本論の手前のところに留まらざるをえなくなるのである。著者は「思い切った仮定の上に立てた構造」（34）として「そもそも人間の言葉は、ケーリュグマ的ではないか、さらに遡って鳥や動物の声一般も、呼びかけ、かつ、何らかのしるしとして機能している限りそのような性格を担っていないか」（34-5）と言う。言語の根源的な機能は statement ではなくて、呼びかけとしての言葉ではないかというのである（35）。「鳥や動物の声一般」が呼びかけの言語であるかどうかという問題は別の考察を必要としようが、たしかに諸言語には「声（vox, voice）」から来る呼格（vocativ）があって、それがかつては呼び声として機能していたわけである。著者の着想は「Mutter! という呼びかけから Mutter についての statement が考えられ、Domine! から Dominus が、Kurie! から Kurios が理

解されるのではないか」(35) ということである。このような理解にもとづいて著者は命令法も呼びかけであり，「時は満ちた。神の国は近づいた。悔い改めて福音を信ぜよ」(Mk, 1, 14) という命令は呼びかけの意味でのケーリュグマであると言う (35)。

さて，著者のこの呼びかけとしての言葉の捉え方は，福音書のイエスを基準において神対人間の関係を念頭においた場合，説得力があると言えるかもしれない。神が言葉を語る場合，その言葉は人間に向かって呼びかけ，命令する言葉になるのである。これは評者の思い付きであるが，神という限定がなくても，ハイデガーが言うところの「言葉が話す (die Sprache spricht.)」場合には，その言葉は呼びかけになるのではないか*)。ハイデガーはすでに『存在と時間』のなかで言葉が根本的には「呼ぶこと (rufen)」であると理解し，「良心の呼び声」をめぐる言葉の問題の重要な局面を開いている。著者の考え方はこの点でもハイデガーの言葉の理解に通底しているのかもしれない。なお，ハイデガーに関しては渡邊二郎氏が後期ハイデガーの基礎語の Ereignis を「呼び求める促し」と独特な訳をしていることも著者にとって重要な援軍になるかもしれない。

*) 著者は先にも言及した註解を終えた後の「成果と展望」で「大袈裟なようであるが，ここで過ぎ越し方を返り見れば，残ったのは原言語（おそらく復活者が「現われた（ōphthē）」のことだろう。評者はこの言葉を以下のⅧ節で詳しく考察した。）だけであった。しかし，残ったのは，また die Sprache spricht という原現象での根源経験が愛であったことである。正確には caritas vincit omnia ということであった (Jn, 16, 33)。」(Ⅲ, 463) と書いている。ハイデガーの die Sprache spricht は著者の *Jn* の解釈においても原現象として捉えられ，その原現象が著者には愛が話すこと（話しかけ・呼びかけ）においてわれわれのうちに留まり愛という根源経験がなされると理解されている (Ⅲ, 149 参照)。この解説は愛（アガペー）の問題の手前のところまでで終わるが，これまでのすべての問題はここで言う愛に通じているのである。

しかし，このような着眼だけで *Jn* のイエスの存在の全体を理解するわけにはいかないのではないか。*Jn* では kērux という言葉と同様に「証人 (martus)」という言葉も使われないが，「証し (martria)」と「証言すること (marturein)」が *Jn* のキーワードではないのか。そして，イエスが「神の子であるという証し」(*Jn*, 1, 34, Ⅱ, 64) をもってい

るという場合，この証しは「わたしが行なっているわざそのもの」(*Jn*, 5,36) ではないのか。著者自身も「これ[わざ]が神からの派遣の唯一のイエスの証しなのであって，10,38には「わたしを信じなくても，わざを信じなさい」とあるように，イエスのわざがすべてであり，それを人は見聞きできることであり，それは父のイエスの派遣を証している。」(II,67) と言っているのではないか。このような疑問に対して著者はどのように答えるのか。そのような疑問は著者の立場からすると問題にならないであろう。なぜならイエスの言葉（kērussein）とわざ（marturein）とは神から来た，神の栄光（ドクサ）を現わす同じイエスの言行，しばしば不可分になされるイエスの言行だからである。著者は言う。「もちろん kērussein と marturein とは同義語でもありうる」(III,29)。というのは，派遣された者（イエス）は「父のわざを行ない，その言葉を話すからである」(II,67)。

　証しという点から見れば，イエスのわざがイエスが神から派遣された者の証しであるだけでなく，*Jn*, 1,6：16：32：34はイエスが何者であるかのヨハネによる証言も証しである。また，*Jn*, 1,14の「父の独り子の栄光を見た」は「われわれ」による証しである（I,65-6）。そして，この「われわれ」の側からの決定的な証しの場面は*Jn* 第20章の復活物語のマグダラのマリアや弟子たちやトマスの証言である。十字架につけられ復活したイエスが「現われた」，そしてそのイエスをマリアや弟子たちが「見た」，さらにはトマスにその傷口に「触れなさい」とまで言われるのは，「復活の証人に起こったことである」(III,384-5)。彼らは復活したイエスが「現われた」ことを復活体験したのではなくて，「現われた」ことを「見た」という言葉で証言し，トマスが信仰告白したように「わたしの主よ，私の神よ」(*Jn*, 20,28) と言葉で語り信じたのである。しかしこの話はイエスの「わたしを見たので信じたのか。見ないで信じるものは幸いである。」(*Jn*, 20,29) という言葉で締めくくられる。復活の顕現を見た弟子たちはその証人であるが，「見ないで信じるとは，弟子たちや復活の証人たちのケーリュグマを聞いて信じるということである。その根本にはこの両者が同じ出来事なのであるという，宣教の言葉が神の言葉であり，その言葉のうちに[復活の]顕現を見ることと同じことが起こるということが述べられている。これがケーリュグマという

ものの本質であり、この[29節の]言葉は福音書の物語全体を対象としている。そしてこの言葉の本質にキリスト教信仰のすべてがかかっている。このケーリュグマの本質を明らかにする言葉がこの福音書のイエスの最後の言葉なのである。」(Ⅲ, 425)

Ⅶ 証しについて

この「現われた」や「見た」という言葉の問題の先に進む前にJnの「証し」について著者の説明することに一言触れておきたい。「証し」は法廷用語であるが、Jnではその「証しする」や「証し」という用語が33回も用いられている。「これは共観福音書とは比較を絶することである」(Ⅰ, 76)。しかも、「言う」とか「語る」などと記されている場合もあるので「実質的にはさらに増える」(76)。Jnで「証し」という言葉が多用されるのはJnで「コスモスたる世が法廷として見られ、イエスが、その証言によって世を不信仰の罪に定めるという裁きの図式」が基にあるからであろう (76)。法廷である以上、証人は「その証言内容の真実性についての義務を負い、それについて責任を取るべきであるのみならず、その真実性の確証のために尽力せねばならないということであり、場合によっては命をかけねばならぬこともありうる」(77)。驚くべきことだが、これはヨハネ福音書記者によってなされるとしても、根本的には彼を通してイエス自身が命をかけて証しすることとして理解されねばならない。この意味でJnではすべてにわたって霊におけるイエスのpraesentia quoad nosが行なわれており、それゆえにJnとはイエス自身のケーリュグマであるとも証しであるとも言えるのである。Jnにおいておのれを顕すイエス、その「彼の証しを受け入れる者は、神が真実であることを封印した[*)]。というのは、神が遣わした者は、神の言葉を語るからである。というのは霊をかぎりなく与えるからである。」(Jn, 3, 33-4)。

*) 「封印する (sphragizein)」は「証明する、保証するなどの意味である」(Ⅰ, 186)。

そうであれば，ヨハネ福音書とはこの世に対する裁きの図式のなかでイエス自身のケーリュグマと証しにもとづくアナムネーシスのなかでイエスの存在の真実性の確証のために書かれた福音書であると言うことができるだろう。以上のことは Jn の第20章の「結語」と完全に照合する。「結語」はヨハネが福音書記者としての立場を書き記したものである。

「[30]さてイエスはこの書には記されていない多くの他のしるしを弟子たちの前に行なった。[31]しかしこれらのことが書かれているのは，イエスが神の子キリストであることを信じるため，そして信じて彼の名において命を持つためである。」(Jn, 20, 30-1)

「この書に記されていない多くの他のしるし」が行なわれたということは，「この福音書に書かれたすべてのことがしるしにされる」(Ⅲ, 426) ということである。「言葉とわざはしるしとして一つのものをなす」(426) ということである。「一つのものをなす」ということは言葉であれわざであれすべてのしるしが同じ一つのものであるということである。「復活の顕現もここに含まれることになる」(426) と著者は言うが，この復活の顕現こそ同じ一つのものの根本的なしるしであり，すべてのしるしはこのしるしから生まれていると理解されよう。その上で，これらのしるし（セーメイア）[*]が「書かれたという意味はこれが宣教の言葉として，またしるしとして，言葉によってしるしづけられて示されたということであり，単なる記述ではない。……それはイエスの栄光を顕すことである。「しるし」とは顕すことである。「弟子たちの前で」ということは広くはケーリュグマにおいて，われわれすべての前でという意味になる。……福音書の言葉を聞くものは，イエスの行なったしるしを見るのである。」(426)。復活の顕現はそれらイエスの行なったしるし（わざ）の一つではなくて，それらの源泉となるしるしである。それは神がイエスを甦らせることにおいて示された命の創造であり，父の子に対する愛のわざであるが，まさにそのことが弟子たちにイエスの復活として「現われた」のであり，弟子たちはその復活のイエスを「見た」ということになる。

 [*]　しるし（セーメイア）については I, 122-4, 131-2, 137-9を参照。著者は

アウグスティヌスを引いてつぎのように説明する。「一般に，しるしとは，人ないし言葉によって，「それ自身の外に別の何かを指し示す」ことにより，その（別の）何かを「それ自身から識られるようにする」ものである。ここでカナの奇跡がしるしとされるとき，何がこのしるしによって指し示され，また何がこの奇跡によって識られるようになるのかが問題なのである。」（Ⅰ,123)。イエスの復活の顕現をしるしと見るなら，それは神の栄光化であると同時にイエスの栄光化でもある（Jn, 13, 31-2, Ⅲ, 89-90）ようなイエス（愛）の勝利（Jn, 16, 33）を指し示すことになろう。ヨハネの文脈で言えば，「十字架の勝利」（Ⅲ, 377）ということになる。

Jn は「イエスは神の子キリストである」ということを証しした福音書であるが，それは Jn の書いたイエスが神の子キリストである，つまり Jn は神の子キリストの「名」をもつイエスを書いたということである。そして，Jn は何のために書かれたのかといえば，ここに書かれたことを聞いた者がそのことを信じて，神の子キリストがその「名」であるイエスの名において命を持つためなのである。

Ⅷ　第20章，復活物語における「現われた」と「見た」という言葉について

① 評者の見るところでは，註解書の全体をとおして著者がいちばん Denker としての本領発揮しているところがこの箇所の「現われた」と「見た」という言葉の意味の考察である。それは註解Ⅲの「はじめに」の375頁から395頁までなされ，さらに本論註解の17節409頁から413頁までなどでなされる（Ⅲ, 267-8も参照）。この箇所の筆者の Denken がなければ読者は Jn の根源にあるものをはっきり見ることができないであろう（本書第3章「イエスの復活とその顕現についての再考」を参照）。

イエスの復活顕現というがその信仰告白は定式化されており，パウロの伝承にしたがえば，「キリストは聖書に従って，わたしたちの罪のために死んだこと，埋葬されたこと，そして聖書にしたがって三日目によみがえらされたこと，そしてケファに現われ（ōphthē），次に12人に現われた（ōphthē）ことである。ついで彼は500人以上の兄弟たちに一度に現われた（ōphthē）。……しかし彼はすべての者の最後に，ちょうど

「未熟児」のごときわたしにも現われた（ōphthē）のである。」（Ⅰkor, 15,4,Ⅲ,375-6）ということになる。パウロの部分は信仰告白の定式化された表現「現われた」にしたがった生前のイエスを知らない彼自身の付加である。パウロは自分が伝承したことをそのまま受け入れ，そのままコリントの人々にさらに渡す。パウロは kērux として定式化された信仰告白の伝承を kērugma として受け入れ，それをそのままコリントの信者に kērussein しているのである。

　ケーリュグマの内容は神が十字架にかけられて死んだイエスを死者のなかからよみがえらせた，この場合，復活したイエスは十字架で死んだイエスと同じ存在なのである*)。イエスが死者のなかからよみがえらされたという出来事である。この復活の出来事は神が十字架で死んだイエスに対して行なったことである。これは唯一無二の神の絶対的な啓示であるとしか言いようがない。われわれにとってこの神の行なった復活の出来事が起こらなかったなら，ケーリュグマは根拠の無いものとなる。この復活の出来事は使徒たち証人の前で行なわれる。それは復活者自身が証人の前に「現われた（ōphthē）」という仕方においてである。著者は，この意味での復活者が「現われた」とそれに対して証人が復活者を「見た」という，そのことが何を意味するかということを考察するのである。

　　*) 本書第1章「イエスの受難と神の救いの意思」の付論Ⅰを参照。

　② Jn の場合，第一コリント書の「現われる」という言葉は使われていないが，それに直接対応する「見る（theorein; horan）」が使われている（Jn, 20,14.25.29；14,19；16,16.19-22）。むしろ注目すべきは他の感覚動詞，「聞く」と「触れる」も，とくに後者が使われていることである。復活者イエスはマリア・マグダラに「触れるな」（20,17）と言うが，「わたしは彼の両手の釘の跡を見，その釘の跡にわたしの指を入れ，わたしの手を彼の脇に入れなければ決して信じない」（20,25）というトマスに「あなたの指をここへ出しなさい。そしてわたしの手を見なさい。あなたの手を出して，わたしの脇へ入れなさい。」（20,27）と言う。医者の触診のように調べようとするトマスと「調べなさい」というイエスのやり取りは触覚の重要性を強調しているのである。これについ

て「トマスの疑いには一理あり，これは復活信仰についての究極の重要性を示す」(Ⅲ, 381) し，イエスの答えは「顕現の「finis（終末，目的）」に到達する」(381)，と著者は言う。なぜそのようなことが言えるのか。

著者の考察は顕現に使われる「指を入れる」，「手を入れる」，「脇へ入れる」などの触覚動詞に注目するなかで，さらにマタイの「イエスは近付いて来て語って言った」(Mt. 28, 18) の表現に注目し，「近付く」ことによってヴィジョン論は拒否されていると言う。同様に，婦人たちが復活者イエスのところに行き，「喜びあれ」というイエスの声を聞き，イエスのところへ行き「彼の両足をかき抱き」(Mt. 28, 9) やルカの「わたしの両手と両足を見よ」(Lk. 24, 29f) という表現にも言及し，復活者イエスには「いわば足が地に付いており，「肉」や「骨」もあるのである」(382) と言う。もちろん，このように言っても復活者が通常の生に蘇生したわけではないのであるから，「(復活者に接近するために通常の生を描くような) 写実的方法ではこれ以上推し進めないということなのである。すなわち（復活者は通常の生と）同じであり totaliter aliter（全然違う）のである。イメージできないのである。ここでも「蠅をビンから出してやらなければならない」(Wittgenstein, PU I, §309)」(382) というとりあえずの結論を著者は導き出す（丸括弧内は評者の補足）。しかし，蠅をビンから出すことはどのようにしてできるのか。

著者はつぎのように考える。「復活に関して言えばこの（現われた）ということのうちに「よみがえらされた」ということがあらわされたのである。ここで現われたものになんらかのかたちで「よみがえらされた」という出来事を表象することは適当ではない。「よみがえらされた」ということは感覚所与としては与えられていない。」(383)。すでに述べたように，たしかに「よみがえらされた」という出来事は神によってなされた根源の行為であり，神の絶対的な啓示であると言うことができる。しかし，著者はこのような指摘をしない。むしろ今引用した文に続けて，「さてここで本来言わんとするところは，この「現われた」と言う言葉についても，われわれは先の「死んだ」とか「葬られた」と同じように考えることができるだろうということである。」(383)。

③　後者についてはつぎのような考察がなされる。「起こったことは，

死であり，それを見て死んだと言うことは，死ぬという事態と同時に，死という言葉が生起したのと同じであり，死という事実と死という言葉は分けられておらず，一つなのである。」(268)。この考察は，イメージなしに言葉が純粋に働いているその場面では，「死んだ」という出来事は生じるということだけでなく，「死んだ」という言葉が生じて「死んだ」という一つのアスペクトが「閃き現われる（aufleuchten）」というふうに理解されるであろう。分かりやすく言えば，ヘレン=ケラーの「水！」という言葉が理解された場面を思い出せばいいであろう。それは水が存在するようになる事態なのである。著者の強調したいことは，言葉と事態とは不可分に生起するということである。これに加えて，著者は福音書の簡潔な表現，例えば「十字架」とか「十字架につけられた」という簡潔な表現が見かけ上の素朴さや簡単さで理解されてはならないと言う。「十字架ということ（十字架の苦難）の意味を知っているから，われわれは十字架を指し示し，その恥辱的な死に思いをはせることができるのである。それは「「十字架」という言葉が話すという現象である。」(267) と言い，脚注に Die Sprache spricht.（II, 8）を参照とある。二つの文はそのままではつながりが分かりにくいが，熟知性の問題を念頭に置けば，両者は一つのこと（「十字架」という言葉）の両面を言い表していることに気づくだろう。すなわち，われわれが「十字架」という言葉の意味を知り，その言葉に熟知するようになるにつれて，その言葉とともに十字架が厳然として存在することが分かるようになる。そのとき，「十字架」という言葉の方からわれわれに話しはじめる。われわれの方は「十字架」という言葉が話すのを聞くようになり，目が開け，それが指し示す十字架の深い現実とその現実がなぜ生じたのかが分かるようになるであろう。熟知性という現象はちょうど脚本の簡単な表現が役者の言葉を話す力量によって本来の働きをよみがえらせ，深い現実を指し示し，それを現前させるのに例えられるかもしれない*）。

*）この箇所の話は，著者も著者なりに意識していることと思われるが，ヴィトゲンシュタインの『哲学探究』の言語ゲーム（Sprachspiel），アスペクト，熟知性（Wohlbekanntheit）という概念によって理解されうる事柄であるように思われる。なぜ著者はこの箇所をヴィトゲンシュタインのとくにアスペクト論とその本体をなす熟知性の問題によって論じなかったのかが不思議に思われるほどである。もちろん，それによって Die Sprache spricht. という根源現象が

すべて説明し尽くされるなどということはありえないとしてもである。

④　話を復活顕現に戻そう。著者が言う「蠅をビンから出す」ということは，今言われた「十字架」の言葉が話す場合と同じように考えればできるであろう。すなわち，「現われた」という言葉が話すという現象になるということである。もちろん，「十字架」の言葉の問題はここでは触れないこととして，「死んだ」と「葬られた」と「現われた」のあいだには根本的な相違がある。それを著者は次のように説明する。

> 「「死んだ」とか「葬られた」というような言葉は，そもそもその根底にはわれわれの生そのものがあり，その生を成り立たせている当のものが言語として現われているが，「現われた」の場合は，その根本の古い生に代わって新しいアイオーンの生起があり，この言語空間のうちに新しい言語が成立し，この用語はそこに位置づけられ，新しい生を成り立たしめている当のものが言語として現れてきたのだ，という事態である。……くり返しになるが，「現われた」ということは，ここでもまた，なにか得体の知れない奇怪なことが起こり，そこに「現われる」という語を結びつけて，あるいは充当して，そのように言ったのではなく，「現われた」ということが起こったのである。」(384)。

「現われた」という現象をこのような「言語現象」(H. Braun)として説明するということは普通の注釈の範囲を越えることのように見えるかもしれない。しかし，著者のようにそれをしなければ，いちばん肝心の復活顕現が信仰者に起こった「復活体験」としてブラックホールのように扱われてしまうことになる。しかし，復活者イエスは「500人以上の兄弟たちに一度に現われた」のである。これを「復活体験」で説明できるであろうか。共同幻想が起こったとでも言うのであろうか。また，彼らは証人として復活者が「現われた」と証言しているのである。しかも復活者はただ現われたのではなくて，「よみがえらされた」という意味で「現われた」と言われているのである。これもまた「復活体験」から説明できることであろうか。さらにまた，現われたイエスは「いわば足

解説Ⅰ　ヨハネ福音書入門　　　　　　　　　　　　　　203

が地に着いており，「肉」や「骨」もあるのである」。ヴィジョンではないのである。

　今引用した文には「死んだ」とか「葬られた」という言葉の「根底にはわれわれの生そのものがあり，その生を成り立たせている当のものが言語として現われている」と書かれている。この生を成り立たせている当のものは Fall したアダム以来の生であり，死がある生のことであろう。「エノシュは九百五年生き，そして死んだ」（Genesis, 5, 11）と表現される事態である。義人のアブラハムも死んだ。この生にはかならず死があるのである。著者はこの生が「古い生」であると言う。これに対して，「現われた」の場合はその根本に「新しいアイオーンの生起」があると言う。これは一つの言語空間であり，このなかに「新しい言語が成立」し，「新しい生を成り立たしめている当のものが言語として現われて来た」という事態なのだと言う*）。これはどういうことか。

　　*) 以上のことを解説すればつぎのようなことになる。この新しい生をもたらす当のものが神から死者のなかから「よみがえらされた」復活者イエス・キリストであり，このイエスが「新しい生を成り立たしめる」ものであること，そのイエスによって成り立たしめられた新しい生は古い生のように死がない生，「永遠の命」をもつ生であること，そしてそのイエスが言語として現われて来たというのは，その「彼の名」において，つまり「神の子・キリスト」という「名」において現われて来たということであり，「彼の名を信じる者」（Jn, 1, 12）が彼を主イエス・キリストとして信じて，永遠に命をもつようになるということである。また，古い生の代わりに新しい生が生じるということは，パウロ（サウロ）のかの有名な回心のように「するとたちまち，彼の目からうろこが落ちたかのように，サウロは元どおり見えるようになった。そこで彼は起き上がり洗礼を受け，食事をして再び元気を取り戻した。」（Acts, 9, 18-9）。それは彼が「聖霊で満たされる」ようになった（Acts, 9, 17）ということである。

　しかし，著者はこのような概念の図式による解説や物語的な説明をしようとはしない。その態度は復活を神の絶対的な啓示であるなどとは説明しない態度と同じである。著者はあくまで復活顕現という事態を聖書に書かれた言葉にのみ忠実に言語現象として明らかにしようとしているのである。かくして「新しい生を成り立たしめている当のものが言語として現われて来た」という事態は，聖書にしたがうかぎり「「現われた」ということが起こった」というその一点だけを手がかりにして考察され

ることになる。

　まず，「「現われた」ということは，「死んだ」とか「葬られた」と違って，必ず「だれだれに」という与格がついて，誰にでも見えることではない」。それは第一コリント書に書かれてあるように「復活の証人に起こった」ことであるという点が注目される（384）。明らかなことは「復活のすべての証人に，この同じ「現われた」という言葉が使われている事実は，この言葉が解釈を示していないということであり（385），続けて，「この「現われた」と「よみがえらされた」との関係も，後者は前者の解釈というより，それらは同時に露呈されたことであると考えられる」（385）ということである。そして，著者が結論的に言うことは次のことである。

　　「復活者の顕現のもっとも基礎的な言表は「現われた」ということである。またこのことから復活についての語りも可能になっている。したがってこの「現われた」という言葉によって，復活は福音というケーリュグマの中へ生起したのである。これに相応して復活のもっとも基礎的な言表も「よみがえらされた」ということになると認めてよいであろう。」（385-6）。

　著者はこの後の考察で反論に応えるかたちで再び「「現われた」という言葉がそこで出来事になっている」（386）という認識をくり返す。著者はこの「現われた」というたった一つの言葉が生起したということにキリスト教的な出来事のすべての存立が懸かっていると捉えている。それは人間の側における復活体験などに還元できない，また還元されてはならない，まさに神の言葉の生起，著者にしたがえば根源的な Die Sprache spricht. であり，これこそが「復活の神秘の超越性」（408）なのである。この考察の最後にシュリーアの二つの言葉が引用される。「イエス・キリストの死者からの復活は，その現われ（顕現）によってケーリュグマの中へと生起したのである」（Schlier, *Auferstehung*, 39. III, 388-9）。また「復活者は証人の前での彼の現われによって，己れを言葉へとそしてセンテンスへと引き渡したのである[*]」（Schlier, Keryugma u. Sophia, 215, III, 399）。

*）原文では Der Auferstandene überliefert sich durch seine Erscheinung vor den Zeugen an das Wort und damit die Sprache und an den Satz. と書かれている。シュリーアの理解では，彼の現われによって復活者は己れを Wort・Sprache・Satz へ引き渡したとなっていて「復活者が己れを……引き渡した」という主文の方が言いたいことであり，「彼の現われによって」という副詞句の方も「現われ」という言葉の生起というよりも，復活者が自らを現わす主導権によってまったく新しく真理の啓示（Offenbarung）がなされたことを意味しており，この句の焦点も復活者に置かれているように思われる。もちろん，著者の言うように，「現われた」という動詞が聖書のなかでは「キリストは誰某の証人に現われた」という定式化された使われ方をしていることも確かなことであり，それだけが唯一の手がかりであるが，それは「復活者が現われた」という復活者が主導する動向に力点を置いた言葉として理解されうるのではなかろうか。おそらく著者はシュリーアよりももっと厳密に原言語現象を一点に突き詰めてそれを取り囲む説明の枠組みを外して捉えるということを行なったのであろう。それによって神の言葉の啓示の仕方の本当の姿が見えてきたのも確かなことである。

以上の話はヨハネ福音書に限定される話ではない。著者は *Jn* を読むにあたって新約聖書の全体が視野に入る地点を「現われた」という言葉に見定めて論考を重ねていたのである。この解説はここで終わることになる。*Jn* における愛（アガペー）の問題は残るが，この注釈書の「成果と展望」で記されているように，「残ったのは原言語であった。しかし残ったのは，また die Sprache spricht という原現象での根源経験が愛であったということである。正確には caritas vincit omnia ということであった (16, 13)。」（Ⅲ, 463）が決定的な展望になるだろう。愛については「別れの説話」（13章31節—16章）と「大祭司の祈り」（17章）と「受難・復活物語」（18章—20章）の問題，その根本にある十字架と復活の問題を見なければならないが，それは別の機会に解説してみたい。

解説 II

ヨハネ福音書のプロローグの一考察
――伊吹雄著『ヨハネ福音書注解』(全三巻) の根本問題をめぐって――

甲 斐 博 見

はじめに

　(1)　ヨハネ福音書を伊吹雄教授の『ヨハネ福音書注解』I, II, III巻 (以下では, 注解書 I, 注解書 II, 注解書 III と略記し, 引用する場合は I, 15, II, 345のように表記する) を頼りにしながら所属していた大学の演習で9年かけて何とか読み終わり, あらためて今年度 (平成24年度) の演習のなかで最初から再読してみるようになって, 幸いに最初の4章まで読むことができた。相変わらず伊吹教授の註解書の助けを借りながらではあるが, わたし自身のなかにテキストをそのものとして読むという態度が生まれてきたように思われる。それはヨハネ福音書の言葉のダイナミズムというものが少し分かるようになってきたからかもしれない。

　しかしこの福音書における言葉のダイナミズムの源泉はどこにあるのであろうか。それはやはり共観福音書にはまったく見られないプロローグ (1, 1-18) の存在にあるということになるであろう。プロローグはヨハネ信仰共同体の神を讚美する讚歌であるはずなのだが, そのような神讚歌というよりもキリスト讚歌の一種のロゴスを讚美するロゴス讚歌であり, 内容的にはロゴスについての神学を語っている。それは神に対する信仰告白でありながら紛れもないロゴス神学 (認識) なのである。おそらくこのような事態が生じたのはこのプロローグの神学が透徹した認識によってなにか神という存在の秘密の最も深いところにまで達したか

らである*⁾。どうしてそのようなことが言えるのか。それは「初めにロゴスがあった」(1,1a) と言われているからである。ロゴスよりも前に神が存在していたのではない。「ロゴスは神のもとにあった」(1,1b) と言われているのであるから，逆に言えば神はロゴスとともにいるのである。それゆえ神にとってもこのロゴスとともにいる在り方がその根源的な在り方になる。ロゴスとともにいる神が神なのである。プロローグの神の存在の最深部への到達は，それがヨハネ神学の根本的特徴であるが，神認識としての神学でもなく，またロゴス認識をそのものとして語るのでもなくて，ロゴスの讃歌というかたちをとった。なぜ讃歌のかたちをとったのか。それはまさにロゴスがそのまま現前して来て（ロゴスの受肉），救い主としてわれわれに恵みと真理に満ちた神の独り子の栄光を現わしたからである (1,14)。伊吹の印象深い言い表し方によれば，それは「受肉というイエスのこの世における霊の praesentia」，「praesentia quoad nos（われわれへの現前）」(I,9) である。それはわれわれにとって神学（認識）というよりも救済に対する感謝と従順（信仰）が動機になっているからである。そしてこのいまや神の独り子と讃美される受肉したロゴス，救い主が「初めにロゴスがあった。ロゴスは神のもとにあった。ロゴスは神であった」(1,1) と言われる。かくしてプロローグのロゴス讃歌というかたちをとる神学の根本的特徴はそのようにおのれを救い主として露わにするロゴスに聴従すること，「言葉（ロゴス）が話す（die Sprache spricht）」**⁾そのロゴスの声を聞くということである。それゆえに「初めにロゴスがあった」(1,1a) という文から始まりえたのである。

*) これは著者の勝手な思い付きではない。第一コリント書ではつぎのように書かれている。「霊（聖霊）はすべてのものの深みを，神の深み（ta bathē tou theou）まで極める。人間のなかで人間のうちにある人間の霊以外の誰が人間のことどもを知るであろうか。そのようにまた，神のことどもを神の霊以外の誰も知らない」(Ⅰコリント2,10-11)。シュリーアによれば，聖霊とは「その起源と本質に従えば神の霊である」(ロマ8,9；8,14；Ⅰコリント2,10-11)。しかし神の深みまで極める「神の霊は神の自己開示の力である」。ということは，神はおのれの深みを極める神の霊をとおして自己開示するということである (Heinrich Schlier, *Grundzüge einer paulinischen Theologie*, Herder, 1978, 179)。神の深みは神の霊において露わになり，しかも公然と露わになるのである。さて，シュリーアが言うこのパウロ的に理解された神の霊としての聖霊と

ヨハネ福音書のロゴスの間にはほとんど同じであると言ってよい認識の同質性があるように思われる。というのはロゴスと聖霊は神に対して同じように神の深みを知る者として位置づけられているからである。ヨハネの場合，それが「ロゴスは神のもとにある」(1,1b) と言われ，さらにプロローグの最後では「いまだかって神を見たものはいない。独り子（なる神），父のふところにいる者，かの者が現わしたのである」(1,18) と言われる。このラインにおいてヨハネでは神のもとにあるロゴスから父と子の関係にある父の独り子（イエスを指し示す受肉したロゴス）という認識を経て，いよいよ本文を開くイエス・キリストに焦点が移されていることが分かる。このイエスが焦点になるときイエスはつねに聖霊とともにある。「聖霊においてイエスが現前する」とは「聖霊が来る」ことであり，「聖霊の根本的な働きは14,26のアナムネーシスにおけるイエスの現前である」(Ⅲ,28-29)。イエスが言うように，聖霊が「あなたがたにすべてを教え，私が話した一切のことを思い起こさせる」(14,26) のである。

**）「言葉（ロゴス）が話す（die Sprache spricht）」はもともとはハイデガーの言葉である (Heidegger, Das Wesen der Sprache, in *Unterwegs zur Sprache*, Bd. 12, 10-14, Vgl., 167-171, 186-188. 伊吹雄『注解書』Ⅱ，6-8頁。甲斐博見「ヨハネ福音書入門」，都立大学『人文学報』459号，2012年，10-12頁。本書解説Ⅰ，186-188頁。しかし，この印象深い言葉の意義深さについてはハイデガーとは異なるジョルジョ・アガンベンの『言葉と死』から啓発されたところも大きい（ここで「言葉」と訳されている言葉Ⅱ Linguaggio は「言語活動」と言う方が適切であるように思われる。内容的には否定性のなかにおける「言語活動の生起」が問われているからである）。ジョルジョ・アガンベン『言葉と死 否定性の場所にかんするゼミナール』，上村忠男訳，筑摩書房，2009年。伊吹は「言葉が何の制約もなく根源的に語ることをわれわれは原初的な経験によって捉えねばならない」(Ⅱ,6) というが，この言葉をキリスト教神学的にではなくてニュートラルにとり，そこからヨハネ福音書のプロローグを見ることはできないと考えている。伊吹にとってはその言葉はロゴスの受肉を通して「しかし残ったのは，die Sprache spricht という原現象での根源経験が愛であったことである」(Ⅲ,463) という洞察と固く結びついているからである。しかしそれはそれとして，以下で述べるように，この小論の関心事はプロローグの冒頭部を「言葉が話す」という視点から捉え，その「初めにロゴスがあった」(1,1) から神学的な考察を出発させてみることである。

(2) 以下の論考ではこのヨハネ福音書の冒頭部に焦点を当ててプロローグの意義，とりわけ「初めにロゴスがあった」(1,1) という文と「ロゴスは肉となった」(1,14) という文との関係を考察し，また1,2から始まり1,13あたりまでのそのプロローグの創造論と救済論（正確には創造のアスペクトと救済のアスペクトと言うべきであろう），そしてそれと第1

章19節から始まる本文の受肉したロゴス（イエス・キリスト）の歴史物語，すなわち「イエスの歴史物語」への関係についても展望したい*)。

*) この点についてあらかじめ筆者の見解を言えば，プロローグが創造から出発し救済へ進んでいくロゴスの神学，さらには神学的物語であるなら，本文のイエスの歴史物語は救済に力点の置かれた救済による「永遠の命」の根源的創造の物語として展開されていると考える。このような救済論的創造の特徴をもつイエスの歴史物語で中核になるのは，イエスがおのれの命を与えることによって人の世に「恵みと真実に満ちた」(1,14) 現実をつくり出したということである。これは（創世記におけるような）神の創造とは次元を異にすると言うべきである。というのは，破壊された被造物（罪と死に転落しているもの）を甦らせるためには，救い主となる者がおのれの命を棄てなければならないという何かを創造するよりも遥かに大きなエネルギーを必要とするからである。救済は創造よりも根源的であり創造をも包み込む。ここでは創造主であった神自身が救済の主体となるのではなくて，父なる神が全権を委任した子たるイエス（受肉したロゴス）が救い主としておのが命を賭けてわれわれに「命（ゾーエー）」と「愛（アガペー）」を与え，われわれを「人の光」となって導くのである。このことがヨハネ福音書が神ではなくて神のもとにあるロゴスに初めから焦点を合わせて語る所以である。ヨハネ福音書はプロローグのロゴスを神学の最重要なものとみなし，そのロゴスを讃美する。そしてそのロゴスを讃美するロゴスの神学的物語を歌い，それを本文のイエスの歴史物語に先行させて，その歴史物語の原動力である命と愛と光が初めにあったロゴスの働きによるのだということを示し，その上で「神はその独り子（イエス）を与えるほどに世を愛した」(3,15) という意味での神の愛の福音書の中核をなす受肉したロゴス（イエス）の物語を語ったのだと考える。もう一点，共観福音書との関係で言えば，共観福音書がイエスの十字架の死と復活に軸足を置いているのに対して，ヨハネ福音書は十字架に高挙されたイエス，すなわち十字架に高挙され神の栄光を現わし，霊の言葉を語り，神のわざを行ない，おのれの命を与える霊であるイエスに軸足が移されていると言うことができる。そして，ヨハネのプロローグが1,19から始まる（洗礼者）ヨハネの登場する共観福音書と共通する「序」の前に置かれたのはこのためであると言うことができる。

ところで，これまで述べた「救済は創造よりも根源的であり創造をも包み込む」という捉え方からエフェソ書の神の計画の話が視野に入るかもしれない。(新共同訳)「天地創造の前に，神はわたしたちを愛して，御自分の前で聖なる者，汚れのない者にしようと，キリストにおいてお選びになりました。イエス・キリストによって神の子にしようと，御心のままに前もってお定めになったのです。……神はこの恵みをわたしたちの上にあふれさせ，すべての知恵と理解とを与えて，秘められた計画をわたしたちに知らせてくださいました。……こうして，時が満ちるに及んで，救いの業が完成され，あらゆるものが，頭であるキリストのもとに一つにまとめられます。天にあるものも地にあるも

のもキリストのもとに一つにまとめられるのです」(エフェソ1,4-11)。とりあえず指摘だけにとどめておきたい。

I 伊吹雄の「初めにロゴスがあった」という文の解釈について

(1) 伊吹は注解書Ⅱの「序文」の「方法について」のなかで加藤信朗教授の「ホドスとメトドス——哲学の道について」(『哲学の道』創文社,1997年所収)という論文に言及し,デカルトに始まる近代哲学は原理(principium)から出発する方法(メトドス)をいかに確立するかを重視したのに対して,「古代哲学のメトドスは端初においては明瞭ではないが,哲学の道をたどりゆくことによって『次第にあきらかになりゆく根源への道』と特徴づけることができる」(加藤3,伊吹Ⅱ,7)という言葉を引用する。そして,「principium とは interpretatio と cogito の道行きの最終の目的として見出されるのではないか」(Ⅱ,7)と言う。伊吹はヨハネ福音書の冒頭の言葉「初めにロゴスがあった(In principio erat verbum)」(*Jn*, 1,1a)が加藤の理解する古代哲学と同様に「最後に到達されるべきものであった」(Ⅱ,8)と考えているのである。しかし方法の確かではない interpretatio はどのようになされうるのか。伊吹は「私は言葉を言葉として語らしめるために,資料分析その他の種々の方法論を断念したのである。また,テキスト,これが本来の「原テキスト」としてこれを文字通り規範(Kanon)として受け取り,テキスト上の困難の解決もその人工的操作に求めなかったのである」(Ⅱ,8)と言う。初めにあったロゴスを外から,当時の思想状況のなかで使われていた「ロゴス」から説明するというやり方を拒否するわけである。その上で「原テキスト」の内在的読解のために必要な interpretatio には「列車の窓から全部の景色を展望するような」「展望」が必要であり,それは「ゲシュタルト的見方」であるような展望であると言う(Ⅱ,8-9)。

「ゲシュタルト的見方」とは伊吹がゲシュタルト心理学から着想したものであり,『パウロによる愛の賛歌——Ⅰコリント13章について』(知泉書館,2010年)で明示的に使われる方法(展望の工夫)である。ゲシュタルト的見方は「ゲシュタルト的全体」を展望する仕方である。ゲシュ

タルト的全体とは「ある構造的統一を形成しているような，それぞれの構成要素に区分された全体」（同書，28）であり，「プレグナンツ（Praegnanz：際立った形）」をもつ。それは「簡単に顔で言えば眼である」（同書30頁，マタイ6,22，ルカ11,34）が，その眼を中心に形成された顔の全体がゲシュタルト的全体である。「それは，全体が簡潔にして（余分な雑多なものを含まぬ），かつ含蓄に富んだ意味をなす形を提示していることである」（同書，27-31）。かくして全体を展望しようとする場合，プレグナンツがその全体の軸となる中心にまず配置される。伊吹は第一コリント書の13章「愛の賛歌」ではそのような意味での「中心軸（Zentrierungssachse）」（同書，33）を「愛は真実を喜ぶ」（13,6b）という文に置き，「愛は寛容である」（13,4a）と「優しい，愛は」（13,4b）を交差配列に作られた文としてその中心軸を囲むようにつぎに置く（同書，31-35）。そしてこのゲシュタルト的な見方によって「原テキスト」である第一コリント書13章の内在的理解の道を開くのである。

　伊吹は以上のようなテキストの内在的理解のための全体を展望するゲシュタルト的見方をヨハネ福音書の注解書においても『愛の賛歌』ほど明示的ではないとしても採っているといってよい。ゲシュタルト的に配置されるのは註解書各巻の「序説」や「問題提起」（I,7-25）や「序文」（II,3-20）や「序言」（III,3-37），「13章—21章まえがき」と「第2部前半：別れの説話」（III,39-55）と「第2部後半：イエスの受難と復活」（III,261-271）などの読者をテキストへ導き入れる論題であるが，このなかで「初めにロゴスがあった」を論じる「問題提起」の箇所がいちばん重要であり，残りの論題はこの箇所を中心軸としてゲシュタルト的な構成要素として配置されうるであろう。

　(2)　しかしここに非常にむつかしい問題が残る。あるいは，この問題はよくよく考えて見ると非常にむつかしいのではないか。それは Jn における当の中心軸の問題である。中心軸は「初めにロゴスがあった」という文であるのか，それともそれと並んで Jn を読む鍵となると思われる「ロゴスは肉となった」（1,14）という文であるのかという問題である。伊吹は「問題提起」の箇所でつぎのように捉える。「「初めに」は，実際はイエスの到来によってここに今開かれている霊の次元であり……，

霊に満たされている現在であり，それはその現在の明るみに備わる視野である。そしてそこにこそ，イエス・キリストを信仰する者が現に今生きているのである。したがって，「初めにロゴスがあった」という，この「あった」は今この現在からして，「あった」と言われているのである」（I,12-13）と言い，そして「すなわちこの「あった」ということは，現在からする霊におけるアナムネーシス（想起）というものに他ならないのである」と言う（I,13）。これに対して，「ロゴスは肉となった」は「ロゴスは肉となった。そしてわれわれの許に宿り住んだ。そしてわれわれは彼の栄光，父からの独り子の栄光を見た。それは恵みと真理に満ちていた」（1,14）という文のなかにあって，「この「われわれが見た」が「われわれが「初めに」について語る場所，または見る場所」（I,14）であると言う。どういうことか。それはわれわれは logos ensarkos（受肉したロゴス）を見たと言われる，その「われわれが見た」受肉したロゴスの現前がエスカトン（終末，時の終わり）であり，「このエスカトンから」「プロートンとしてのアルケー（初め）」が見られうるようになる。すなわちこのエスカトンにおける霊のうちのイエスの到来が，「初め」を開き，明るみへもたらした」（I,13）ということである。そうであれば，このエスカトンからプロートンを見るということが，伊吹が言う interpretatio から最後に到達されるべき principium への道を歩むということになるであろう。「われわれ」がエスカトンである受肉したロゴス（イエス）を見る霊の次元，すなわち受肉したロゴス（イエス）の現前する「霊に満たされている現在」を生きるのであれば，「われわれ」はそこから「初めにロゴスはあったのだ」ということが分かってくるようになる，つまり「エスカトンはプロートンであったのだ」と言いうるようになる。しかしそうであれば，エスカトンこそが principium であり，interpretatio はこのエスカトンへ向かう信仰の道行きであり，その道ゆきのなかでプロートンがどのようにあったのかという認識の視界も開かれていくのであり，ヨハネ福音書の実質的な中心軸はやはり「ロゴスは肉になった」の方にあるということになるだろう。「ヨハネ福音書が1,1で先在のロゴスから書き始めているのは，イエスから，また全福音書からロゴスを理解せよ，という前提においてなのである」（I,23）。伊吹の解釈の基本的な立場はこの点に置かれているように思われる

（Ⅰ,29,31-33）*）。

*）　以上のような解釈を行なう伊吹のヨハネ註解において「霊」がキーワードであることは明らかであるが（14,26），この小論では霊の問題を主題にして論じることはできるかぎり控えたい（霊の根本的な意義については1-2頁の注＊を参照。また霊が昔のヨハネ信仰共同体の人々だけでなく，むしろ伊吹が言うようにこの世の現在を生きるわれわれに呼びかけてくるという点も強調しておかなければならない。）。伊吹の言う「霊におけるアナムネーシス」も同様にそうしたキーワードであるが，それは「（イエスの）霊におけるケーリュグマ」に呼応する言い方であり，それらはいずれも「神の言葉を語る」（3,34）イエスのその声とその「声を聞く」われわれとの関係を特徴づけるものであるが，この霊を軸において考えるとまた別種の語り方になるのでここではできるかぎり触れないようにしたい。著者の伊吹雄著『ヨハネ福音書注解』Ⅰ,Ⅱ,Ⅲの書評「ヨハネ福音書入門」，『人文学報』459号，6-13頁参照。本書解説Ⅰ，183-191頁。

　　伊吹の師でありパウロ研究者であるシュリーアは「ロゴスの受肉（Joh 1, 14a）」が彼にとって「すべてのキリスト教的なもの一般を理解するための鍵であることが次第に明らかになっていった」（Heinrich Schlier, Kurze Rechenschaft, in: K. Hardt (Hg.), *Bekenntnis zur katholischen Kirche*, Würzburg 1955, 179. Bendemann, 233）と言う。それはシュリーアにとってたんなる解釈上の問題ではなく，教会の存立の根本意味にかかわるものとして取り組んだ問題であった。その事情は1947年12月7日付のブルトマン宛のシュリーアの手紙の一節からよく理解できる。シュリーアは「ロゴスが肉になった」という「啓示はかつて起こった一つの出来事に還元するという結果になってはなりません。啓示は肉における啓示であり，与えられたものにおける啓示です。……啓示は終末論的出来事であり，私の考えでは，その啓示にはロゴスの受肉に応じて制度としての教会の出現が属しているのです」（Bendemann, 232-233）と言う。シュリーアの理解は，ロゴスの受肉はロゴスが人間に理解される言葉になったのではなく肉になったということであり，ロゴスはイエスという肉の存在になってもっとも深く人間の生に根を下ろし，その生をはじめから創り変えるもの，つまり「目に見える教会（ecclesia visibilis）」をつくりだし，これが現在の教会として存続しているのだということである。この現在の教会において受肉したロゴス・イエスが主となり霊が生きて働いているのである。これは教会の存立こそキリスト教の根幹であると考えるカトリックの原理となるものであり，シュリーア自身この後1952年にカトリックに改宗するのである。以上については，Vgl., Reinhard von Bendemann, *Heirich Schlier Ein kritische Analyse seiner Interpretation paulinischer Theologie*, Gütersloh 1995, 229-234.

　さて，以上のような伊吹の解釈は「ロゴスは肉となった」（1,14）が中心軸であるということができるだろう。しかしこの小論ではある意味

で伊吹の解釈を「それはまったくそのとおりだ」と認めつつも，あえて1,1の「初めにロゴスがあった」に中心軸を置いてヨハネ福音書を読むことが可能なのではないかという考えに基づいて考察を試みる。それは福音書記者が1,1から書き始めているからであり，プロローグがロゴス讃歌というかたちをとるロゴスの神学とその歴史物語を語っているからである。なぜ福音書記者はキリスト讃歌ではなくてロゴス讃歌をわざわざイエスの歴史物語の前に付けたのであろうか*)。もちろん，ロゴス讃歌が一種のキリスト讃歌であることは疑いがないが，その中心となる1,1と1,14の文の主語はロゴスであり，これまた重要な1,2の文の主語もロゴスを先行詞とする「その方（houtos）」なのである。どのような意図で福音書記者はロゴスを主語とするロゴス讃歌を書いたのであろうか。筆者の解釈は，初めに言葉（ロゴス）が根源的に生起すること，すなわち「言葉が話す（die Sprache spricht）」ことがなければ何ものも生じえない，それゆえ福音書記者はそこから書き始めたのではないかというものである。以下ではこのような立場に立ってプロローグの解釈を試みたい。

*) この点について伊吹の理解ははっきりしている。プロローグのなかで洗礼者ヨハネの出現について「この洗礼者ヨハネについての1,6-8；15節は福音書物語の始めとして，あたかもくさびのようにアルケー（初め）であるプロローグに打ち込まれている。……この挿入によってイエスの地上の歴史が，一見矛盾するようであるが，「ロゴス」の歴史に他ならないことが，ここで強調されかつ描かれているのだと言える。このロゴスはイエスの地上の歴史と決して分離されえないのだということである」（I,9）。

II　ゲシュタルト的全体の中心軸としての 「初めにロゴスがあった」について

前節の考察から見ると，*Jn* の中心軸は「ロゴスは肉となった」という文であり，そこから受肉したロゴスを見る「われわれが見た」，すなわち現在からするわれわれの霊におけるアナムネーシスと，「初めにロゴスがあった」という二つの文が中心軸を囲むように配置されているように見えるかもしれない。確かにこの三つの文の関係を三つの項として図式化するとそのように見えるかもしれない。しかしそこには大きな錯

覚がある。というのは問題となっている事象そのものがどのようにあるのかということが見落とされているからである。三つの文は何らかの時間的先後関係のある事実を記述しているわけではない。それらは言葉（ロゴス）の根源的生起という事態を問題としている。そして言葉の根源的生起という事態は「言葉（ロゴス）が話す（die Sprache spricht）」ということがどのような仕方で起こっているのかということに着目することによって解き明かされるべきことなのである*）。あらためて言葉（ロゴス）の観点から三つの文を見てみよう。

*）伊吹の注釈では十字架に高挙され栄光化されたイエスを見ること（霊のアナムネーシス）に定位して「高挙――受肉（派遣）――救いというアナムネーシス構造の順序」（I, 164）をもとにしてこの福音書の全体が考えられているので、*Jn* の中心軸は「受肉したロゴス」よりもさらにその奥にあるこの「高挙されたイエス」にあるというべきかもしれない。しかしそれは *Jn* の注釈の最初の視点と視野（暫定的方法）というべきものであり、伊吹自身も膨大な注釈を終えて書いた「成果と展望」の冒頭で「大袈裟なようであるが、ここで過ぎ越し方を返り見れば、残ったのは原言語だけであった。しかし残ったのは、また die Sprache spricht という原現象での根源経験が愛であったことである」（III, 463）と記している。この一文は、方法（メトドス）は暫定的であり、テキストの interpretatio をしながら道（ホドス）を歩まなければ根源（原現象）は見えてこなかったという述懐であろう。まさに伊吹の注釈の interpretatio は伊吹にとって「次第に明らかになりゆく根源への道（ホドス）」であったと言えるであろう。

この点から翻っていえば、ヨハネ福音書は伊吹の注釈の終わった地点から始まっていると言えるかもしれない。とはいえ、「十字架に高挙されたイエス」という視点と視野が重要でなくなるというわけではけっしてない。それは本文に登場する *Jn*, 1, 19 からのイエスの歴史物語、伊吹にしたがえば「おのれの命を捨てる」「神のアガペーの本質の終末的啓示」（I, 16-17）としてのイエスの歴史物語の核心をなすことと考えられるが、die Sprache spricht はこのイエスの十字架に架けられ死んだという歴史にただ一回だけ起こった具体的現実なしには完全に宙に浮くのであり、その具体的現実的な十字架の死のゆえに高挙され栄光化されたイエスが存在しなければ生起しないし、そのイエスを見た者、あるいはその声を聞いた者（根本的には証言者）がいなければ生起しえないのである。このことを念頭に置きながら伊吹は「しかし残ったのは、また die Sprache spricht という原現象での根源経験が愛であったことである」と記したのであろう。

まず、「ロゴスが肉となった」という文はどのように理解されるべき

解説Ⅱ　ヨハネ福音書のプロローグの一考察

であろうか。ここでこれまでまったく視野に入れてこなかった一つの重大な問題を考えておく必要がある。それはロゴスの受肉における肉（サルクス）とはそもそも何かという問題である。われわれはこの言葉で人間のもっとも具体的で現実的な生の在り方を考えなければならないように思われる。そうしなければ，これまでのロゴスの受肉の考察がピンボケ写真のようになってしまうからである。それではそのような肉とは何か。それは十字架に架けられるような人間の生身のからだ（肉体）である。これこそが人間のもっとも具体的で現実的な生の在り方であると言わねばならない。というのは，その生に対して十字架刑という最悪の刑罰，生身の人間を剥き出しの裸にして十字架に架けて長い時間をかけて死に至る拷問刑に処し，その裸のまま晒し者にして苦しむ人間から人間の尊厳を奪うことが行なわれたからである。イエスはおのれの生身のからだに死に到るこの十字架の苦しみと辱めを受けたのである。

＊）*Jn* のみならず他の福音書もイエスのこの十字架上の苦しみの描写はない。それは福音書記者たちが饒舌を避けたからではない。その剥き出しの裸にされて十字架に架けられたイエス自身がパウロの言う「十字架の言葉」（Ⅰコリント1,18；2,2）だからである。そしてこの「十字架の言葉」が *Jn* においても「宣教の核心たる言葉」であり「信仰告白の言葉」なのである（Ⅲ,341-343）。この点を伊吹は註解書Ⅲ巻の19章の17-18節の註解（Ⅲ,335-348頁，cf., 266-271）で詳しく論じているが，この箇所の考察は die Sprache spricht の洞察と拮抗する意義をもつということができるであろう。それが伊吹の *Jn* の註解の全体をイエス・キリストの存在の真実に着床させていると言っても過言ではない。（以上の点について，この箇所を読まれた伊吹教授はコメントで *Jn* の19,29-30の箇所と19,34-35の箇所が重要であると指摘された。前者の箇所ではイエスが自ら死の杯を受けたことが書かれているが，それは「最後の死苦の完全な肯定」（Ⅲ,362）と理解されることであり，これによって「すべてが成し遂げられた」というイエスの言葉が十字架の苦しみをイエス自身の成し遂げたことにするのである。後者の箇所ではイエスの死を確かめるために兵士が槍で脇を刺したその身体から「血と水が流れ出た」と生々しく書かれている。これは「イエスの十字架上の死の証言」として書かれている。イエスが十字架上で「いやしいからだ」（ピリピ,3,21）のまま本当に死んだことを証言しているのである（Ⅲ,364-366）。流れ出た「水と血」についても「水」は霊であり（7,37），「血」は十字架の死による救済であると見られるという（365）。これ以外にも，ヘブル書2,14の「血と肉」という言い方も重要であるという指摘がなされた。イエスは人間の本来の弱く傷つけられて死ぬからだとなったのである。それは血を流すからだであり，それゆえ「血と肉」を人間と共有したのである。

たしかに，テキストの文言という最後の詰めにまで理解が届かなければその全体の事態のアスペクトにゆがみが生じるのであり，伊吹教授の細部にいたるまで聖書の言葉の理解が行き届いていることにあらためて多くを教えられた。なお，この論文の最初のヴァージョンを読まれてコメントしていただいた実川敏夫教授のメルロ=ポンティの身体・肉がそれ自体として放射（表現・現前）であるという指摘にも啓発された。実川敏夫『メルロ=ポンティ 超越の根源層』創文社，2000年，3頁，131頁，308頁。）また，ジョルジョ・アガンベンの「剥き出しの生（la nuda vita）」という概念からも多くの示唆を受けた。アガンベンはこの概念を「生物的生（ゾーエー）」ではなくて「政治的生（ビオス）」として規定した。十字架刑を受ける生を理解しようとするときこの生の捉え方は大きな意味をもつであろう。アガンベンはこれをテーマにして多くの著作で様々な角度から論じているが，ここでは「裸性（Nudità）」という論文を含むつぎの著作を挙げておきたい。ジョルジョ・アガンベン『裸性』岡田温司・栗原俊秀訳，平凡社，2009年，95-144頁。

　われわれは十字架に高挙されたイエスについてこれまで神の独り子として栄光化されたイエスに注目してきたが，それはあくまで今述べたような十字架に高挙されてある在り方であることを忘れてはならないし，以上のような死に至る苦しみを受ける剥き出しにされた生としての肉の意義を見過ごしてはならない。die Sprache spricht はこのような肉であるイエスその人自身が表現している「十字架の言葉」になるのである。十字架に高挙されたイエス自身が「十字架の言葉」になることによってはじめてイエスは「神の言葉」（Jn, 3, 34）を語るものになることができる。このような意味で受肉したロゴスであるイエスは死者から甦って「霊の言葉」で語る声（肉声）によってわれわれに呼びかけることができるようになる。これが霊におけるイエスのケーリュグマである（Jn, 3, 13-21）。いまや以上のことから伊吹が言う「エスカトンはプロートンであったのだ」という文を逆方向から「プロートンはエスカトン以外にはありえない」と言いなおすことによって die Sprache spricht がもつ意味を受肉と不可分なものとして理解できるだろう。初めにあったロゴスは肉（サルクス）においてその本質を明らかにする。この肉になることを素通りしてロゴスがそのまま人間に理解されるということはありえない。十字架に高挙されたイエスの肉声（声）でなければ初めにあったロゴスはわれわれには聞こえないからである。

それではつぎに、「われわれが受肉したロゴスを見た」という文はどうであろうか。それはわれわれがその肉となったロゴスの霊の声を霊におけるアナムネーシスのなかで聞くということである。これら二つの文はわれわれがロゴスの声を聞くことができる場面なのでつぎのような親しみ深い情景を思い浮かべてもよい。「牧者は自分の羊をそれぞれの名で呼び、彼らを外に連れ出す。自分の者をみな外へ出すと、彼らの前に立って歩き、羊は彼に従う。彼の声を知っているからである」(10,3-4)。受肉をとおしてロゴスの声がアナムネーシスを生み出す。そして、われわれもアナムネーシスをとおして言葉と声をもち、そのロゴスの呼びかけに応答できるようになり、ロゴスを讃美するようになる。それがプロローグのロゴス讃歌であり、われわれはこのロゴス讃歌の真っ先に「初めにロゴスがあった」という認識を明らかにし、そのロゴスの受肉をとおしてその本当の姿が明らかになったロゴスそのものであるイエス・キリストに「われわれは神の独り子の栄光を見た」と信仰告白をして、「それは恵みと真理に満ちていた」という感謝を表明するのである。この信仰告白と感謝の表明は認識の根源層をなす信仰の生への立ち帰りであるとともにあり、信仰の生の喜びに満ち溢れたロゴス讃美の言葉の爆発である。それではロゴス讃歌のなかで「初めにロゴスがあった」という文はどのような意味で理解されるであろうか。

　それは、今述べたように、ロゴス讃歌の内実となるロゴスに対するわれわれの神学的認識の第一の認識が「初めにロゴスがあった」という表明であったということである。しかし、それならどうして「イエス・キリストはロゴスであった」と言わないのか。それはわれわれの神学的認識がわれわれのロゴスの探究の成果であるのではなくて、ロゴスが受肉を通しておのれを露わにしてくれたかぎりで生まれたものであるからである。die Sprache spricht という言葉の根源的生起こそが「初めにロゴスがあった」というわれわれの第一の認識をつくりだすのである。われわれの神学的認識は自分の内から始まるのではなくアナムネーシスによる。それは初めにすでにあった（先在の）ロゴスのアナムネーシスにおいて、Jn 1,2をとおして1,3以下でロゴスが本質開示していく必然にしたがって認識の順序が決まり、その順序のなかでロゴスの根源的生起の本質開示をあらしめていく[*)]。このヨハネ福音書の神学的態度は広く

言えば創造論的であり，創造のアスペクトをもつが，その第一声の「初めにロゴスがあった」は，創世記の冒頭部の「神が光あれと言うと，光があった」から始まる創造論としての神学を凌駕する，より根源的なはじまりであり（cf. I, 29），もはやその先はない根源へ降り立つものであろう。そしてこの福音書の言葉のダイナミズムが一体どこから湧き出てくるのかという小論の冒頭で提示した問題は，とりあえず創造は初めにあった（先在の）ロゴスから die Sprache spricht というさしあたりは創造のアスペクトを呈する文脈での先在のロゴスの力の最も深い層がどのようにあるかという問題として理解することができるであろう。これがどういうことか，以下で考察したい。

*）先在については注意を要するが，この言葉は「ロゴスの先在」とか「先在のロゴス」と言われるものであり，伊吹は先在のロゴスを地上のイエスから切り離しては考えられない（I, 12）と言い，「われわれはイエスを通じてでなければ，先在のロゴス（ロゴス・アルサコス）へのアクセスをもちえない」（I, 18）ということを強調する。「それゆえくり返しになるが，先在のロゴスからは出発できない」（I, 23）のである。しかし，小論では伊吹の主張を認めつつも先在のロゴスから出発することを試みているのである。なお，洗礼者ヨハネは先在のイエスについて証言している（1, 15）。

III ヨハネの〈創造論的救済論〉：創世記の神の創造を凌駕する救済の出来事

（1）なぜ聖書は天地創造という創造の話からはじまるのか。それはシャローム（神の平和）をすべての存在の始原（アルケー）として示すためである。聖書の巻頭にある創世記は神による光と天地の創造の話とそれによってつくり出される時空に生きる，人間の創造を終極とする，命あるものの創造の話と神が第七日に創造を完了して休息した聖なる日（安息日の起源）の話をする（創1, 1-2, 25）が，これらを書き記す創世記の目的は神の創造によってつくりだされた被造物としての万象が最善最美の状態であり，その全体が完全な完成態にあり，とりわけ人間に関しては神と人，男と女のあいだに一点の曇りもない明るく透き通ったまったき信頼関係があるという，そのような意味でのシャロームがつくりだされたということをまず初めに示すことにある。ここで大事なことは神

が万象をつくりだしたということよりも、万象が最善最美の完全な状態で存在しているシャロームをつくりだしたということにある。そして、つぎのことがそれに加えて大事なことであるが、このシャロームは神が創造のわざを終えて休息した日、神が「その日を聖とした」(創2,3) 日となって存立し、はじめてここで「聖なる時」、つまりは永遠の時ができたということである。それゆえこの聖なる時のシャロームのなかには人(アダムと女)ばかりではなく休息する神もまたいるのである。神はシャローム(エデンの園はその空間的形象にすぎない)のなかで無為でありつつ、例えば散歩をしたりする。創世記はそのような神もともにいるシャロームを人によって破られやがて夜の闇に消えていく夕暮れ時の残照のように記す。「夕方の風が吹く頃、彼らは園の中を散歩して居られるヤハゥエ神の足音を聞いた」(創3,8)。ところが、人間はシャロームの存立のために不可欠な「善と悪の知恵の木から取って食べてはならない」(創2,17) という神の命令を破りその実をとって食べそのシャロームを壊し、そこから転落(fall)してしまい、現実には転落してしまったままでいるのである。人間はシャロームから転落した(エデンの園から追放された)現実を生きなければならない。それは人間が神から離反し、己のうちに閉じこもり、「自分の命を己の所有として固持」(I,17) して生きている状態である。伊吹が「最終的な罪の本性」(I,17) であると言うところの存在の仕方になっているのである。

(2) それではヨハネ福音書のプロローグの場合、はじまりの場面はどのようになっているであろうか。創世記の被造物(とくに人間)の創造と転落(キリスト教的には堕罪)の話に対してどのような固有の神学的認識を表わしているのであろうか。それは驚くほど簡単に「初めにロゴスがあった。ロゴスは神のもとにあった。ロゴスは神であった」(1,1) と言われ、そのロゴスについて1,2で「その方(ロゴス)は初めに神のもとにあった」とまとめて言い直され、それに続けて「すべては彼(その方)によって成った。そして彼なしには何一つ成らなかった。成ったものについて、彼のうちに命があった。そして命は人の光であった。そして光は闇に輝いている。そして闇はそれ(光)を解さなかった」(1,3-5) と語られるだけである。真っ先に語られるのは、初めにあったのは

ロゴスであるというロゴスの先在であり，創造のアスペクトがあるがいわゆる創造論はない。また転落と救済のアスペクトもあるように見えるが，創世記にあるような神の創造行為（わざ）の完成の後で語られる人間の命令を破る行動と転落については問題にされていないし，それらを語る神学も物語（ミュートス）もその視野のなかにはない。ただ今述べた三つのアスペクトが先在のロゴス（その方）を中心にして凝縮されて一つのことのように重なり合っている事態が静態的（スタティック）に語られているだけである。この段階で一つ気がつくことは，Jn でキーワードとなる根本要素（ロゴス＝その方，成ったもの（すべてのもの），命，光（人の光），闇）がすべて出てきて一つの連関をなしていることである。このことをどのように理解したらいいのか，それは(4)で問題にしたい。その前にこの問題を理解するためにももう少し創世記の関連する話をしておきたい。

(3) 創世記では「神が光あれと言うと，光があった」と記された。この光は神の発する言葉どおりに生じた被造物でありながら，闇に輝く原初の光として神の創造のわざの遂行に不可欠の要素となる。原初の光は，一方では，「夜」と名づけられる暗黒（闇）から分けられ「昼」と名づけられて，死から画然として区別された命ある被造物の命（時を生きる命）と命の脈動（リズム）を可能にするものとなり，他方では，神の創造が完成したときにはシャロームになる。原初の光（昼）と原初の暗黒（夜）の根源的区別のなかでこの原初の光（昼）とは別のものとしてシャロームはありえないからである。あるいは，「神が光あれと言うと，光があった」という発語と存在の生成の強烈さから見て最初からそれはシャロームであったと言うこともできよう。とはいえとりあえず前者に続く神の創造についていえば，この原初の光に包まれて第四日の天の大空の大きな明かりと小さな明かりと星々が命あるもの（被造物）のためにつくられる。それらの明かりは昼も夜も地上の被造物の生きる命の時（年，季節，月，日）となり，昼は活動のため夜は眠りのためにそれらの時を生きる命の脈動（リズム）をつくる。それとともに原初の光そのものはその背景に退くことになるが，原初の光は命あるものの時空から消えて無くなるわけではない。それどころか原初の光はシャロームとなっ

て，あるいは最初からシャロームであって，被造物（万象）の命を最善最美の完全な状態においてそれらの根源から光り輝かせる。そしてこのシャロームは神が聖とした神の休息の時（永遠の時）においてその本質を明らかにする。われわれはこのような永遠の時の相をもつシャロームを原初の光，すなわち「神が光あれと言うと，光があった」という事態の究極相とみなすことができるだろう。

さて，創世記の神の創造の要となる原初の光については以上のような二つの次元の違うようにみえる事態を指摘できると思われる。それらはその被造物を照らす光としての被造物性と第七日で露わになる聖性である。創世記の著者はこの原初の光の被造物性と聖性を根本のところで統一した秩序のもとに置こうとしたのだと思われるが，神もともにいるのに人のせいでシャロームが壊れるというその危うさが残るシャロームしか描けなかったようにみえる。しかしこれはかの創世記の著者の思考の限界というよりも，それまでの人類の歴史からみれば前代未聞の神のシャロームの創造から始めて，そこから人間が転落（堕罪）したのだという超自然的な事態を書き記そうとしているのであるから，どうしても揺るぎない確固としたシャロームを確定する場面を想像しえず次元の違う事態の叙述を重ね合わせざるをえなかったことによるのではなかろうか。

(4)-1．これに対して，ヨハネのプロローグのロゴスは神の創造のわざによってつくられた被造物ではない。ロゴスは初めにあったものだし，神のもとにあったし，それ自身神であったからである。このロゴスが創造の原理であるとすればそれはどのように理解されるべきであろうか。しかし1,1からだけでは創世記の創造論とは異なる創造の原理となるロゴスの意味は読み解かれない。それゆえここでこれまで問題にしてこなかった1,2に注目してそこから考察を前進させていきたい。

1,2の「その方（houtos）は初めに神のもとにあった」は1,1の三つの文をまとめているように見えるが，「すべては彼によって成った。そして彼なしには何一つ成らなかった」(1,3)という創造のアスペクトをもつ文に直接につながり，むしろ1,2を讃歌の開始と見たほうがよいように思われる。1,1のロゴスを指示する1,2の「その方（houtos）」という訳はロゴスの訳としては奇妙に聞こえるかもしれないが，すでにイエ

ス・キリストのことを示唆しているとみなすならば当然な訳であると言えよう。1,2は1,1のロゴスを，1,14の受肉したロゴスや1,18の「父のふところにいる，独り子なる神」を念頭において，「神の独り子の栄光を見た」とイエス・キリストに対して信仰告白するわれわれの視野のなかに入れても不自然ではないようにしていると思われる。というのは houtos のこのような捉え方は不当ではないと言いうる証拠があるからである。というのは，新約聖書の他の讃歌でもこのようなはじまりをもち，hos という関係代名詞で始める書き方をしているからである（ピリピ2,6；コロサイ1,15以下；ヘブル1,3など。伊吹 I, 26-27）。これらの讃歌の hos が御子とかイエス・キリストを指示していることは明らかである*)。

*) 以上の話は伊吹の『注解書 I』の「ロゴス讃歌の再構成」の冒頭の箇所の論考に啓発されてその内容を簡略に説明したものである（I, 26-29）。1,2から讃歌，しかもロゴス讃歌ではなくてキリスト讃歌が始まり，1,1はぎゃくに1,2から解釈されたものであるというのは一つの解釈（ツィンマーマン）であるが，I, 14の主語からもロゴスを取り除いてしまうのは無理があり，一般には受け入れられなかったと言いつつ，伊吹はこの解釈をかなり高く評価しているように思われる（I, 27）。筆者もまたこの解釈の着眼は鋭いと思う。ただ，それによって，1,1と1,2の関係を，さらに1,14にふたたび出てくる主語ロゴスの問題をどのように理解したらいいのかという問題を解かなければならない。それは表面的に整合性を与えることで解決できる問題ではない。なお伊吹の考察によれば，どのキリスト讃歌においてもキリストの先在の尊称を讃美するところからキリスト讃歌が始められているという点でヨハネも同様の様式をとっているとみなされる。例えば，ピリピ2,6では「キリスト（hos）は神の身分（morphē）でありながら」（新共同訳），コロサイ1,15では「御子（hos）は見えない神の姿（eikōn tou theou）であり」（新共同訳），「神の似姿であって」（協会訳），ヘブル1,3では「御子（hos）は神の栄光の反映であり，神の本質の完全な現われ（charaktēr tēs hypostaseōs autou）であって」（新共同訳）というように讃美される（I, 28-29）。伊吹はヨハネの1,2の houtos がこれらのキリスト讃歌の hos と同様の様式であり，ヨハネではロゴスという尊称においてイエス・キリストが讃美されている特徴をもつと言うが，讃歌の焦点はあくまで1,14の「logos ensarkos（肉となったロゴス）」（I, 29）としてのイエス・キリストであって，それゆえ明言されてはいないが，それはほとんどキリスト讃歌であると捉えられていると言っていいと思われる（5頁の注＊を参照）。これは結果的にツィンマーマンとそれほど変らないのではないか。しかしもしそうであれば，今度はなぜヨハネのプロローグが，広い意味ではキリスト讃歌であるとしても，特別にロゴス讃歌と言われてきたのかということの解釈がむつかしくなるであ

ろう。それがロゴス讃歌であるという理解は、すでにある程度考察したところだが、その讃歌においてロゴスを主語にとる1,1と1,14を主軸とし、それぞれをプロートンとエスカトンととり（伊吹にとっては「プロトロギーはエスカトロギーから明らかになる」（Ⅰ,31）とする終末論的な解釈（Ⅰ,31-32）になるが）、その構図のなかで1,2の houtos をキリストや御子ではなくてあくまでロゴスと捉えるところから可能になるのではないか、というのが筆者の見通しである。

　むしろ、1,2を讃歌の本当の始まりとすると、「初めにロゴスがあった」（1,1）という文がなぜその前に置かれたのかということの方が問題になると言えよう。それは、先の第二節の考察の成果をもとにしてとりあえず言えば、1,2から始まるロゴス讃歌を先在のロゴスに包み込むためであり、ロゴス讃歌の核心は「言葉（ロゴス）が話す（die Sprache spricht）」ところにあるからである。しかし、ロゴスはどのような事態で「言葉（ロゴス）が話す」ということになるのか。それは1,1のロゴスから1,2の「その方（houtos）」への移行によってであるというべきである。というのは、「すべては彼（その方）から成った。そして彼なしには何一つ成らなかった」（1,3）と言われているからである。この文で言われていることは創造のアスペクトをもち、神の言葉による創造と同じであるように見えるが、創世記のように神が創造主としてすべてのものを言葉（命令と命名）によって何か質料をもった被造物として製作しているわけではない。創世記では「神は地の土くれから人（アダム）を造り、彼の鼻に命の息を吹きこまれた」（創2,4）、あるいは「君は顔に汗してパンを食い、ついに土に帰るであろう。君はそこから取られたのだから。君は塵だから塵に帰るのだ」（創3,29）と記されている。この点は、すでに論じたように、原初の光でさえ被造物性をもっていると考えられるということである。それではヨハネの1,2では何がなされているのか。考えられることは、それは言葉が製作的にではなくて、純粋にそれだけで働いているということである。それゆえ、純粋に言葉が働くことであるその方から成ったものは純粋に言葉によって成ったのであるから被造物性をもたないことになる。創世記でいえば、それは聖性だけをもって成ったということになるであろう[*]。

　[*)] ここまで考察して来てあらためて思い出すのは、伊吹の『注解書Ⅱ』の

「方法について」の話である。伊吹はまさにそこでハイデガーの「言葉は話す（die Sprache spricht）」に言及して「言葉が何の制約もなく根源的に語ることを，われわれは原初的な経験によって捉えなければならない」。「言葉が原初的に話すということを捉えた経験──体験ではない──，すなわち言葉を言葉として語らしめることを通じて言葉の足枷を取るのである」（II, 6-7）と言っていたのである。伊吹の註解書のなかにはヨハネ福音書で考えられるべきことがほとんどすべて含まれているのではないかという思いがする。それは自分なりの思考を行ってみてたどり着いたさきにはすでに伊吹の思考の足跡があったという思いである。なお伊吹は言葉が原初的に話す場所を聖性ではなくて「霊の次元」やケーリュグマ（イエスの霊的な顕現）として捉えている。甲斐「ヨハネ福音書入門」10-12頁。本書解説 I，186-188頁。

(4)-2. すべてがその彼から成る純粋に言葉が働くことであるその方とはどのような存在であるのか。それは1,4が語っているような存在である。1,4では「成ったものについて，彼のうちに命があった。そして命は人の光であった」と言われる。この「彼のうちに」の「彼」は純粋に働く言葉であるその方と考えるべきであろう（I, 37）。このその方によって「言葉（ロゴス）が話す」という純粋に言葉が働くことがそのまま命となり，その命に備わる人の光になるのである。1,1の初めにあったロゴスが「その方」と言われる1,2からはじまり，1,3と1,4がこのような「言葉が話す」場面に属すことであると考える方が，1,1のロゴスがそのまま1,3や1,4の主語となっていると考える場合よりも正確に事態が捉えられていると言える。それとともに，プロローグがキリスト讃歌というよりもロゴス讃歌であると言われることの意義も理解されるようになるだろう。というのは，1,1の「初めにロゴスがあった」がまさに真のはじまりであり，そこからロゴスが「その方」と言われる1,2から1,3と1,4，さらにこれから触れる1,5「そしてその光は闇に輝いている」へと展開する一連の事態はすべて「言葉が話す」場面に属すこととして見られるからである。この「言葉が話す」というその方の純粋なロゴスの働きのうちにある命に備わる人の光が創世記の原初の光と同じでないことは明らかである。それは神の「光あれ」という言葉によって光となったのではない。その光は神のもとにあるそれ自身が神であるロゴスの光であり，まったくはじめから光，それも命の光として人の光となって光り輝いているのである。

(4)-3. 1,5はどうであろうか。「そして光は闇のなかで輝いている。そして闇はそれ（光）を解さなかった」。ここには創造のアスペクトではなくて，救済のアスペクトがあるように思われる。このヨハネの光はかの天地創造の第四日の天の明かりのように明かりとなって夜（闇）を明るく照らしてのではない。まして自然光の明るさとはまったく違う。この光は，それだけが闇のなかで光り輝いており，その輝く光にだけ唯一の救いがあり望みがあるが，その光の周りには依然として闇がひしひしと迫っているという意味で，闇に輝いていると理解すべきであろう。1,5の後半で「闇は光を解さなかった」と言われる。ここではじめて主語の交替が行なわれる。闇は主語として語られうる。「闇は光を解さなかった」とは闇は光が輝いているにもかかわらず光を拒否して闇のままであるということである。闇はただの闇ではなくて何か光を拒絶する力をもっているのである。

　＊）これはイエスの歴史物語のなかでは「ユダは一切れのパンを受け取ると，すぐ出て行った。夜であった。彼が出て行くと，イエスは言われた。「いま，人の子は栄光を受けた。神も人の子によって栄光を受けられた」」(13,30-31)というシーンを思い出させる。ユダはイエスを解さなかった。ユダがイエスを去り出て行った夜は闇であり，ユダはおのれを悪魔の手に委ねてしまったのである(13,2)。ということは，この闇の支配者は悪魔（サタン）であるということになる。そうであれば，イエスはユダをとおしてサタンを闇から引き出し，闇に輝く光としてサタンの正体を暴き，サタンの力を無力化し，サタンを壊滅させる終末の戦いをしていると言うことができる。伊吹教授から伺った話では『ヨハネの黙示録』は十字架をめぐるイエスとサタンの戦いを終末論的に描いたものであるが，未来終末論的な視野に立つ終末のスペクタクル風なヴィジョンではない。Jnではその戦いはイエスが大祭司カイアファの陰謀を受け入れて神の意志を成就させるところにも現されている(Jn, 11,49-53)。なおサタン＝罪の力（ハマルティア）としてみれば，十字架の勝利は『パウロによる愛の賛歌』の54-61頁に述べられているような内容をもつであろう。

初めから光であったこの光は救いのない闇に命の光として輝いているのであるから，これは終末の出来事であると言える。初めにあったロゴス（プロートン）がその本質において，その方の命の光となって現われるのは闇である終末（エスカトン）なのである。それ自身が救いのない闇であるから，それが命の光（唯一の救い）であることが分かるのである。1,1から1,5のここまでの話は初めからロゴスであるその方を中心に

した創造，転落（闇），救済（闇に輝く命の光）の三つのアスペクトをもつ重なり合う一つの事態が静態的（スタティック）に語られているということができる。それは神学的ではあってもまだ物語的になってはいない。というのは，まとめて言えば，1,1から1,5においては初めにあったロゴスが「その方」と言われ，このその方によって純粋に言葉（ロゴス）が働くようになる（「言葉が話す」）ことの本質が人の光となる光を備えた命であることが明らかにされる，しかもそれが闇のなかで輝く光であることによってそのような本質が明らかにされる，という神学的な認識がロゴス讃歌として歌われるからである。しかしここに救済のアスペクトがあることを強調するとすれば，それはそうした認識以上に闇の支配を無力にする救い主が光となって働いているという受肉のことまで歌われていることになるかもしれない*）。

*）伊吹の基本的な立場は第5節では「新しい創造としての受肉の解釈が第14節の信仰告白に先立って歌われている」（Ⅰ,38）ということができる。伊吹は「第5節からすでに原讃歌において受肉が歌われているのだと考えられる」というケーゼマンの解釈を受け入れ，両節の関係については，第5節を第14節の「予示的叙述」とする多くの学者の解釈に従う（原讃歌とはプロローグがそれをもとにつくられたもともとあったと想定される讃歌のことである。伊吹はこの話題を39-54頁で詳しく考察している）。例えば，シュリーアは「まだすべては隠されるように述べられる。それはあたかも遠隔から一つの出来事を眺め，それも，それをあたかもその物凄さにおいて躊躇しつつ記述するかのようである」（H. Schlier, Im Anfang war das Wort, in *Die Zeit der Kirche*, Herder, 1958, 279.）と言う。これに対して，伊吹はそれでは充分ではなく，「それは暗示的というよりは，あからさまな強烈なる言葉であり，光の闇の中への一閃という意味では，受肉を歌う第14a節より強烈である」（38）と言う。それぞれ一理があると思うが，受肉が決定的意義をもつという点では同じ立場であると思われる。筆者の解釈はこの第5節が創造というよりも救済を語っており，それゆえに第1節からはじめられる「言葉が話す」という根源的な言葉の純粋な生起が救済にとって決定的に重要ではないかというものである。

(4)-5. プロローグは1,6-8から局面が変る。ヨハネが登場してくるからである。ヨハネは神から遣わされた光（ロゴス）の証言者であり洗礼者ではない。ヨハネの証言からすべての人のために世に来た命の光を輝かすロゴスたるその方の物語として讃歌は歌われるようになる。1,5がロゴスの神学的認識と「光は闇のなかで輝いている」という，その闇の

なかで光の救済が起こっているというモチーフを歌っているとすれば，1,6-8からはその闇に輝く光は闇の中にいるすべての人を救うために闇の世に来た救い主なのだというその方の救済物語のはじまりである。このその方の発する光は天地創造の原初の光の両義性をもたない「すべての人を照らす真の光」（1,9）である。それは闇の世の光であり，闇に閉ざされた人の心の奥底にまで届き人に命を与える光である。それは後で1,14の神の独り子の栄光（ドクサ）を見たといわれる信仰告白で具体的に現われる救済の栄光の光であり，本質的には受肉したロゴス，救い主である。もちろん神の創造的言葉でなければそういうことはできない。しかし，それを成し遂げるのは創造の神ではない。それは初めに神のもとにいたロゴスである神，受肉によって闇の中に入り闇にいる者をおのれの命を捨てて救い出す神でなければ成し遂げられない。それは受肉というおのれの命を与える救済の究極のわざであり，愛の言葉を闇の奥底にいる者に届かせるために闇の奥底に降り立つことのできる者でなければならない。受肉は闇の中で「言葉が話す」ことを成し遂げるその方の究極の姿，十字架に高挙された姿である。しかるに，闇はその光を拒否するのである。

　さて，この「真の光」であるその方の物語は1,19からはじまるこの福音書の本文の物語を先取りするかたちですでに讃歌として歌われている。これは，伊吹が言うように，ロゴスの話が固有の神学的認識にもとづくイエス・キリストの本質論として思弁的に展開されるのではなく，ロゴスも「その方」と言われることになって歴史物語となる，つまり歴史のなかでおのれを実現していく存在であることを明らかにしてくれる（Ⅰ,9）。しかし，いまや受肉したロゴスであるイエスの歴史物語以外にはロゴスの歴史物語があるわけではない（Ⅰ,9）。それは初めに（プロートン）あったロゴスが終末（エスカトン）において現われた受肉したロゴス（ロゴス・エンサルコス）以外ではないという意味であり，受肉していない（ロゴス・アサルコス）と受肉したロゴス（ロゴス・エンサルコス）のあいだには両者の実体的な区分はないということである（Ⅰ,42）。

　1,9だけが主語が光であるが，それは1,5の闇のなかに輝く光こそが「すべての人を照らす真の光」であったというためである。ここには1,14に言い表わされる讃歌を歌う者の揺るぎない確信がある。1,10-12は

主語が元に返りロゴスを指示する彼（auton）になる（I,6↑）。ここでははやくも人が生きている世（コスモス）に焦点が合わせられる。彼（その方）と世との関係がまず1,10で説明される。彼は世に存在する。それは世の創造主として世の光であり人の命である。しかし世は彼を認めない。ここには1,2-5の創造と転落（闇）の二つのアスペクトがあるが，闇に輝く光の救済のアスペクトは見られない。この救済のアスペクトはつぎの1,11-12で「世に来る」彼に対して二種類の人，彼を受け入れない者と受け入れる者に分かれるなかで明らかになる。救済は彼を受け入れる者にかぎられて実現する。彼は「彼を受け入れた者には神の子となる力を与えた」(1,12)のである。「神の子」という言い方は複数形で言われており，独り子と同じではない。「神の子」は彼を受け入れる者＝彼の名を信ずる者（1,13）であり，1,14で「われわれは神の独り子の栄光を見た」と信仰告白する「われわれ」として姿を現わすであろう。「神の子の力」は救済された者のその救済されたというおのれの自覚の力である。この救済の自覚が生まれるがゆえに感謝と讃美が神の子の根源的な在り方になる。かの無自覚に神から与えられた掟を破る創世記のアダムとはまったく違うのである。

　以上で言われる「世に来る」という言い方はもはやほとんど受肉（救済）を指示しているであろう。それによってロゴス・エンサルコスとしてのイエスという存在が定められ，それが世に来て地上のイエスとなるという基本構造が作られる。ここまで来るといまやその彼はロゴス・エンサルコスを本質にもつ地上のイエス以外の何者でもなく，したがってロゴスの歴史物語はごく自然にイエスの歴史物語と重なってくるのである。

　(5)　これまでの考察の成果から明らかになることを指摘してみよう。第一に言えることは，「初めにロゴスがあった」からはじまり，そのロゴスがその方（houtos）となって「言葉が話す」という純粋に言葉が働くことになり，それがそのまま受肉によってわれわれ自身の奥底に達しわれわれの内に命と光を与えるということである。

　第二に，そのロゴスの真価を発揮する事態は創造というよりも救済とみなすときに理解できるようになるということである。創造よりも救済

解説Ⅱ　ヨハネ福音書のプロローグの一考察　　231

の方が途方もなく困難である。それはすべての人が光のない闇の淵に沈んでいるからである。「人々は光よりも闇を愛した。すなわち，彼らのわざが悪かったのである」(3,19)。闇の淵には闇の力（死へ引きずり込む言葉）が支配していてすべての人を闇に飲み込んでいる。彼らは闇のなかで死の病を患っている。その彼らを根本から救済するためには闇の力を打ち破り真実の光を照らす神の渾身の究極の言葉が必要である。もはやこの救済の言葉は神の創造の言葉と同じではない。救済は神自身ではなくて神のもとにあり（神の独り子であり），それ自身が神であるその方（ロゴス）が闇の世に来て，すなわち受肉して，真の光をもたらすことによってなされる。プロローグでは明示的に語られないが，伊吹の言うとおり，受肉はロゴスであるその方が十字架に高挙されて神の独り子の栄光を現わすことである。というのは，イエスは十字架に高挙されたまま「成し遂げた」と言って息を引き取ったからである（19,30）。イエスは何を成し遂げたのか。それはイエスが「十字架の言葉」となり，そのゆえに神の独り子の栄光を現わす「言葉が話す」というそのことを成し遂げたのである。シュリーアに従えば，イエスはおのれを言葉へ引き渡した（paradidonai した）のである。ロゴスに即して言えば，ロゴスであるその方はこの闇の力（サタン・罪の力）をおのれの命をかけて受容して，十字架上に闇の力の本当の姿を公然と露わにして無力化し，その只中に「十字架の言葉」という真実の光となる言葉を現わした。この言葉の根源的生起が闇の中にまったく新しい真の救いの言葉になるのである。

　第三に世の救済は神の独り子なる神に託されているのであるから，彼はその負託を受肉によって果たさなければならない。彼はロゴスの成就，「言葉が話す」ことをこの世において実現することであるから，誰か現実にその役目を担う人間にならなければならない。彼は受肉したロゴスの本質をもつが，その意味は地上では誰からも理解されない。彼は迫害され十字架刑に処せられるが，そのようにおのれの命を犠牲にすることによっておのれを言葉へ引き渡し，「十字架の言葉」となることを成し遂げる。死者からの復活が「言葉が話す」最初の入り口であるが，それは彼を信じる者を生み出し，「十字架の言葉」となった彼の命と光を与える歴史物語を作り出す。現実に十字架の苦しみを受け十字架で死に

「十字架の言葉」となったイエスがこの物語の現実性の拠りどころ，受肉したロゴスの指示するこのものである*）。

*）伊吹の指摘によれば，*Jn* ではイエスの「復活」を述べている箇所は20,9を除いてない（Ⅲ,269）。敢えて言えば，復活後にイエスがマグダラのマリアや弟子たちに「現われた」こともまたこのイエスの物語の一部にすぎない。伊吹の考察から明らかなように，*Jn* においても十字架が焦点となっているのである（Ⅲ,342-344）。

(6) この項の最後に，ヨハネ福音書のプロローグと創世記の創造記との対比において前者の特徴を明らかにしよう。創世記の天地創造と人間の創造が神の製作的創造であるとすれば，*Jn* の場合はそうした製作的な要素をもたないので，被造物はその被造物性に含まれる質料的要素をもたないことになる。ロゴスを受け入れる者はそのまま神の子となる。それはイエスが「私を信じる者は永遠の命をもつ」（3,15-16；36,4,14,6,40；47；51；54；58,10,28）と言い，「私の言葉を守るなら永遠に死を見ることはない」（8,51）と言う存在である。「アブラハムも死に，預言者たちも死んだ」（8,52）。すべての人は死んだ（Ⅱ,257）。しかし「私を信じる者は死んでも生きる」（11,25）。これに対してかのアダムも休息する神とともにシャロームのなかにいるときは「死を見ることはない」。しかしこの聖なるシャロームが壊れるとき，アダムも死を見ることになり，死ぬことになる。それでは永遠の生をもつ者たちはどこに生きるのか。まさに彼らはイエスに与えられたシャロームの時を生きる。イエスは別れの説話のなかで弟子たちに言う。「私はあなたたちに平和（eirēnē, シャローム）を残し，私の平和をあなたたちに与える」（14,27）。この平和は「私が父にあり，父が私にある」（14,10-11）平和である（Ⅲ,139）。伊吹はこれを相互内在と呼ぶ（Ⅲ,105-109,124-125）。復活の後でイエスは弟子たちに言う。「あなたたちに平和あれ（eirēnē hūmin）」（20,19-21）。

それでは，イエスを信じる者たちはどのように生きるのか。イエスは言う。「誰かが私を愛するならば，私の言葉を守るであろう。そして私の父は彼を愛するであろう。そしてわれわれは彼のところへ来て，彼のもとに住居をとるであろう」（14,23）。ここでイエスが言う「われわれ」とは父と子（神とイエス）である。また「私の言葉」とは掟ないし戒め

解説Ⅱ　ヨハネ福音書のプロローグの一考察　　233

を含み，イエスが弟子たちを愛したように，彼らも互いに愛し合いなさいという掟である（Ⅲ,135）。この父なる神はかのアダムと女が掟を破った時に訪れるエデンの園の夕暮れ時にシャロームの残照のなかで姿を現わす神ではない。父なる神は愛する独り子（イエス）とともにイエスを愛する者のもとに住居をとるのである。まさにこれこそが愛の言葉が生きて働くシャロームであろう。

あ と が き

―――――――

　ここに私のこれまで書いて来た論文のいくつかをまとめて発表できることは，私にとって大きな喜びである。ただし私の健康がすぐれないこともあって今回も前回の『パウロによる愛の賛歌』（知泉書館，2010年）のときと同様，私の友である首都大学東京名誉教授の甲斐博見氏に多大の援助を賜った。甲斐教授は身近にいてくれる友であり，誠実で尊敬すべき人間の一人である。なお同氏の私の『ヨハネ福音書注解』全三巻（知泉書館，2004年，2007年，2009年）の解説を載せていただくことを承知して下さったことに厚く御礼を申し上げたい。また，本書の「まえがき」で各論文の要点が明らかになるように書いていただき，このことに対しても厚く御礼を申し上げたい。さらにまた，聖心女子大学名誉教授の宮内久光先生からも今回の論文集の出版にご賛同をいただき大きな勇気をいただいた。心から感謝を申し上げたい。最後に，今回も本書の出版に際しては知泉書館の小山光夫社長および高野文子氏に尽力していただいた。御二人のご苦労に対して心から感謝を申し上げたい。

　　秋谷にて　2013年8月

　　　　　　　　　　　　　　　　　　　　　　　　伊　吹　雄

伊吹 雄（いぶき・ゆう）

1932年東京に生まれる。慶應義塾大学哲学科卒。同修士課程中退。上智大学ラテン語哲学科修了。63年ボン大学カトリック神学部卒業。65年ケルン大神学校卒業後，ボン大学でDoctorandとなる。72年ボン大学より神学博士号を授与。上智大学，慶應義塾大学の非常勤講師を経て76年成蹊大学経済学部教授（ドイツ語），87年東京都立大学教授（哲学，倫理学，大学院兼担）。96年定年退官。

〔著書〕Die Wahrheit im Johannesevangelium (Bonn, 1972)，『ヨハネ福音書と新約思想』（創文社，1994），『ヨハネ福音書注解』(2004)，『ヨハネ福音書注解Ⅱ』(2007)，『ヨハネ福音書注解Ⅲ』(2009)，『パウロによる愛の賛歌──Ⅰコリント13章について』(2010，以上，知泉書館)

〔新約聖書の根本問題〕　　　　　　　　ISBN978-4-86285-161-1
2013年9月20日　第1刷印刷
2013年9月25日　第1刷発行

著者　伊吹　雄
発行者　小山光夫
印刷者　藤原愛子

発行所　〒113-0033 東京都文京区本郷1-13-2
電話03(3814)6161振替00120-6-117170
http://www.chisen.co.jp
株式会社 知泉書館

Printed in Japan　　　　　　　印刷・製本／藤原印刷

伊吹 雄 著
ヨハネ福音書注解 全3巻

Ⅰ（第1章～第4章）
冒頭句「はじめにロゴスがあった……」に関する従来の通説を批判し，「聖霊によるアナムネーシス（想起）」である，との観点を確立し，独自の解釈を提示する。誤解に陥りやすく難解と思われがちなヨハネ福音書の構造を，徹底した考察で浮かび上がらせた画期的業績
ISBN978-4-901654-29-6　　　　　　　　菊判288頁・5000円

Ⅱ（第5章～第12章）
初巻では著者独自の観点から，「愛の福音書」とも呼ばれるヨハネ福音書の構造を徹底して考察し，冒頭句の従来の説を批判，プロローグから第4章までを注解して好評を博した。これを受け，本書では第5章から12章までを扱い，〈霊の次元〉としての言葉に迫る
ISBN978-4-86285-000-3　　　　　　　　菊判428頁・6000円

Ⅲ（第13章～第21章）
本書ではヨハネ福音書の第2部と言われる13～21章を扱う。前半部17章までは別れの説話と呼ばれ，後半は受難・復活物語である。そしてヨハネ神学の総決算とも言うべき最後の晩餐が扱われる。本巻で「愛の福音書」と呼ばれる書の，比類ない詳細な注解が完結する
ISBN978-4-86285-056-0　　　　　　　　菊判512頁・7600円

パウロによる愛の賛歌
―― Ⅰコリント13章について ――

キリスト教の中心であるアガペーが最も集約的・象徴的に展開され，愛の賛歌として注目されてきた『コリントの信徒への手紙1』の第13章に正面から光を当て，アガペーの本質や形態の詳細な分析を通して，パウロの「愛」の理解がいかに深い意味を持つかを明示する
ISBN978-4-86285-092-8　　　　　　　　四六判188頁・2300円
　　　　　　　　　　　　　　　（価格はすべて税抜表示）